公路工程施工项目

总工程师手册

中交第一公路工程局有限公司 主编

人民交通出版社

内 容 提 要

本手册为项目总工程师实用工具书。介绍了公路施工项目总工程师各项工作的概念、意义和发展趋势；并从项目经理部角度出发对各项工作的操作程序、实施办法、注意事项等作了详尽的叙述。

本手册可供公路与桥梁施工企业、相关建筑企业的总工程师或其他从事施工技术与管理工作的人员学习参考。

图书在版编目（CIP）数据

公路工程施工项目总工程师手册 / 中交第一公路工程局有限公司主编. —北京：人民交通出版社，2007.11

ISBN 978-7-114-06827-0

Ⅰ. 公… Ⅱ. 中… Ⅲ. 道路工程-工程施工-项目管理-手册 Ⅳ. U415.1-62

中国版本图书馆 CIP 数据核字（2007）第 143033 号

书　　名：公路工程施工项目总工程师手册
著 作 者：中交第一公路工程局有限公司
责任编辑：刘　涛
出版发行：人民交通出版社
地　　址：（100011）北京市朝阳区安定门外外馆斜街 3 号
网　　址：http://www.ccpress.com.cn
销售电话：（010）85285656，59757969，59757973
总 经 销：人民交通出版社发行部
经　　销：各地新华书店
印　　刷：北京市密东印刷有限公司
开　　本：720×960　1/16
印　　张：19.5
字　　数：344 千
版　　次：2007 年 11 月　第 1 版
印　　次：2011 年 6 月　第 2 次印刷
书　　号：ISBN 978-7-114-06827-0
定　　价：40.00 元

前言

项目总工程师是工程项目管理的一个非常重要的工作岗位。项目总工程师的管理水平对一项工程产品最终质量、效益、工期乃至安全和环保工作都将产生重大的影响，同时也与企业形象、信誉密切相关。

本手册系统总结项目总工程师对工程项目进行技术管理和质量管理经验，以促进项目总工程师的工作规范化、程序化、法制化、科学化，提高项目总工程师的管理水平，为提高企业的整体技术管理水平打好坚实基础。

本手册的编写首先立足企业或市场全局，介绍各项工作的概念、意义和发展趋势；再从项目经理部的角度说明各项工作的操作程序、实施办法、注意事项等。主要内容有：项目总工程师的工作原则、范围、程序、内容和方法，应知悉和要遵循的有关标准、规范及相关法律知识。

参加本手册的编写和审核的人员有：刘元泉、周兵、张庆繁、田克平、韩瑞斌、刘树良、曹玉新、孙重光、刘晟、徐自力、彭国才、詹贤钊、王桂霞、乔静春、单晓晴、李芸等。

由于编写者的水平有限，本手册在编写内容和编排形式上难免存在不妥当、疏忽和错误之处，敬请读者及时提出批评和宝贵意见，并反馈至中交第一公路工程局有限公司技术发展处，以便再版时进一步修改完善。

中交第一公路工程局有限公司

2007年5月

目 录

第一章 概 论

一、项目总工程师的职责

项目总工程师是项目经理部的技术负责人；是对全体工程技术人员进行指导、协调和组织管理的领导人员；主持工程项目的日常技术工作。项目总工程师不仅要具备技术业务、技术管理、科技开发等工程师的基本能力；更要具备对工程项目及工程技术人员的协调、组织管理的领导能力。

项目总工程师要运用自己的专业技术知识和实践经验，解决工程项目中的日常技术问题和施工难题，做好工程技术管理的日常业务工作，并指导技术人员进行技术创新和科技开发工作。

项目总工程师是技术性行政职务，是具有工程师或高级工程师技术职称的、项目经理领导下的、分管项目技术管理工作的负责人。主要工作职责如下：

(1)对项目的施工技术管理工作全面负责，贯彻执行国家有关技术政策、法规和现行施工技术规范、规程、质量标准以及承包合同，并监督执行情况。

(2)组织技术人员熟悉合同文件，领会设计意图和掌握具体技术细节，主持设计技术交底和会审签认，对现场情况进行调查核对，如有出入应按规定及时上报监理。

(3)在项目经理主持下，组织编制实施性施工组织设计。

(4)组织编制施工技术方案和工艺措施，并在施工前组织有关技术人员进行全面的施工技术交底。

(5)督促、指导施工技术人员严格按设计图纸、施工规范和操作规程组织施工，负责技术把关和控制工作。

(6)负责研究解决施工过程中的工程技术难题。

(7)领导试验检测和施工测量工作。在施工过程中，负责对试验、测量工作中发生的重大技术问题进行决策或提出报告。

(8)负责技术质量事故的调查与处理以及审核签发变更设计报告。

(9)主持制订本项目的科技开发和“四新”推广项目，并组织实施；制订项目技术交流、职工培训、年度培训的计划，并支持有关部门开展QC小组攻关活动。

(10)主持交、竣工技术文件资料的分类、汇总及编制，参加交、竣工验收；组织做好施工技术总结，督促技术人员撰写专题论文和施工工法，并负责审核、修改，签认后向上级推荐、申报。

(11)主持对项目技术人员日常工作的检查、指导和考核。

二、项目总工程师的地位和作用

1.项目经理部领导班子的主要成员

项目经理部的领导班子是对项目履行领导职务、决定工程项目生产经营活动的集体决策机构。企业法明确规定经理(厂长)处于中心地位，而项目总工程师是全面负责项目技术工作的主要领导者，其工作范围涉及工程项目施工的各个层面、各个环节和全过程，其工作成效与工程的质量、安全、进度和经济效益有直接关系，因此，项目总工程师理应处于项目经理部决策层的主要成员地位。

科学技术是第一生产力，这在理论上和实践中已被社会所公认，依靠科技进步促进企业发展、振兴企业经济已成为企业经营者的共识。项目总工程师作为项目科技进步的主要推动者，对项目的技术进步承担了重大责任。要充分发挥科技工作的作用，提高项目的科技效益，促进企业长期、稳定地发展，理应把项目总工程师列为项目经理部领导班子的主要成员。

2.项目经理的主要助手

项目总工程师虽与项目其他领导成员分工不同，但其工作内容却与工程的质量、进度和经济效益有着密不可分的直接关系，且贯穿工程施工的全过程，因此，项目经理必然要以总工程师为其主要助手。

3.项目技术工作的总负责人

《公路工程施工技术管理条例》所确定的技术管理责任制，确定了项目总工程师的技术总负责人地位。同时，工程材料、机具设备和施工人员是构成项目经理部工程施工组合的三要素，每个要素都和技术有关。项目总工程师作为项目技术工作的领导者，就要从技术上优化三个要素的组合，努力促成最佳的项目施工技术结构和最佳的施工流程，从而充分体现出技术工作在工程项目施工中的价值。

4. 项目经理和工程技术人员之间的纽带

项目总工程师在从事技术工作时，要把项目的各班组、各类工程技术人员有效地组织起来，形成项目的技术工作体系。依据项目经理的决策，项目总工程师组织全体技术人员开展日常的技术工作，这就自然成为项目经理与技术人员中间的一座桥梁，起到联结他们之间的纽带作用。

三、项目总工程师的工作内容、程序和方法

1. 项目总工程师的工作内容

项目总工程师的工作内容包括技术管理、质量管理、现场检查与指导、技术创新与科技进步、技术培训与交流、信息化管理等。

1)技术管理

技术管理是一项针对项目施工中产生的一系列技术活动和技术工作进行计划、组织、指挥、协调与控制的全面系统性的工作，因此，项目总工程师应根据项目的工程特点，以国家和行业有关技术标准、规范、规程、合同技术规范、设计文件及企业自身的相关规章制度为依据，紧紧围绕项目经营管理的总目标，并结合自身和可利用资源的情况，从实际出发，科学和实事求是地做好各项工作。

(1)组织有关技术人员认真审核合同技术条款和设计图纸，充分理解工程的技术要点、特点和质量标准。

(2)组织有关技术人员进行控制点的复测和恢复中线，认真做好现场踏勘工作，并做好技术和质量策划工作，指导并督促做好施工过程中的测量工作。

(3)组织有关技术人员编制大型工程以下项目的施工技术方案，积极参与大型以上工程项目的施工技术方案的制订工作。制订的施工技术方案既应符合合同技术规范要求，体现设计意图，又要做到切实可行、技术和工艺先进、经济合理，能保证质量、安全和工期要求。方案按规定批准后，组织实施。

(4)组织制订安全和环保技术措施，并按规定批准后实施。

(5)组织好技术交底和交底原始记录的整理归档工作，指导、督促做好二次技

术交底工作。

(6)负责项目工地试验室的建设和取证工作，指导、督促做好施工过程中的试验检测工作。

(7)组织做好设计变更工作，做好测量、试验数据的审核把关工作，指导、督促并检查各种施工原始记录的整理、签认和归档保存工作。

(8)对项目的技术工作及时总结，积极推进项目整体技术策划和标准化施工。

(9)组织做好交、竣工项目的各项准备和资料整理编制、归档工作，负责竣工验收前修复工程的方案制订及实施。

(10)做好项目分包工程的技术管理工作，定期对其进行检查和指导。

2)质量管理

工程质量是企业素质的综合反映，是项目管理水平的重要标志。项目总工程师在项目经理的领导下，对工程质量负全面技术责任。

(1)负责建立项目质量保证体系，协调质量相关部门的接口工作，指导、督促和检查质量职责的落实和质量体系运行等情况，并及时制订改进措施。

(2)主持编写项目质量目标实施计划，并组织贯彻实施。

(3)根据项目的工程特点，负责编制关键过程和特殊过程的作业指导书，并督促实施，做好过程控制。

(4)负责质量信息的审核、发布和上报工作，保证其及时性、准确性和可靠性。

(5)负责组织开展创精品工程和创优工程活动，并制订实施措施和奖惩办法。

(6)组织工程质量事故的调查与处理。

3)现场检查与指导

现场检查与指导是项目总工程师的一项重要工作，通过现场检查与指导，可以及时了解现场情况，发现问题并及时采取措施，做到预防预控，防患于未然，确保工程顺利进行。

(1)负责组织每月一次的项目质量大检查，并将检查结果及时上报。积极参与和配合公司的季检、局半年度抽检及业主、监理等组织的各项质量检查活动。

(2)定期或不定期地进行现场检查，要重点关注关键过程和特殊过程，对于发现的问题，要及时采取措施进行处理。

(3)要亲自到现场组织和指挥重大技术方案或技术措施的实施，实施过程中要不定期地进行现场检查与指导，确保方案或措施能落实到位。

(4)要经常对测量、试验、施工现场(包括拌和站)等的技术质量状况和相关技术人员的工作情况进行检查，发现问题及时解决。

4)技术创新与科技进步

技术创新与科技进步是施工企业健康发展的极为重要的动力源泉，是转变增长方式、提高劳动生产率和效益水平的关键所在。项目作为施工企业的重要组成部分，承载着推进企业技术创新与科技进步的重要任务，因此，作为项目的技术负责人，项目总工程师同样承担着相应的职责。

(1)领导并组织好项目的技术管理体系，在做好技术管理工作的同时，积极开展技术创新活动，不断提高科技进步水平。

(2)根据项目工程的特点和需要，负责制订相应的技术进步和科技开发的实施计划，为工程的顺利施工提供有力的技术支持。

(3)针对影响工程质量、安全、工期和效益的关键工序或重大问题，结合项目自身情况，负责申报局、公司级科技课题，或自行进行一般性专题立项，通过开展专项科研课题研究和技术攻关，解决项目的实际问题。

(4)积极引导和鼓励项目全体人员开展技术革新(小改小革)、修旧利废、合理化建议、QC 小组等活动，提高项目的整体技术水平。

(5)结合项目的实际情况，积极采用新技术、新工艺、新材料、新设备，大力推进“四新”技术的推广和实施。

(6)积极建立和完善科技信息的收集、处理和交流体系，充分发挥科技信息对施工生产的服务功能。

5)技术培训与交流

开展技术培训与交流活动，是提高项目整体施工技术水平的重要环节，也是项目总工程师的重要工作内容之一。

(1)施工准备阶段，负责组织相关技术和操作人员进行岗前技术培训，为施工做好技术准备。

(2)施工中，应在关键过程和特殊过程的重点技术方案、措施实施前，或采用“四新”技术前，组织相关人员进行技术培训，必要时聘请技术专家来项目进行技术指导，确保实施效果。

(3)根据项目的实际需要，有计划地组织技术人员进行项目内外的业务技术学习和技术交流，加速知识储备和更新。

(4)根据项目的工程特点，组织对工人施工操作技能的培训，做到能熟悉本职工作，熟练掌握本岗位的操作要领和方法。

6)信息化管理

项目总工程师应加强工程的信息化管理,领导和组织项目技术人员充分利用电脑办公系统和网络信息资源,更好地为工程项目施工服务。

项目信息化管理的内容有:信息化工作计划和管理制度的制订与实施,计算机管理人员的任用和考核,全员信息化培训与考核,电脑设备的配置与管理,软件与信息系统的开发、管理与维护,计算机网络系统的组建与管理等。

2. 项目总工程师的工作程序

就一般工程项目而言,项目总工程师的工作程序大体上按照技术规划、施工整体部署、过程控制、竣工总结的管理流程进行。

技术规划是针对上级机关的技术方针目标,结合工程项目的具体情况,制订适合本项目的技术方针和质量目标,选定相应的科研课题,确定本工程所需要购置的重要设备、仪器以及所要执行的技术标准、规范和规程,拟定主要技术人员的分工安排。

施工整体部署主要包括编制实施性施工组织设计,建立技术管理和质量管理体系,确定关键过程和特殊过程的施工方案,落实工程开工的技术准备工作。

过程控制就是要对施工的各个技术环节和全过程进行横向到边、纵向到底的全方位监控,特别是对影响工程质量、进度和效益的关键过程和施工工艺,应重点进行监控,确保施工按计划顺利实施。

竣工总结工作就是要在做好交、竣工验收工作的同时,组织全体技术人员认真分析技术上的成功与不足之处,探讨本工程的施工经验和教训,对在施工中成功使用的施工工艺和方法、课题研究成果以及“四新”技术的应用成果等及时进行总结。

3. 项目总工程师的工作方法

项目总工程师的工作方法,就是以科学的态度、方法和知识作为手段,以创造、创新和集体协作精神为宗旨,把工程施工上的具体问题作为任务加以分解,组织全体技术人员身体力行地予以合理的解决。

1)日常工作方法

(1)处理公文　公文是公务文书的简称,是上级领导机关用来发布法规,传达领导意图、指导工作、通报企业工作情况、交流经验及项目向上级和业主请示问题、上报材料、互通情况的工具。公文的主要作用是上传下达、作为凭证依据、宣传教育和规范行为。

处理公文必须准确及时,防止公文被搁置而贻误工作。按照文件的来源、使用范围、用途和收发的不同进行分类处理。对公文要认真阅读，领会其精神，慎重地审核批复。

(2)组织会议　组织会议是常用的一种领导工作方法，通过会议来安排工作、协调关系、咨询决策、互通信息、讨论与决定问题等。会议的组织工作包括确定会议的议题和参加会议的人员，会议的议程、时间、地点等，并要事先通知，使参加会议的人员准备好有关资料。此外，要提前做好会场的布置工作。

(3)组织协调　组织协调是行政管理的重要职能，主要是改善和调整各部门、各工种和人员之间的关系，使各项工作密切配合，人员能够分工合作、步调一致，促进工程项目的圆满完成。

协调的本质是对人员的协调。协调工作要贯穿工程项目施工的全过程，本着平等公正、求同存异、合理分工和统筹兼顾的原则，照顾到各个方面、各个环节和所有人员，做到上下协调、内外协调、横向协调、平行协调，使工程项目施工和谐统一，物尽其用，人尽其能，充分调动全体人员的工作积极性和创造性。

(4)深入施工现场　施工现场是项目管理工作的基础，因此，项目总工程师应深入现场，了解并掌握具体情况，指导和解决实际问题，从而取得领导工作的主动权和实效性。

(5)工作计划　工作计划标明了工作的目标和重点，并将其规定为有序的连续过程。执行的方法和进度，是工程管理的重要依据。

项目总工程师的工作计划包括项目总体计划和个人工作计划。项目总体计划又分为横道图计划和网络计划，都是对工程项目的整体工作安排。在总体计划之下，需按照项目经营的要求细化为年度计划、季度计划、月计划乃至周计划，还需按工作类别的不同细化为科技工作计划、质量工作计划、材料和设备进场计划等。个人工作计划是用于日常工作安排的，是本人所主管的业务工作计划。

任何事物总是处于不断的发展变化中，这是客观规律。同样，由于工程施工中各种内外部条件的变化、环境与气候因素的影响、不可抗拒的自然与社会灾害的发生等，以及原计划本身的缺陷，都需要对工作计划随时作出相应的调整，以适应这些变化，更符合工程的内在规律性。

2)调查研究方法

调查是通过各种方式和手段亲身接触和广泛了解客观实际情况，详细地占有材料。研究则是根据调查得来的情况和资料，用科学的观点和方法进行全面、系统的分析、归纳和总结，弄清事实真相，明了事物的内在联系和发展规律，预测事物的发展变化，从而得出正确的结论，以指导具体工作。

调查研究是科学的工作方法和领导方法。调查是前提，是手段；研究是深化，是目的。调查研究有经验调查和科学调查两种方式，前者主要使用考察、询问、谈话、蹲点等传统方法，侧重于弄清事实真相，找到正确处理问题的方法；后者是采用系统、科学、专业技术的方法，利用先进的调查工具和分析研究技术，不但要弄清事实真相，还要找出其内在的客观规律。

调查研究的基本形式，有专题调查、典型调查、普遍调查、抽样调查和临时性调查等。

(1)专题调查研究是根据上级领导或业主要求，施工难点、技术或工艺的需要，针对某一专题采取的点面结合的调查研究方法。在项目中主要是解决施工中的技术难题和研究提高工程质量的方法。

(2)典型调查是从具有某种共性的总体事物中，选择若干有代表性的问题而进行的一种非普遍性调查。通过典型调查，找出其内在规律性，用以概括同类问题的一般规律特点，以便指导和推动整体工作，这是一种从个别到一般的工作方法。如混凝土外观质量是工程项目遇到的普遍问题，项目针对护栏的外观质量问题开展调查研究，找出确保其外观质量合格的施工方法，并供其他工程借鉴，就是典型调查的表现形式。

(3)普遍调查是指在一定范围和规定时间内，对所有对象逐一进行调查，在取得全面资料的基础上再进行分析研究的一种方法。

(4)抽样调查是从总体问题中抽选一定数量的问题作为样本进行调查，再根据所得的调查数据，运用数理统计原理推算出总体数据的一种方法。抽样的目的在于科学地挑选总体的某部分作为调查对象，通过对局部的研究，取得能够说明总体情况的足够的可靠资料，以推断出能代表总体问题的规律性。样本抽选通常有随机抽样法、分类(分层、分组)抽样法、整群抽样法以及计划抽样或立意抽样的非随机抽样法。

(5)临时性调查是对一些突发性事件或问题所进行的调查研究，如对工程质量事故或技术安全问题的调查。

3)检查总结方法

检查总结是上级对下级实施决策的情况和结果所作的专门调查，是对决策的再认识。领导不能只是作决策、发号施令，重要的是检查指示的执行情况，而且要通过实践的检验来检查指示本身正确与否，这是领导工作的重要环节。通过检查总结，有利于发扬成绩、找出差距、纠正错误、提高工作效率，有利于认识规律、发现问题的症结所在，有利于发现人才、考核干部、提高领导干部的各项素质。

例如，项目总工程师针对工程上的某个质量问题提出处理意见，交给主管技术员具体处理，处理完成之后，项目总工再对结果进行检查、评价。在此过程中，项目总工可以检验自己提出的处理意见的合理程度和实际效果，了解到主管技术员解决具体技术问题的能力。

检查总结必须遵循理论和实际相统一的原则，反对主观主义，实事求是地评价各项工作的开展情况。要深入实际、深入施工现场、深入群众，全面细致地掌握客观事实，真正发现先进和落后的部位与环节，充分收集决策本身及决策执行情况的准确信息并进行总结、分析和归纳，从而进一步完善各项工作。

在推行PDCA工作方法时，总结检查是其中一项重要内容。PDCA循环，是指按计划、执行、检查、处理四个阶段的顺序来进行管理工作，并且循环进行下去，检查总结是这一工作程序的第三个环节。

进行检查总结有跟踪检查、阶段检查、自上而下与自下而上的检查、组织专门的班子检查等多种方式。

检查总结的目的在于指导工作，确保领导工作的有效进行和决策目标的顺利实施。这项工作要按计划定期进行，以便随时掌握工作的进程、交流经验、纠正错误，从而进行动态调整和优化工作。

四、项目总工程师的领导艺术

现代工程项目施工已经完全进入市场经济体系，不只是单一的施工作业，而是形成了社会化、系统化、市场化、人才化、信息化和科学化的综合体系，项目总工程师要站在战略的高度来主管项目的技术工作，重视市场调查研究，考虑社会和环境的影响，尊重人才，依靠全体技术人员、管理与操作人员，利用科技与信息技术，通过创新，实现项目质量、进度、经济效益和社会效益的总体目标。

1. 具有全局观念

项目总工程师应该具有全局观念，用系统的思想、信息化经济的观念和科学发展的眼光来看待工程项目，按照科学规律办事，依靠全体技术人员、管理层与操作层人员，共同推动工程项目的顺利实施。

在充分考虑整个工程的各方面情况后，从大局出发，合理安排各分项工程的施工顺序和各个环节，统筹兼顾各种工程要素，做到工程全局一盘棋，使工程施工均衡、协调、有序地进行。

2. 分清主次，抓住中心环节

在一个工程项目的技术工作中，有各个方面、不同层次的许多工作，但中心任务只能有一个，这就要求项目总工程师在领导过程中，分清事情的轻重缓急，突出中心环节，抓住主要矛盾。把决定性的主要矛盾解决好了，其他工作的矛盾就会迎刃而解。

在一堆工作中不分主次，“眉毛胡子一把抓”，会造成工作凌乱无序。同时，只抓中心工作而忽视其他工作，“头痛医头，脚痛医脚”，这样也不行。所以，项目总工程师在集中精力抓好主要工作的同时，也要兼顾其他工作，分清主次，协调配合，这就是“弹钢琴”式的领导艺术。

3. 协调人际关系

在工作中，项目总工程师要根据管理人员或操作人员的个性特点和项目集体的工作规律，采用正确的方式方法，适时解决人际关系中的矛盾，使项目管理层和操作层之间、技术人员之间以及和外部单位之间的关系和谐，具有团队精神。

在协调人际关系过程中，应注意以下原则：

1）相互尊重、公平待人的原则

摒弃权力意识，尊重别人，待人和蔼，关心职工，树立尽心尽力为技术人员和职工服务的思想。要主持公道，伸张正义，不能厚此薄彼，无论远近亲疏均做到“一碗水端平”，同时避免因自己考虑不周而出现的不公平现象。

2）相互信任、互相沟通的原则

作为领导者要充分信任下级，同时要做到言而有信，言出必行，不说假话、大话，多为对方着想，通过自己的表率作用取得大家的信任。在工作和生活中加强沟通，促进互相了解，互相支持，在上下级之间、项目领导班子之间建立起互相信任的氛围。

3）互助互利的原则

工程项目是一项集体工作，需要大家的互助合作，故要以互利互惠为前提，分配物质利益既要反对平均主义的干多干少、干好干坏一个样，又要防止差距过大，注意解决好分配制度中的不完善环节，同时要注意技术人员和职工的精神需求。

4）共同参与的原则

项目总工程师要充分发扬民主，积极听取广大职工和技术人员的意见和建议，吸收群众的智慧、经验和技巧来改善自己的工作方式；发动在不同管理层次上的工作人员,采取不同形式参与项目的工程管理;发挥大家的主观能动性,增强群体的凝聚力和向心力。

4. 正确行使职权

领导的权力是为履行其职责所设定的,是其职权范围内的一种改变个人或团体行为的支配能力。项目总工程师行使合法权力的目的,在于形成全体技术人员和工作人员的统一目标、统一行动,是责、权、利的统一。为更好地开展工作,项目总工程师要讲究行使职权的艺术。具体工作中要特别注意以下几个方面:

1)明晰权力的正确作用与范围

项目总工程师的权力是企业为完成工程项目所赋予的,所以要杜绝运用职权牟取私利、徇私舞弊,严禁滥用职权贪赃枉法。

2)使权力达到令行禁止的效果

在制订方针目标、计划、岗位职责和执行标准规范时,应让广大职工和技术人员明确应当做什么,不应当做什么,发挥权力的影响力,使工程施工规范化、条理化,为项目经营的成功提供有力的保证。

3)奖惩方式

正确的奖惩是有效行使职权的重要方式,物质奖励和惩罚并辅以表扬和批评,是激发被领导者主观能动性的手段。应以奖励与表扬为主,鼓励奋发向上,积极进取;以惩罚或批评为辅,克服消极因素,二者应配合使用。

4)尽量使用权力以外的因素达到行使职权的效果

在上下级之间和领导班子中建立友谊与信任,使彼此互相信赖,比单纯依赖权限发号施令的效果更好。另外,以理服人、说服教育也是一种重要方式,通过耐心细致的说服教育工作,使之理解并接受工程任务、目标和要求,变"口服心不服"的消极思想为积极主动的行动。

5. 领导作风

领导作风是领导者在日常工作、生活和学习中表现出来的一贯态度与行为,是领导者思想、品德和个人素质的外在表现。良好的领导作风对于领导者的号召力和领导效果有着十分重要的影响,有利于目标的顺利实施,有利于各种职能的正常发挥。

1)实事求是的工作作风

实事求是就是从客观存在的实际情况出发,详细占有材料,用调查研究的方法，找出事物本身的客观规律和解决问题的正确途径。项目总工程师作为工程项目的技术工作领导者，更要坚持实事求是的原则，大兴调查研究之风，因为技术工作本身就是对事物运动规律的探索，或是把探索得来的成果应用于施工，来不得半点虚假。

2)民主作风

工程项目是一个集体项目，工艺繁杂、专业工种较多，项目总工程师在进行工作决策时，或在解决技术问题的过程中，往往要涉及方方面面，难免有所疏漏，有所失误，因此，要密切联系群众，多听听来自基层和不同方面的意见，力戒主观武断。"三人行，必有我师"，只有集思广益，拾遗补缺，才能使技术方案更合理有效，做到决策民主化，最大限度地防止出现工作失误。

3)严于律己的作风

项目总工程师要严格要求自己，坚决执行党的方针政策，遵守经济法规和财经纪律，工作上踏踏实实，经济上清正廉洁，生活上艰苦朴素，个人品德修养上也要努力提高。

严于律己是一种良好的作风，项目总工程师以自身行为作为表率来影响企业和职工，从而带动全体技术人员和职工努力工作，战胜困难，把工程项目建设好。

4)自觉学习、刻苦钻研技术的作风

作为工程项目的技术带头人，项目总工程师要自觉地加强自身的业务学习，不断钻研和学习先进的技术，努力提高自己的技术水平，为项目全体技术人员树立一个好榜样，在项目内形成重视业务学习和钻研技术的良好风气。

第二章
项目经理部的基础技术管理工作

一、工程开工前的技术准备工作

在工程项目开工前，要先做好详细而充分的技术准备工作，使工程开工后能有条不紊地顺利进行，避免开工后出现设计问题、现场地形地质与设计资料不符、测量试验不能配合施工、关键材料设备未及时到位等情况导致工程延误甚至停顿而造成不必要的损失。

工程开工前的技术准备工作主要有以下内容：

(1)工程项目资料交接。

(2)设计交桩及导线点复测。

(3)图纸复核。

(4)现场核对设计文件。

(5)为实施性施工组织设计和技术方案补充必要的现场调查资料。

(6)划分单位、分部、分项工程。

(7)建立控制测量网。

(8)建立项目试验室并提前做好先期工程试验及配合比相关工作。

(9)为需要提前订购的重要材料和设备提供有关的技术参数、质量要求和最早进场日期。

(10)编制实施性施工组织设计与技术方案。

(11)按业主和上级机关要求及工程具体情况配备项目所需的技术标准、规范、规程及有关技术参考资料。

(12)开工前的技术培训和学习。

(13)其他技术准备工作。

1. 工程资料交接

1)交接内容

工程中标后,应会同上级有关主管部门及时进行工程资料的交接。需要交接的主要资料应包括投标期间的现场考察技术资料,投标答疑资料,投标文件,中标通知书,合同文件,与业主签订的协议、投标承诺、图纸等。

2)应注意的问题

(1)注意检查交接资料是否齐全,并办理交接手续。

(2)保留一套完整的合同文件及设计图纸存档,以便于今后编制竣工文件。

(3)根据需要给相关人员提供资料的复印件。

2. 设计交桩及导线点复测

工程开工前,在业主(或监理)主持下,由设计单位向施工单位进行交桩。交桩应在现场进行。设计单位将路线勘测时所设置的导线控制点、水准控制点及其他重要点位的桩位及相关技术资料逐一交给施工单位。

交桩应有交桩记录。在接受桩位时应注意观察桩位是否有移动、损坏甚至缺失现象,如有此类现象发生,应及时提出并提请设计单位进行补桩。接桩后应安排专人负责,采取措施妥善保护。

项目接受导线控制点、水准控制点的桩位后,要及时对这些控制点进行复测,并将复测的结果报监理工程师审核批准,为下一步的控制测量做好准备。

3. 图纸复核

1)图纸复核的目的

(1)使参加施工的技术和管理人员提前熟悉设计图纸,了解工程特点和设计意图,找出需要解决的技术难题,制订解决方案,进行工程管理策划。

(2)发现图纸中存在的问题,减少图纸的差错,将图纸中的质量隐患消灭在萌芽之中。

2)图纸复核应重点关注的问题

(1)是否符合现行相关技术标准、规范要求,有无重大原则错误。

(2)现有施工技术水平能否满足设计要求。

(3)是否符合现场和施工的实际条件。

(4)设计是否能够进一步优化。

(5)图纸本身有无矛盾(如图纸的完整性、一致性,检查说明与设计是否一致,平、纵、横三剖面是否一致,结构各部位相互之间的位置、前后高程、尺寸的标注、不同专业、不同设计人员设计的结构结合部位等有无矛盾之处)。

(6)图纸中的工程数量表、材料数量表是否有错误。

(7)控制测量数据是否准确。

3)图纸复核工作应注意的问题

(1)应组织参加施工的全体技术人员参与对图纸的复核,不能仅仅局限于几个人。

(2)在图纸复核的过程中要注意全面领会设计意图,不要轻易否定设计。

(3)注意结合现场条件进行图纸复核。

(4)要带着问题进行图纸复核,为设计交底和以后编制实施性施工组织设计及施工技术方案做准备,不要仅仅局限于工程量的复核。

(5)发扬技术民主,发现问题要提倡集体讨论。

4.现场核对及补充调查资料

1)现场核对

(1)路线与构造物的总体布置、桥涵结构物形式等是否合理,相互之间是否有矛盾和错误。

(2)主要构造物的位置、尺寸、孔径是否恰当。

(3)新建的桥涵结构物等与原有道路、排水系统的衔接是否流畅。

(4)路线的高填深挖地段与设计是否有大的出入,是否合理。

(5)原有的灌溉、排水系统功能是否遭到破坏。

(6)对地质不良地段采取的技术处理措施是否恰当。

(7)设计推荐的或投标文件中编制的总体施工方案及临时设施、便道、便桥方案是否合理可行。

2)补充调查资料

公路施工涉及面广,战线长,受自然条件影响大,在施工组织设计前,有计划、有步骤地认真做好施工现场有关情况的调查,收集与工程施工相关的资料,并对这些情况和资料进行认真调研和分析,对于编制好施工组织设计及今后的工程实施是非常有益的。进行现场补充调查的主要内容有：

(1)施工现场的地形、地貌　重点调查公路沿线大桥、工程困难地段等，这些资料可用于选择施工用地、布置施工平面图、规划临时设施等。

(2)工程所在地的地质情况　进一步对施工图所给出的地质勘探资料进行调查核对，仅仅依据设计提供的地质资料往往不能满足施工需要，特别是对于熔岩地区，地质复杂地区，大型桥梁，高填、深挖路基路段等通常需要进行补充调查，以确定路基土石方的类别及其施工方法、软土路基处理措施、复核地基基础设计及其施工方案等。

(3)水文情况调查　了解工程所在地的地下水位变化情况，河流最高洪水位、常水位、最低水位的高程、发生时段、持续时间等水位变化情况，河流的水流量、流速情况。受潮汐水影响的河流还需了解潮水的涨落时间、潮差及潮流等情况，以研究降低地下水位的措施，选择基础施工方案，制订水下工程施工方案，复核地面、地下排水设计，确定临时防洪措施。

(4)当地的气象情况　调查当地的气温、降雨、极限温度，风力、风向、风速等变化规律及冬、雨季起止时间、恶劣天气情况。掌握施工前的一些最基本的资料，可以帮助确定冬、雨季节施工措施，制订路基排水及工程防洪方案，选择路基路面工程、砌筑工程、桥涵基础工程的施工季节，布置临时设施，确定高空作业及吊装的施工方案和安全措施。

(5)当地交通、电力、通信、文物、工程附近的建筑物等对施工的干扰情况。

(6)当地的交通、运输条件　包括工地沿线的铁路、公路、河流位置，装卸运输费用标准，民间运输能力等。

(7)当地水电供应情况　包括供水的水源、水量、水质、水费等情况；电源供电的容量、电压、电费等情况。

(8)地材供应情况　包括外购材料的供应地点、规格、单价、可供数量、运输方式、费用等，确定自采加工材料的料场、位置、可开采数量、运距等。

(9)当地风俗习惯、医疗条件、通信条件、生活物资供应等情况。

(10)当地政府对建设工程颁布的相关管理规定。

3)应注意的问题

(1)现场核对与调查应与图纸复核实行互动。

(2)事前应拟订计划，明确重点，落实人员和要求。

(3)现场调查核对的材料要及时进行汇总整理，发现的问题要及时研究并提出解决办法，并上报有关部门。

(4)强调脚踏实地,详细认真,切忌走马观花,不求甚解。

(5)注意走访当地群众和气象、水文部门。

5. 单位、分部、分项工程的划分

单位、分部、分项工程划分的好坏,不仅影响工程质量的评定与验收,甚至影响施工进度。划分时应根据施工部署和规范要求进行,报业主、监理单位认可。划分的原则是有利于工程质量的客观评定,有利于施工安排和部署,同时满足有关规范要求。

项目划分单位、分部、分项工程有两种方法:

(1)按业主下发的文件或合同文件的规定划分。

(2)按《公路工程质量检验评定标准》(JTG F80/1—2004)划分(见第四章中表 4-1)。

两种方法以业主的要求为准,当业主没有要求时,按《公路工程质量检验评定标准》(JTG F80/1—2004)执行。

6. 开工前的试验管理工作

1)筹建项目试验室

(1)项目试验室的房屋,应作为临建项目优先安排。

(2)试验室房屋大小,可根据工程量或合同要求确定。

(3)项目经理与总工程师应首先明确项目试验室主任,便于抓开工前的试验工作。

(4)项目试验室主任应及早组织人员,清点现有的试验仪器,列出需购置的仪器清单,报总工程师审核、经理批准后,立即购置。

(5)及时同当地有关计量部门联系,对计量仪器、试验设备组织检测校验。

(6)清点本工程所需的有关试验标准、规范、规程,对短缺的部分,及早购置,补充齐全。

(7)及时配置齐全相关的办公用品及设施。

2)熟悉设计文件和标书

试验人员要认真阅读有关设计文件、图纸和标书,了解本工程的总体概况,便于适时、合理地安排相关试验工作,为工程的全面开工做好准备。

3)做好开工前的有关试验工作

包括先期材料检验、工程试验及配合比设计等工作。

二、技 术 交 底

1. 施工图设计技术交底

1)施工图设计技术交底的目的

目的是使参加工程建设的相关人员正确贯彻设计意图,加深对设计文件特点、难点、疑点的理解,完善设计,掌握关键工程部位的技术质量要求。

2)施工图设计的技术交底程序

施工图设计的技术交底一般是在工程开工前由业主或监理单位主持,业主、设计、监理、施工、质量监督等有关单位参加的情况下进行。首先由设计代表阐述设计概况、设计意图、施工要求及注意事项,施工和监理单位根据现场调查的情况和对设计图的理解就图纸中的问题向设计代表提出疑问,设计代表进行答疑。设计代表的现场答复,会后应以书面的形式进行确认。设计代表在现场不能马上答复的问题,设计单位应在规定时间内予以书面答复,并作为设计文件的一部分,在施工中贯彻执行。设计交底的会议纪要需参加各方签字认可。

3)施工图设计交底的会议纪要

施工图设计交底的会议纪要一般应包含以下内容:

(1)参会单位对设计图纸中存在的问题和矛盾之处提出的意见,设计代表答复同意修改的内容。

(2)施工单位为便于施工,或出于施工质量、安全考虑要求设计单位修改部分设计的会商结果与解决方法。

(3)交底会上尚未得到解决或需要进一步商讨的问题。

(4)列出参加设计技术交底的单位人员名单,签字后生效。

4)参加施工图设计技术交底应注意的问题

参加施工图设计技术交底前必须组织项目技术人员结合现场情况对设计图纸进行认真审核,审核中发现的问题应归纳汇总,及时召集有关人员,针对审核中发现的问题进行讨论,弄清设计意图和工程的特点及要求。必要时,可以提出我们自己的看法或建议。会上拟指派一名代表为主发言人,其他人可视情况适当解释、补充,指定专人对提出和解答的问题做好记录,以便查核。

2. 施工技术交底

1)项目实行二次施工技术交底的重要性

工程施工前应按不同层次、不同要求进行技术交底工作,施工技术交底工作是项目极为重要的一项技术管理工作。随着经营规模不断扩大,项目规模也越来越大。项目实行两层分离的管理模式,外协队伍成了施工第一线的主力军。施工队伍多,点多,战线长,施工水平参差不齐,在这种情况下,如何经营理念、方针、目标在施工中能够得到有效的贯彻执行,使得完成的工程能够代表主承包商的水平,而不是协作队伍的水平,这是我们需要研究、探索并且必须解决的问题。而采用技术交底的形式就可以作为我们在施工中贯彻经营理念、方针、目标的一个非常好的载体。因此施工技术交底现在已经不仅仅是单纯的一项技术管理工作,而是成为项目为实现预定的工程质量及生产经营目标的一个非常有效的管理手段。施工技术交底在内容上不仅要包含技术方面的内容,还要包含质量、进度、安全、环保、现场文明施工等多方面的内容,它是项目实现质量、职业健康安全和环境管理以及生产经营目标的一个管理方法。如果我们还沿用以前的主要由项目总工负责的一次技术交底的形式,显然是不能够满足管理要求的。因此施工技术交底采用按不同层次、不同要求,有针对性地进行二次交底,能够更好地适应目前的项目管理模式,可以让所有参加施工的技术人员都参与到施工技术交底工作中来,充分发挥其工作的主动性、提高其业务水平,更好地发挥在现场的督促、检查、指导作用,确保项目整体目标的实现。

2)施工技术交底的目的和任务

通过技术交底,使参与施工活动的每一个技术人员都能熟悉和了解所承担工程的特点、特定的施工条件、设计意图、施工组织、技术要求、质量标准、施工工艺、有针对性的关键技术措施、安全措施、环保要求、工期要求和在施工中应注意的问题,使参与施工操作的人员都能了解自己所要完成的分部分项工程的具体工作内容、操作方法、施工工艺、质量标准、安全、环保、文明施工等注意事项,做到任务明确,心中有数,各工种之间配合协作,工序交接井井有条,各施工作业点都能按照施工组织设计中的要求组织施工,从而达到提高工程质量、圆满履行合同的目的。

3)施工技术交底的形式

施工技术交底必须以书面材料结合会议交底的形式进行。采用这种方式的目的,一是为了有据可查,明确交底人与被交底人之间的责任;二是便于参加技术交底的人员实行互动,进行必要讨论,发挥集体智慧;三是便于准确理解施工技术交底的内容。

4)施工技术交底的步骤

局要求实行的是在项目总体施工技术交底前提下的二次施工技术交底，即项目施工技术总体交底。工程开工前，由项目经理主持，交底人项目总工程师就工程总体以分项工程为单元进行总体技术交底，参加人员为本项目各部门负责人、分项工程负责人及全体技术人员。

在此基础上，技术交底分两级进行：

(1)第一级施工技术交底　交底人是项目技术部门负责人或项目总工程师，就每分部工程以分项工程为单元向分项工程负责人和相关技术人员进行交底；重点工程、重要分项工程的技术交底应由项目总工程师亲自主持。

(2)第二级施工技术交底　交底人为分项工程技术负责人，就每分项工程以工序为单元向工序技术员、工班长或工序负责人、主要操作人员进行技术交底。

5)各级施工技术交底的主要内容

施工技术交底由于交底的层次、对象不同，因而交底的内容、侧重点也各不相同。

(1)总体施工技术交底　在工程开工前，项目总工程师应依据项目实施性施工组织设计、施工图纸、合同文件和现场实地调查情况等拟定技术交底文件，对工程总体情况进行全面交底。主要包括以下内容：

①工程概况、主要工程量、施工总体部署及施工任务划分。

②工程的特点、难点，设计意图、要求，执行的技术标准和规范。

③技术质量管理流程(监理程序、质量控制、试验检测、设计变更等)。

④主要施工流程、施工方案，工序交叉配合要求及关键性施工技术。

⑤施工进度要求，关键线路、控制点，阶段性控制目标。

⑥项目质量计划，含质量方针、质量目标、创优目标和保证措施。

⑦文明施工、职业健康安全和环境管理的主要目标和措施。

⑧“四新”技术的应用及注意事项。

⑨其他施工注意事项。

(2)一级施工技术交底　在项目分部(项)工程开工前，由项目工程技术部负责人(或总工)根据施工组织设计、施工图纸、合同文件和总体技术交底内容等拟定技术交底文件，对分部(项)工程进行施工技术交底。一般包括如下主要内容：

①分项工程概况，水文、地质、地貌情况。

②合同要求、设计要求、经理部的要求，其中的难点。

③施工方案及具体要求、实施步骤和方法。

④施工进度要求和相关施工工序的配合要求。

⑤不利季节(冬、雨、高温季节)中施工应采取的技术措施。

⑥应用“四新”技术的有关操作方法、技术规定及注意事项。

⑦施工质量标准和实现项目创优目标的具体保证措施。

⑧施工阶段质量检查项目及其要求,试验检测及监理验收程序。

⑨主要材料规格性能、试验要求和施工机械、设备的配备。

⑩安全文明施工、职业健康和环境保护的要求及保证措施。

⑪其他施工注意事项。

(3)二级施工技术交底　现场技术负责人在接受第一级技术交底后,按自己所分管的工程范围,进一步学习相关的合同文件,了解设计意图,并根据批准的实施性施工组织设计、单项施工方案、作业指导书以及现场实际情况和上级技术交底要求等,拟订具体的实施方法和步骤,补充完善必要的技术措施,在每个施工项目作业前,有针对性地进行详细的技术交底。其主要内容包括:

①施工图纸讲解,包括结构形式、尺寸、设计要求。

②施工工艺、步骤、操作方法及注意事项。

③分项工程质量标准、工序质量标准,交接程序和验收方式,保证质量的措施。

④施工的关键点及难点,易发生的质量通病和相应的技术对策、措施。

⑤重点部位在不利季节中施工的操作方法及注意事项。

⑥施工工期要求及保证措施。

⑦应用“四新”技术的有关操作要领及注意事项。

⑧施工原始记录填写内容和要求。

⑨现场文明施工的具体要求及成品保护注意事项。

⑩施工安全注意事项,危险源识别及预防措施。

⑪环境保护要求及具体措施。

⑫其他施工注意事项。

3. 施工技术交底的要求与注意事项

1)施工技术交底的要求

(1)技术交底必须在工程施工前进行,作为整个工程和分部、分项工程施工前准备工作的一部分,做到时间上要及时。要根据交底项目的实施难度情况,有一定的提前量,给相关人员留有充分的消化和准备时间。

(2)技术交底应符合国家有关技术标准、工程质量检验评定标准、施工规范、规程、工艺标准等的相关规定,满足设计施工图纸及合同文件的技术要求。

(3)技术交底应符合项目施工组织设计中的有关施工技术方案、技术措施、施工进度等要求,符合和体现上一级技术交底中的意图和具体要求。

(4)技术交底必须有的放矢,内容充实,具有针对性和指导性。应根据施工项目的特点、环境条件、季节变化等情况及分部分项工程的具体要求,重点突出,其施工工艺、质量标准、安全措施及环保措施等均应分别有针对性地具体说明。

(5)对易发生施工质量通病和安全事故的工序和工程部位,在技术交底时,应着重强调各种预防施工质量通病和安全事故发生的技术措施和注意事项。

(6)交底内容应结合局质量、职业健康安全和环境"三位一体管理体系"的要求,在进行技术交底的同时,进行质量、安全、环境方面的技术交底。

(7)应建立施工技术交底台账。整个施工过程包括各分部、分项工程的施工均须作技术交底,技术交底不要漏项,不要只进行主体工程交底而忽略附属工程。

(8)所有书面技术交底,均应经过项目总工程师的审核,字迹要清楚、完整,数据引用正确。技术交底会议记录应保存完整,交底方和被交底方的双方负责人必须履行交底签字手续。

2)施工技术交底应注意的问题

(1)技术交底应严格执行施工规范、规程及合同文件要求,不得任意修改、删减或降低工程质量标准。

(2)技术交底应将项目的质量目标贯穿其中。项目在施工组织设计中提出的质量目标要在技术交底中得到体现。在交底的深度上,要体现一局的技术水平,对影响工程内在、外观质量的关键机械设备、模板、施工工艺等应有明确的强制性要求。

(3)进行技术交底时,可根据需要,邀请业主、设计代表、监理和有经验的操作工人等相关人员参加,必要时对交底内容作补充修改。对于涉及已经批准的施工方案、技术措施的变动,应按有关程序进行审批后执行。

(4)技术交底应注重实效,做到责任落实到人,方法、步骤落实到位,不要为了应付检查而流于形式。

(5)对技术交底的效果进行督促和检查。各级技术管理人员在施工过程中要强化检查力度,发现施工人员不按交底要求施工时应立即予以阻止、纠正。

(6)如施工方案、技术措施等前提情况发生变化,应及时对交底内容作补充修改。

(7)对于技术难度大、采用“四新”技术等的关键工序,应进行内容全面、具体而详细的技术交底。

三、施工现场的技术管理

施工现场技术管理的主要任务是运用管理的职能与科学的方法,在施工中正确贯彻国家技术政策和甲方、监理、上级有关技术工作的批示与决定,科学地组织各项技术工作,保证施工的每一工序符合技术规范、规程,落实实施性施工组织设计所确定的技术任务,达到高效优质完成施工任务的目的,使技术与成本、技术与质量、技术与安全、技术创新与进度达到辩证统一。

现场技术管理主要包括现场技术复核、解决现场技术问题、关键工序控制、工程记录(包括会议记录、洽商记录、施工日志、工程影像)等,现场专项技术有统计技术、监测技术等。

1. 技术复核

技术复核的工作内容有:

(1)在施工准备阶段图纸会审的基础上,每分项工程开工前,进一步审核施工设计图,如结构内某些构件位置是否互相冲突,目前的原材料、施工工艺控制水平是否能达到设计所要求的质量标准(尤其是结构的耐久性)。

(2)在分项、工序施工前审核技术条件,如质量检测手段、检测工具、检测方案的适应性是否满足。

(3)施工设计图和施工方案是否会由于当前施工条件发生变化,如地质地层与施工设计图不符而需要修改。

(4)仔细推敲施工方案的适宜性,根据施工实际情况,调整局部方案,如分析判断方案计算中各种安全系数是否得当,安全系数要考虑施工人员落实方案的程度等。

(5)对于“四新”、技术革新的施工工艺,应随时总结分析,稳步推进。

(6)对关键部位或影响全工程的施工工艺如混凝土大高程泵送、支架预压、路基试验路段等进行试验、试载,以避免发生重大差错而影响工程的质量和进度。

在施工过程中,对重要的和处于工期关键线路上的技术工作,必须在分部、分项工程正式施工前进行复核,以免发生重大差错,影响工程质量和进度。

2. 解决现场技术问题

1)技术难点的分析和对策

在实施性施工组织设计中,详细分析工程的技术难点,并提出相应的对策,按分部或分项工程列表,如表 2-1。

××特大桥难点技术及其对策　　表 2-1

技术难点	对策
钢桥面铺装:国内尚没有完全解决的关键技术难题之一	列入研究计划,将结合大桥桥位区的环境条件,吸收国内外在钢桥面铺装方面的经验和教训,开发符合大桥特点的钢桥面铺装方案
长悬臂施工安全:本桥最大双悬臂为 310m,最大单悬臂为 564m,为世界之最,其施工安全十分重要	在进行抗风试验研究的基础上,保证桥梁足够的抗风安全储备;采取设置临时墩和设置桥面阻尼器的方法降低长悬臂施工难度。在施工周期安排上避免在大风季节进行长悬臂施工
钢箱主梁架设:本桥桥面高度在水面以上 70m,单块质量达 400t,施工要求较高	国内已经有符合本桥质量和吊高要求的大型浮吊,能够满足本桥施工要求
超长斜拉索的架设:本桥斜拉索最长达 580m,质量近 70t,斜拉索制造、安装难度较大	经调查分析,目前国内已具备这种类型斜拉索的生产能力和张拉设备,下阶段将尽早安排相关实索试验,研究施工工艺
临时墩搭设:为保证施工安全,必须在边跨搭设高达 100m 的临时墩,其施工难度很大	采用数根大直径钢管桩搭设临时墩,加强横向联系;委托国内外咨询单位进行详细复核验算,必要时通过物理模型试验加以验证
上部结构施工控制:是斜拉桥施工成功的关键,由于结构非线性和现有计算分析软件的限制,难度较大	拟采用多种软件、多家单位相互校核的方式,加强施工控制和动态管理,确保桥梁线形和施工质量
高塔混凝土施工控制:索塔高达 300 余米,地处长江,施工精度要求高	采用水中施工平台,结合 GPS RTK 技术和常规测量手段,加强施工监测,确保施工精度要求
混凝土泵送:索塔高达 300 余米,高标号、高性能混凝土的泵送要求高、难度大	采用大功率混凝土泵送设备,合理配置混凝土,保证混凝土浇筑和养护质量
钢锚箱制造、安装:钢锚箱的制造要求高,在不利的气象条件下,钢锚箱的安装特别困难,是索塔施工的最大困难之一	通过详细、严格的工艺设计和工艺评定,通过工厂化制造、预拼,严格控制钢锚箱制造质量,采取液压提升方法吊装钢锚箱,严格控制安装精度
施工工期安排:由于塔高、风大,有效作业时间短,质量要求高,工期紧,施工组织安排是索塔施工的关键	采用大型设备,结合现场气象预报,合理安排施工时间,特别避开台风、冬季季风季节施工上塔柱和钢锚箱,确保施工安全

续上表

技术难点	对策
施工期监测：根据本桥工程规模和结构特点，需对基础工程进行施工期监测和数据分析，以及时发现问题，保证质量，但具体实施难度很大	请专业单位开展施工监测专题研究，对大纲和实施方案进行详细评审，进行动态管理，确保成果质量
防护施工：防护工程规模大、要求高、时间紧，且在汛期施工，国内外没有类似经验，施工难度很大	开展试桩工程防护施工，摸索施工工艺；采用大型施工机具、设备，具备大规模施工能力；同步开展施工期监测，进行动态设计、管理；成立防护工程领导小组和专题技术组，协调各方面工作，及时解决各类技术问题
施工平台搭设：为满足基础施工的需要，需在墩位处搭设1 000m^2 的施工平台，由于水文条件复杂，地质松软，船行密度大，又处在汛期，施工难度很大	开展施工前河床预防护，采用国内最好的打桩船，集中时间插打钢管桩，保证足够的入土深度，并及时焊接联系梁，确保平台安全
钢护筒施工：ϕ2.8m，壁厚25mm的钢护筒，总长65m，入土深度达40m，定位精度及垂直度要求均严于国家规范	通过水上试桩工程，真实模拟主墩施工工艺，采用强大的导向、定位系统和最好的成桩设备，确保钢护筒施工质量
钻孔桩施工：本桥超大、超深钻孔灌注桩施工的技术要求高，工期紧，且要求100%成功，工艺要求和施工难度很大	通过水上试桩工程，真实模拟主墩施工工艺，选用国内最好的钻机设备、泥浆系统和混凝土浇注工艺，科学安排，精心施工，确保施工质量
钢套箱施工：本桥主墩钢套箱规模大，要准确制造、定位、下沉，难度很大	采用工厂制造，选择枯水、平潮期用大型浮吊安装，液压装置沉放、就位
承台大体积混凝土施工：每个主墩承台共需近60 000m^3 混凝土，且为结构混凝土，技术要求高，如此规模的混凝土浇注为世界罕见	通过分区、分块浇注，采取严格的温控措施，确保混凝土浇注质量，通过大型水上混凝土工厂，确保混凝土生产、供应
安全生产：主墩基础施工期长，跨越两个洪水期，水上施工安全很重要	通过制订严格的安全生产规定，加强宣传、教育、检查；拟定安全紧急应急系统，确保发生情况时能及时处理、救护

2)解决现场技术问题的原则

解决技术问题应坚持“尊重科学，实事求是，安全、质量、进度和成本统筹考虑”的原则，应保证工期关键线路的实现。解决技术问题在参照类似工程中成熟的经验的基础上，尊重合同文件中“技术规范”的有关条款，依据现行技术标准(规程、规范、规定等)，综合考虑对工程进度的影响和可能引起的费用变化。解决技术问题要从工程施工实际出发，决策意见要能够实施并尽可能便于实施。当技术问题涉及变更、延期等合同问题时，应根据合同条件和现实情况作出相应的评价。

解决技术问题既要尊重设计，又要考虑从工程施工实际出发，尽可能便于实施，尽可能控制成本，当意见出现分歧时，应充分协调各方意见，以理服人。提倡在现场解决问题，即在尊重设计意图，听取业主、监理工程师意见的基础上，尽可能使大量施工技术问题在现场得到及时解决。较大技术问题，或有分歧意见的技术问题，可提前请局、公司组织专题技术会议研究解决。

召开现场施工技术性会议，宜考虑邀请业主、设计、监理参加。

3)建立技术咨询渠道

如技术难点的技术水平处于局内领先，可与局内相关专家取得联系，加强技术信息往来，或者成立专家委员会按照计划进行技术咨询论证。

如技术难点的技术水平处于国内领先，应尽可能多地聘请国内专家成立专家委员会按照计划进行技术咨询论证，必要时通过邀请或国际招标选择国外工程管理咨询公司、专家进行技术指导。

3. 关键工序

每分项工程由多个工序组成，分为一般工序、关键工序。一般工序指的是对施工质量影响不大的常见工序，例如土方开挖。关键工序是对施工质量有重要影响的工序，或是对项目来说在技术上或管理上有困难的工序，例如起重安装等，这些工序要求项目根据标准规范结合自身情况编制施工方案、作业指导书等工艺文件。

1)需编制作业指导书的工序

在施工项目中，对于具有以下特征的工序必须编制作业指导书：

(1)对于施工缺陷仅在后续工序或使用后才能暴露出的工序，例如某些特殊部位的焊接，在焊接过程中，焊接的质量无法检验，只有在下一工序或产品投入使用后，才可能发现其缺陷。

(2)下道工序完成后无法进行检测的工序，例如混凝土浇筑前的钢筋绑扎等。这些过程完成后，都无法进行检验，无法判定产品质量的好与坏。

(3)检测成本太高的工序，最好通过技术管理来保证质量。例如金属焊接，虽然根据设计要求，对焊缝要进行探伤，但是探伤是有比例的，不能做到每一条焊缝都探伤，如果对每一条焊缝都作检测，成本太大。

2)编写作业指导书的原则

首先要对项目施工中的关键工序进行识别并作出总的规定，包括定义哪些为关键工序，应采用什么样的方法进行控制，所用设备是如何控制的，对人员资格有何要求，应产生哪些记录，并注明当发生人、机、料、法、环等因素的变化时应重新识

别特殊工序。例如，主体结构金属焊接应是关键工序，应该在焊接前作工艺评定；电焊设备完好，设备上所用电流表、电压表都在检定期限内，焊接人员必须有相应等级的国家颁发的资格证书，在施焊时要按照工艺评定的要求控制电流、电压，并做好焊接记录。

对每一个工程项目来说，由于具体人员、设备机具、环境的不同对关键工序所采用的控制方法也不同，这些具体的施工方法在施工方案或作业指导书中应得到体现。例如设立检查点，并对监测参数、频次、人力资源分布、人员资格要求、施工依照的标准规范、施工具体作业程序和要求、机具安排、天气温度的要求、周边环境、应该产生的记录等情况作详尽的表述和明确规定。

作业指导书应经过项目总工程师的批准，确保规定和要求、措施得当才能实施。在作业指导书中对设备作出要求后，施工时还要再次对所需设备作出认定才能开始施工。

关键工序中对作业人员的资格要求比较严格，作业人员必须要有资格证书才能施工。国家或行业要求有资格证的岗位作业人员必须具备国家要求的资格证书。对于国家和行业暂时还未要求有资格证的岗位，作业人员必须经过项目的相关培训，考核合格后才能进行作业。

关键工序施工中，要加强事先预防、停点检查、重点监控，运用统计技术和工具对关键工序的工艺参数进行检测、分析，根据分析的结果采取相应的措施，防止出现异常现象。只有这样，才能减少或杜绝质量问题。

4. 工程记录（包括技术记录、管理记录）

这里所指的工程记录与技术资料、竣工资料有一定的区别，工程记录是以工程技术事务、管理事务的发生、发展、完成为主线，项目经理部自己保存的详细的记录。例如在技术专题会议后，形成的正式会议纪要，有外单位人员参加的会议纪要要纳入竣工资料。工程记录包括会议记录、洽商记录、施工日志、工程影像等。

1）工程记录的作用

项目经常利用索赔来追回损失、增加利润，索赔能否获得成功主要取决于承包商提供索赔事件的事实依据，即索赔证据。索赔证据之一就是人们常说的工程记录。对项目来说，保持完整、详细的工程记录，保存好与工程有关的个别文件资料是非常重要的。有了详细的工程记录，事先对各种可能出现的问题有所准备，有客观事实作为依据，就拥有主动权，就可有理有节地进行索赔，有理有据地反击业主的反索赔。

2)工程记录的要求

(1)真实性　工程记录必须是在实施合同过程中确实存在和发生的,必须完全反映实际情况,经得起对方推敲。虚假证据是违反商业道德的。工程记录应能说明事件发生的过程,应具备关联性,不能凌乱、不完整,更不能自相矛盾。

(2)及时性　工程记录是工程活动或其他经济活动发生时的同期记录或产生的文件,项目应做好能支持他希望随后提出索赔所必需的作为索赔理由的当时的记录,任何后补的记录和证据通常不能被认可。

3)洽商记录

在施工中凡遇到影响成本、进度的技术问题,应及时向业主、设计、监理单位报告。设计变更需要通过洽商记录来反映发生的过程,以利于项目经理部进行索赔。有些设计变更还涉及返工等情况。

洽商记录可作为会议纪要的有益补充。在洽商记录中,应详细叙述洽商的过程、内容及达成的协议或结果。

4)施工日志

常言道"好记性不如烂笔头",这也就是施工日志的重要性所在。

(1)项目施工日志　施工日志是对工程施工全过程概括的记载,是重要的原始资料。在项目执行 ISO 9000 系列标准,使质量管理体系有效运行时,施工日志和质量体系各要素有机地结合,进一步显示了它对工程质量的形成和体系审核中不可缺少的积极作用。

施工日志是施工形成的重要轨迹,是现场审核的重要依据,往往能帮助审核员寻找到质量体系有效运行的客观证据,查到比较真实的情况,同时,项目也能从中发现内部管理上的漏洞。

可以帮助上级管理部门较全面地了解施工情况,如施工进度、质量、安全、工作安排、现场管理水平等。因此,施工现场的施工日志记录是否完整、全面,反映了项目现场施工技术管理的水平。

项目施工日志根据竣工资料的要求,从开工之日起至竣工之日逐日填写,日志所列栏目应逐日逐项填全。项目施工日志与其他工程、质量、体系文件规定的记录不同,它应是一部按时间顺序记载工程项目全程概况的流水账,其记载内容应高度概括,充分突出重点、关键问题,以达到有追溯、查寻和总结的目的。一般应选择以下内容:分部、分项工程内容,施工日期,施工人员概况;技术交底与培训概况;施工计划与调度概况;对工程质量起主要作用的材料来源与检验情况；对特殊工序和关键工序所使用设备的概况及鉴定的记载；对技术工艺措施变更的记载；施工过程质量检验的概况；对不合格产品处理的概况；工程验收、交付概况；其他特殊情况。

(2)个人施工日志的主要作用　根据自己的岗位职责，记录自己应该做的工作内容；记录领导交办的事项以及完成情况，为领导检查工作提供依据。

记录每天完成的工程量，所投入的机械设备，人员、材料等，为核算提供依据，为项目成本管理提供依据。

记录每天机械实际定额，为分析机械设备人员是否达到应该达到的定额(和局内部定额作比较)提供依据。根据工程计划和实际投入的机械设备人员，分析是否能满足工程计划要求和是否进一步采取措施，为工程进度管理提供依据。

记录施工中设计与实际不符的情况，为设计变更提供依据。

记录施工中是否达到规范要求，为资料整理和质量评定提供依据。

记录工程开工、竣工、停工、复工的简况与时间和主要施工方法、施工方法改进情况及施工组织措施，为以后拟写施工总结及施工论文提供依据。

记录新技术、新材料和合理化建议的采用情况及工程质量的改进情况，为以后QC成果提供依据。

(3)个人施工日志的主要内容　总的原则是：记你应该做的事(岗位职责)；记你所应接受到、观察到的信息；记你做的事情；查你做的事情是否与你应该做的事情(岗位职责)一致；记你所思考到的问题。

施工日志应包括以下内容：

①当天施工工程的部位名称、日期、气象，施工现场负责人和各工种负责人的姓名，现场人员变动、调度情况。

②工程现场施工当天的进度是否满足施工组织设计与计划的要求，若不满足应记录原因，如停工待料、停电、停水、各种工程质量事故、安全事故、设计原因等，当时的处理办法，以及建设单位、设计代表与上级管理部门的意见。

③现场材料情况，例如钢材、预应力材料的品种、规格、数量、厂名、批号、目测钢材情况(如每捆钢筋是否均有标牌，是否生锈，生锈程度等)。

④记录施工现场的具体情况

a.各工种负责人姓名及其实际施工人数。

b.各工种施工任务分配情况，前一天施工完成情况，交接班情况。

c.当天施工质量情况，是否发生过工程质量事故，若发生工程质量事故，应记录工程名称，施工部位，工程质量事故概况，与设计图纸要求的差距，发生质量事故的主要原因，应负主要责任人员的姓名与职务，当时处理情况，设计、监理、业主代表是否在现场，他们的意见如何及处理办法。

d.详细记录当天施工安全情况，如某人违章不戴安全帽进入现场及处理意见。若发生安全事故，应记录出事地点、时间、工程部位，安全设施情况，伤亡人员的姓名与职务，伤亡原因及具体情况，当时现场处理办法，对现场施工的影响，包括对在场工人思想情绪的影响等。

e.来自项目经理部内部或者外部单位的各种施工技术性文件、书面指令、口头指令。

f.现场技术交底与各种技术问题解决过程应作较详细记录。

g.参与隐蔽工程检查验收的人员、数量，隐蔽工程检查验收的始、终时间，检查验收的意见等情况。

h.业主、监理、设计单位到现场的有关人员的姓名、职务、时间，他们对施工现场与工程质量的意见与建议。

5)工程影像资料

工程影像资料包括工程摄像、工程照片，它们能良好地再现工程现场情况、施工管理状况。工程照片一般宜采用胶片拍摄，不宜采用数码照片。

(1)作用　作为能说明施工确切情况的重要辅助资料，尤其是隐蔽工程、关键工序的施工过程、施工质量控制过程，工程影像的拍摄和保存很有必要。工程影像的作用如下：

①记录工程经过。

②确认使用材料。

③确认质量管理状况。

④作为解决问题时的资料和证据。

(2)工程影像的内容　要在施工组织设计中制订拍摄计划，摄影者必须充分了解工程项目，理解摄影的目的，在充分把握结构的类型、规模、使用材料的基础上，根据竣工资料、项目管理计划等方面的要求确定拍摄内容。

工程影像中，通常具备以下几个要素：日期，工序顺序，场所及施工环境，部位，标志，尺寸，施工状况等。为将以上各要素表示清楚，可借助黑板、卷尺等工具。

(3)取景方法　工程影像基本上都不能再补拍，每次拍摄均须认真对待。

①拍摄全景时，一眼即能看清现场整体的进行状况。

②表现工程局部实施状况的照片，该点所处位置应能分辨清楚。

③利用黑板、卷尺等工具时，黑板上必须记录以下内容：工程名称、建设方、监理方、拍摄日期、拍摄部位、分项工程（如“钢筋工程”）、规格和尺寸（如 400×800，主筋 ϕ25，箍筋 ϕ10@200）及施工状况等。照片中有黑板、卷尺时，其中的文字或刻度应能辨别清楚，取景时应注意黑板不要过大或过小。为使拍摄对象易于辨别，应清除其他可移动的物体，并应注意光线及阴影。

特别是当拍摄局部时，为正确表示被拍摄对象的大小、长短、粗细、形状，有必要加设卷尺。

5. 统计分析

统计技术是 ISO 9000 族标准的基础之一。统计技术方法很多，常用的有测量分析、调查表、头脑风暴法、水平对比法、分层法、排列图、因果图、对策表、树图、关联图、矩阵图、散布图、直方图、正态概率纸、过程能力分析、流程图、过程对策程序图、柱状图、饼分图、环形图、雷达图、甘特图、折线图、砖图、01 表、PDCA 法、控制图、抽样检验、假设检验、正交试验、可靠性分析、参数估计、方差分析、回归分析、时间序列分析、模拟、质量功能展开、数值的修约以及异常数值的检验和处理等 43 种统计技术方法。

应用统计分析技术对施工过程进行实时监控，科学地区分出施工质量、进度的随机波动与异常波动，从而对施工过程的异常趋势提出预警，以便及时采取技术措施、管理措施，从而达到提高和控制的目的，同时也可以有效控制成本。

随机波动是偶然性原因（不可避免因素）造成的，它对产品质量影响较小，在技术上难以消除，在经济上也不值得消除。异常波动是由系统原因（异常因素）造成的，它对施工质量影响很大，但能够采取措施避免或消除。

6. 工程监测

工程监测主要有：对结构物进行如应力、变形、位移、沉降、温度、表观变化等方面的监测，对临时结构安全指标、理论计算假定的监测，对影响工程质量、安全的环境因素的监测。

项目部要根据实施性施工组织设计（方案）所确定的监测任务及所要求的精确度，进一步设计监测方案，根据其技术要求，确定监测的方法与步骤，包括监测点布置，观测时间与次数，观测精度及其评定方法。选定的仪器与观测点应与监测精度等技术要求相适应。

7. 材料代用

巧用材料代用，可产生一定的经济效益。作为工程结构组成的材料代用必须经过设计单位同意并书面签认后，方可使用。

在临时工程施工方案设计前，对库存积压材料、工具进行分析研究，从而对其充分利用。

四、测量管理工作

对于整个工程项目来说，计划工作是龙头，而对于工程施工来说，测量工作是龙头，是一切施工项目生产建设的前提。

项目测量工作是工程施工的重要工序，也是施工质量控制与检测的重要环节。项目总工程师要高度重视测量管理工作，开好这个头，为工程施工的成功奠定坚实的基础。

1. 项目测量管理

1)组建项目测量队

项目经理部组建后，应尽早成立项目测量队。项目总工程师负责组建工作。测量队隶属于项目经理部的技术部门，属项目经理部管理层机构编制。项目经理部的分部或工点及有条件的项目经理部操作层，可根据工程需要成立测量组，测量组在测量业务上归项目经理部测量队领导。不设测量组的项目经理部，测量队应承担测量组的测量工作。

测量队、组的人员数量必须满足施工需要。测量队队长应具有土木工程专业助理工程师以上职称、从事测量工作 3 年(测量专业毕业的 2 年)以上的技术人员担任。负责仪器操作的人员必须持有测量员岗位证书，其他测工应经基本技能培训合格后上岗。

测量队、组的测量仪器、工具配置应符合工程施工合同条件的要求，应根据工程种类配备必要的技术规范、工具书和应用软件。测量仪器、工具必须做到及时检查校正，加强维护，定期检修，使其经常保持良好状态。周期送检的测量仪器、工具应到国家法定的计量技术检定机构检定，测量队负责仪器、工具的送检工作。

2)重视测量工作

在当代高速公路大发展的重要时期，技术质量标准也相对较高。要做好施工测量工作，项目总工程师要督促测量人员树立精确细致、严肃认真的科学态度，了解测量工作在工程中的重要性。重点做好公路平面坐标、高程等测量数据的计算，做到有计算就必须有复核，确保数据的精度和准确性。实际工作中要熟练掌握仪

器操作和测量的方法，对不同的测量对象选用不同的方法及精度要求来进行控制，确保结构物的几何尺寸和线形准确。应尽可能推广应用先进的新技术和新设备，在保证精度要求的前提下提高工作效率。

任何施工项目都需要测量工作的密切配合，特别是结构复杂、质量标准高、施工难度大的工程项目，更需要测量工作的有力支持。测量工作的好坏，直接影响到工程的进度与质量乃至经济效益的发挥。

项目总工程师要认识到测量工作对工程质量、进度及工程成本控制的重要性。在工程施工中，测量工作必须先行，只有将设计点位测设于实地后，工程施工才能开始进行，这对工程的进度有着决定性的影响。

项目经理部应当重视测量工作，加强领导和监督。根据测量队的工作特殊性，为其创造良好的工作和生活条件，保证必要的交通、后勤服务。

3)加强测量成果的校核

测量成果不允许有任何差错，否则将造成重大的经济损失，在工程质量和进度上也将造成难以挽回的不利影响，这就要求施工过程中对测量成果的校核工作要及时，走在施工的前头，以保证施工的顺利进行。对隐蔽工程，测量成果的校核更要仔细、全面。测量工作必须严格执行测量复核签认制，以保证测量的工作质量，防止错误，提高测量工作效率。

测量工作是一项精确、细致的工作，贯穿于整个施工过程中，要求项目总工程师自始至终均给予高度重视，不能有半点马虎和懈怠。对测量人员的管理，仪器的保管与操作，测量的方法与程序等，都要从制度上加以完善，建立一套项目工程测量的规章制度，并形成测量成果的校核和复核体系，以确保工程的质量和进度满足要求，杜绝测量事故的发生。

测量外业工作必须有多余观测，并构成闭合检测条件。控制测量、定位测量和重要的放样测量必须坚持采用两种不同方法(或不同仪器)或换人进行复核测量。利用已知点(包括平面控制点、方向点、高程点)进行引测、加点和施工放样前，必须坚持“先检测后利用”的原则。

4)测量工作的程序和原则

测量工作从布局上按“由整体到局部”，逐级加以控制。在程序上按“先控制后碎部”的原则进行，即先完成控制测量，再利用控制测量的成果进行施工放样。在测量精度上，遵循“由高级到低级”的原则，控制测量的精度要求高，施工放样的精度相对较低。

工程项目要积极推广使用各种先进的测量仪器和现代化的测量方法，以提高测量精度和工效，满足施工需要。

5)项目测量工作的内容

(1)参加设计交桩工作，导线点复测。

(2)控制测量工作。

(3)施工放样测量。

(4)交工测量。

(5)竣工测量工作。

(6)测量仪器与工具的日常维护保养。

(7)测量记录与资料的管理。

2. 设计交桩及导线点复测

测量队必须在项目总工程师的带领下，参加由驻地监理工程师组织的设计控制点位的交接桩工作，随后马上进行平面、高程控制点位的复测，并将复测成果报监理工程师审核批准，以尽快开始建立控制测量网的工作。

(1)按照设计单位和监理工程师提供的资料，现场逐一接收平面、高程控制点桩、交点桩、断链桩、合同分段桩、重要结构的控制点桩，并按监理工程师的要求，办理交接桩签认手续。

(2)接桩后，与桩址所在地的业主办理桩址占地使用、桩志保护合同，清理桩址周围杂物，建立醒目的测量桩位标志。

(3)根据交桩资料和设计文件进行控制点复测及恢复定线工作，主要内容有：平面、高程控制点，线路中线、转角点，合同分段桩，重要结构的中心桩的复位测量。

复测工作开始之前，应向监理工程师提交复测开工报告。复测开工报告批准后，应在监理工程师旁站下进行复测，在合同规定的期限内完成，复测成果上报监理工程师批准。

3. 控制测量

为限制误差的累积与传播，满足施工的精度需要和标准要求，在施工前先要进行工程整体的控制测量。

控制测量是指在整个施工范围内，选定若干个具有控制作用的点，组成一定几何图形的控制网，用精密的测量仪器和工具进行外业测量，再根据外业资料，用准确的计算方法，确定控制点的精确平面位置和高程。

控制测量分为平面控制测量和高程控制测量两种。按照控制点之间组成的不

同几何图形，平面控制测量又分为导线测量和三角测量。高程控制测量根据测量高程的方法不同，分为水准测量和三角高程测量。建立平面控制网可采用 GPS(全球定位系统)测量、导线测量、三角测量和三边测量等方法。

测量队在熟悉设计文件中的路线和结构工程的平面、纵横断面图的基础上，根据施工技术规范的要求和施工的需要，确定利用原设计控制网点加密或重新布设测量控制网点，进行施工控制测量。控制测量方案应报监理工程师批准，测量精度和网点的选点、造标、埋石应符合有关规范的规定，测量成果应经监理工程师复核认可。

项目总工程师要结合每个工程的实际情况，建立符合本工程地理环境、人文环境的平面和高程控制系统，并在测量过程中不断完善，直到工程顺利竣工。平面和高程控制系统需定期校核，一般控制网要半年复核一次，并应经常巡视检查，如有桩点丢失、移动，应及时检查核对、补设。原则上每隔半年在雨季和冬季之后对控制网进行检查校核。

控制测量工作分为外业和内业两部分。外业工作包括踏勘选点、建立点位标志、测量边角并与高级点联测，内业工作则是根据已知数据和外业观测资料，通过对误差的计算与调整，最后得出各导线点的三维坐标数据。外业作业应尽量避开不良天气的影响，以取得较高的测量精度。

1)导线测量

将测区内的相邻控制点用直线连接起来，所构成的连续折线，称为导线，其控制点则称为导线点，相邻控制点间的距离称为导线边长，相邻导线边之间的水平夹角称为转角。导线测量就是依次量测各导线边的长度和各转角，再根据起算边的方位角和起算点的坐标，推算各导线点的坐标。

导线的布设有闭合导线(环形导线)、附合导线、支导线(自由导线)三种不同的形式。导线测量的等级按精度可划分为三等、四等、一级、二级和三级导线，其主要技术指标按照《公路勘测规范》(JTG C10—2007)表 4.1.3-2 的规定执行。

导线测量是建立小区域平面控制网的一种常用方法，主要包括以下工作：

(1)踏勘选点，确定点位，建立桩点标志。

(2)测边，用测距仪或全站仪测定。

(3)测角。按前进方向，统一按左角或右角观测导线的转折角。

(4)与已有的高级控制点联测。

(5)整理外业观测资料，进行内业计算，得出各导线点的平面坐标。

2)三角网测量

三角网测量即小三角测量，是指将测区内各控制点相互连接成三角形，由此构成由若干个单三角形组成的三角网(锁),然后用三角测量或三边测量的方法取得角和边的数据,通过平差计算得出各三角点的坐标。

三角网的布设有单三角锁、中点多边形、大地四边形和线形三角锁等形式。三角网测量的等级按精度可划分为二、三、四等和一级、二级小三角五个等级,其主要技术指标按照《公路勘测规范》(JTG C10—2007)表 4.1.3-3 和表 4.1.3-4 的规定执行。

三角网测量的外业工作与导线测量类似,主要包括以下工作:

(1)踏勘选点,建立桩点标志。

(2)测量起始边(基线),基线的精度要求高,要严格按规范操作。

(3)观测水平角,按测回法或全圆测回法进行。

(4)内业计算,包括整理外业观测、角度闭合差的计算与调整、基线与边长的计算、方位角的推导、坐标增量的计算和三角点坐标的计算。

3)GPS 测量

GPS 是“Global Positioning System”的缩语,意为“全球卫星定位系统”,是由美国政府花二十余年建立起来的系统。该系统拥有 24 颗人造卫星,排列在 6 个近似圆形的轨道上,卫星高度约 20 000km。这种设计方案保证地球上任何地方、任何时刻都能收到至少 4 颗卫星发出的信号,再通过设在地球上任何地方的接收机接收人造卫星发出的电波并进行解析,以测量出该处的位置,进行快速定位。

GPS 测量具有精度高(达毫米级)、观测时间短、测站间不需要通视和可全天候作业等优点,并使三维坐标的测定变得简单。GPS 已广泛应用到工程测量的各个领域,并应用于公路工程中控制网的测量。

GPS 主要由卫星、控制机构和接收系统三大部分组成,测量者所使用的部分主要是接收系统。

GPS 的接收系统包括接收机、天线及计算和解析程序。接收机的主要功能是对来自卫星的复杂而大量的信号进行处理、解析和记录,内有非常高级的电子线路,面板上有显示器和输入键,用于选择和数据输入。天线的功能是接收从 GPS 卫星发来的微弱高频电波,并变换为低频波,经放大后再送入接收机。在固定点,天线是设在三脚架上的,它和常规测量仪器一样要进行整平、对中及测天线高。动态测量用的移动式天线安装在测杆上。GPS 卫星绕轨道旋转时速度约为 4km/s,接收机从卫星传来的信号中接收大量的数据,并从中计算出精度达毫米级的距离。普通计算机可处理这项工作的计算和解析程序。

为了以较低精度的信号获得较高精度的结果,人们研究了很多其他的 GPS 定位技术方法,包括定位方法和后数据处理方法等,其中有相对定位法和相位差

分等。

目前 GPS 的测量方法分为“单点定位(绝对定位)”和“相对定位”两类,均属于后处理定位技术。

单点定位法使用一台接收机和天线求所在地的位置,精度从数 10～100m,不宜用于工程测量定位,但完全可以满足军事上的要求。相对定位法则使用两组以上的接收机和天线求观测点的位置,有差分法和干涉定位法两种方法,目前大多采用干涉定位法。

采用 GPS 测量控制网时,其技术标准按《公路勘测规范》(JTG C10—2007)的规定执行。

GPS 测量工作同其他测量一样,也包括外业和内业两个工序。

(1)外业工作包括选点、建立观测标志、野外观测及外业成果校核等。

(2)内业工作包括 GPS 测量的技术设计、测后数据处理等。

4)高程控制测量

一般的高程控制测量采用水准测量,在山岭地带及沼泽、水网等地形复杂地区,可采用三角高程测量方法。

实施一般高程控制测量要注意以下问题:

(1)在进行高程控制测量前,必须对水准仪进行检验和校正,一般应有圆水准器轴与仪器竖轴平行、目镜的十字丝与竖轴垂直、水准管轴与视准轴平行的检验和校正。

(2)水准尺应使用分划为毫米的双面尺,并配有水准器和尺垫。

(3)测量过程中应注意选择合适的仪器安置点使前、后视的距离大致相等,以消除系统误差。读数时可采用“摇尺法”。

(4)每一测段的水准路线上,应进行往、返观测,以消除水准尺垂直位移的误差影响。

进行三角高程测量时,要进行地球曲率和大气折光的改正,即球气两差改正。如在短时段内进行对向观测,可不考虑球气两差的影响。

公路工程高程控制测量一般采用三等、四等和五等的精度,其主要技术指标按照《公路勘测规范》(JTG C10—2007)表 4.2.1-1、表 4.2.1-2、表 4.2.1-3 的规定执行。

4. 施工放样测量

施工放样测量就是根据工程需要,将设计的工程实体结构的平面位置和高程,按设计和规范的要求敷设到现场待施工的位置上,并在施工过程中有序进行一系列的测量工作，以衔接和引导各工序间的施工。

测量放样是一项多工序的集体工作，测量小组的每个成员必须在各个工作环节中同心协力、互相配合，才能把工作做好。

施工测量包括道路、桥梁和隧道施工测量，工程位移、裂缝与变形观测等。

1)施工放样测量的方法

任何工程实体均由点、线、面组成，根据连点成线、线动成面、面动成体的原理，施工放样测量的基本方法就是根据已知点的平面位置和高程来确定未知点的位置，即将施工图上的几何尺寸准确无误地放到现场位置上。

点的平面位置的测设方法，有直角坐标法、极坐标法、角度交会法(方向线法)和距离交会法等。放样时要根据现场地形条件，合理选用适当的测设方法。在目前全站仪普遍使用的条件下，最常用的是极坐标法。

极坐标法是指在极坐标系中，通过待测点相对于测站点和后视边的距离和转角，来确定放样点的位置。此办法最适合于经纬仪加测距仪或仅用全站仪测设。

2)利用控制网点设置常用的施工用控制桩

测量组在工点开工前，要在熟悉施工图的基础上，利用控制网点设置施工用控制桩。主要有：

(1)路基中心桩、边桩。

(2)涵洞中心桩、出入口桩及十字线护桩。

(3)桥梁的墩、台中心桩及其护桩。

(4)隧道的进洞方向桩、洞门桩、仰坡放样桩。

(5)各工点的水准基点桩，大工点不得少于3个，小工点不得少于2个。

对设置的施工用桩，要注意保护，经常复核。如遇丢失、移动，及时补设。工点开工报告中，应有施工用桩设置的内容。在技术交底时，向工点施工负责人现场交桩。

3)利用施工用桩进行施工放样测量

施工过程中，测量组利用施工用控制桩进行施工放样，主要内容有：

(1)路基施工路段的中线、边线放样，各层高程测量。

(2)平曲线、竖曲线的测设。

(3)路面中、边线放样，各层施工高程放样。

(4)桥涵基础、墩、台施工放样，支座位置放样，上部结构预制台座，现浇施工、预制安装测量放样。

(5)隧道施工洞内中线、高程测量，断面及衬砌施工测量放样。

4)施工放样测量应注意的问题

施工测量管理工作中应把握以下问题：

(1)周密安排，注重测量程序　根据单位、分部、分项工程直到具体工序，从整体上做好周密计划，分清主次与轻重缓急，安排组织好每一个施工测量的环节，使放样工作和施工工序紧密衔接。

在测量放样布局上，按照“由整体到局部”的程序逐级加以控制。

(2)加强图纸与放样数据的审核工作，重视放样成果的现场检查　全面阅读与审核设计图纸，尽早发现设计错误并处理。放样的计算数据要指定专人核对，测量完成后要对放样成果用不同的方法当场检查，以免因疏忽大意或意外因素造成不必要的测量质量事故。

(3)认真做好记录，保存好测量资料　施工测量中必须认真做好记录，连同放样资料一起保存。使用全站仪时要及时传输并储存数据，以防丢失。

(4)测量仪器的使用与保管　使用仪器之前应认真阅读使用说明书，确保仪器的正确使用。严格按照操作规程工作，重视工地现场环境下的仪器保护，在仪器的搬运过程中要防止碰撞及震动。仪器装箱的位置要正确，关箱后扣好。

测量仪器必须有专人保管，不得随意拆卸仪器。平时应保持仪器干净清洁，防止阳光暴晒、雨淋和受潮。

(5)测量安全　对测量人员要进行安全教育，组织学习安全操作规程，严格执行“安全第一，预防为主”的方针。具体要强调以下几点：

①进入施工现场必须戴安全帽，水上作业必须穿救生衣。

②仪器架设后操作人员不得离开仪器，在路边架设仪器需有专人保护，设交通标志。

③严禁塔尺、花杆等测量器具触碰空中和地面上的电缆，特别是裸露电缆。

④注意施工现场各种交叉作业可能引起的安全问题，上支架测量需设置人行梯。

(6)环境保护　施工测量中要注意环境保护，废弃的木桩、油漆桶和记号笔等不得随地乱扔，应按照当地的环保规定统一处理。

5. 交、竣工测量

交、竣工测量资料是交、竣工验收的重要依据。工程项目要按照各分项工程尤其是地下隐蔽工程完工的时间顺序阶段性地进行交、竣工测量，经监理工程师签字确认后妥善保存。全部工程完工后，要对其进行一次全面的测量检查，所取得的数据文件连同分项工程竣工测量资料一起形成交、竣工测量成果报告书，以作为交、竣工验收的重要依据，也是竣工资料中的一项重要内容。

公路工程交、竣工验收测量的主要内容有：

(1)中心线位置。

(2)横断面位置。

(3)平面位置与布置。

(4)工程用地范围。

(5)道路结构。

(6)路面标高及桥梁净空。

(7)管线位置、埋置深度，管线尺寸及电缆总数，架空线的架空高度。

(8)业主的其他要求。

交、竣工测量资料是工程项目今后维修养护以及改线、扩建工程设计与施工的重要依据，也是其他交叉工程的重要参考资料。

6. 测量误差的基本知识

1)测量误差的来源

测量误差产生的原因主要有观测者本身、仪器设备、外界自然条件和观测方法等因素。这些因素的综合称为观测条件。

2)测量误差的分类及性质

在相同的观测条件下，根据观测误差在大小及符号方面表现出的规律可将测量误差分为两类，即系统误差和偶然误差。误差在大小和符号上表现出系统性和累积性，如按一定的规律变化或保持常数，具有这种性质的误差称为系统误差。误差在大小和符号上没有明显的规律，且不可避免，具有这种性质的误差称为偶然误差。

偶然误差具有以下四种特性：

(1)误差的范围　在一定的观测条件下，偶然误差的绝对值不会超过一定的限度。

(2)误差值大小的规律　绝对值较小的误差比绝对值较大的误差出现的概率大。

(3)误差符号出现的规律　绝对值相等的正误差与负误差，其出现的机会均等。

(4)偶然误差的抵偿性　当观测次数无限增多时，偶然误差的算术平均值渐趋于零。

3)消除和减弱测量误差和错误的措施

测量工作中系统误差和偶然误差一般会同时产生，通常先设法消除和减弱系统误差的影响。在正规的观测结果中，按正规程序和方法进行操作和观测后，存在的主要是不可避免的偶然误差。

消除和减弱系统误差的措施有：对工具进行检定，对成果进行改正；检验和校正仪器；采用合理的观测方法，使误差自行抵消或减弱到最小程度。

减小偶然误差、提高观测精度的有效方法是增加观测次数。

由于观测者本身的失误或疏忽造成的误差称为粗差，如仪器操作错误、读错、记录错误等。粗差不属于误差范畴，是测量错误。为防止出现粗差，要求测量人员努力提高技术熟练程度，测量时必须遵守测量规范，按规定要求认真操作、随时检查，并进行结果校核。

4）误差精度评定

所谓精度，是指误差分布的离散程度。测量误差理论主要是研究偶然误差，对偶然误差进行精度评定。

测量时根据观测条件的不同，可分为等精度观测和不等精度观测两种。

(1)等精度观测　是指观测者、外界环境条件和使用仪器都相同时的观测，也称为同精度观测。

衡量等精度观测的测量精度标准有中误差、极限误差和相对误差。

①中误差(亦称标准差或均方差)

一组等精度观测值的中误差：

$$m=\sqrt{\frac{[vv]}{n-1}}\qquad\text{(贝塞尔公式)}$$

式中：v——一组等精度观测值的算术平均值与某一观测值的差。

实际工作中，因观测次数有限，均以算术平均值作为未知量的最或是值(真值)。

一组等精度观测值的算术平均值的中误差为：

$$m_{\mathrm{d}}=\frac{m}{\sqrt{n}}=\sqrt{\frac{[vv]}{n(n-1)}}$$

式中：n——观测次数；

m——一组等精度观测值的中误差。

②极限误差(又称容许误差)　实际工作中由于观测次数不会太多，可认为大于三倍中误差的偶然误差不应该出现，而以两倍中误差作为偶然误差的极限值，称为极限误差或容许误差，简称限差。

③相对误差　相对误差为绝对误差与相应近似值之比，通常用中误差与观测

值之比，且将分子化为1的分式来表示。相对误差没有单位和正负号。

作为分子的绝对误差可以用不同的精度标准，如中误差、极限误差或闭合差等，分别称为相对中误差、相对极限误差或相对闭合差。

(2)不等精度观测　是指观测者、外界环境条件和使用仪器都不相同时的观测，也称为不同精度观测。

一组不等精度观测值的相对精度用权(P)来衡量。

$$P_{\mathrm{i}} = \frac{\mu^2}{m_{\mathrm{i}}^2}(i = 1,2,3,\cdots,n)$$

式中：μ——任意设定的常数。

加权平均值中误差计算公式：

$$m_{\mathrm{x}} = \pm \frac{\mu}{\sqrt{[P]}}$$

7. 测量仪器的品牌与参数

1)部分知名测量仪器品牌

PENTAX：宾得。日本旭精密株式会社品牌。

Trimble：天宝。美国天宝出口有限公司品牌。

Ashtech：阿什泰克。美国阿什泰克公司品牌。

Topcon：托普康。日本株式会社品牌。

LEICA：徕卡。瑞士徕卡集团公司品牌。

SOKKA：索佳。日本索佳公司品牌。

THALES：泰雷兹。法国泰雷兹导航定位公司品牌。

Nikon：尼康。日本尼康公司品牌。

博飞：北京光学仪器厂产品。

2)仪器参数的意义

DS_n——我国的水准仪系列有$DS_{0.5}$、DS_1、DS_3、DS_{10}、DS_{20}五个等级。如DS_3中，“D”和“S”是“大地测量”和“水准仪”汉语拼音的第一个字母，其下标表示该仪器每公里往返高差的偶然中误差不超过±3mm，即仪器的精度。

DJ_n——国产经纬仪系列有$DJ_{0.7}$、DJ_1、DJ_2、DJ_6、DJ_{15}和DJ_{20}六个等级。如DJ_2表示该类仪器一测回水平方向中误差不大于±2"，其中“D”、“J”分别为“大地测量”和“经纬仪”的汉语拼音的第一个字母。

五、试验管理工作

项目试验技术管理工作，包括试验技术和试验管理两方面的内容。

试验技术工作主要是指具体的试验项目，按有关操作规程进行测试，得出相应的检测数据，再进行计算、分析和评定，最后同有关标准、规范或设计文件进行比较，做出相应的结论。

试验管理工作是指对项目的总体试验技术工作，是全方位的综合管理工作。试验管理工作的主要内容有：明确项目试验室在公路工程施工过程中的各个阶段应做哪些工作，合理地组织安排试验技术工作，保证项目试验检测工作能满足工程质量和施工进度的要求，确保工程质量。

项目总工程师一定要了解、支持项目试验室的工作，在管理上给予指导，在工作中给予支持，根据工程进度情况及时做好试验工作计划，使项目试验室的工作与施工需要同步，使项目试验室在节约材料、节约资金、加快施工进度、提高工程质量等方面发挥最大优势。

1.项目试验检测工作的目的和意义

项目试验检测工作是公路工程质量管理的一个重要组成部分，是对工程质量进行科学管理的重要手段。客观、准确、及时的试验检测数据是公路工程实践的真实记录，是指导、控制和评定工程质量的科学依据。公路工程试验检测的目的和意义如下：

(1)用定量的方法对用于公路工程的各种原材料、成品或半成品，科学地鉴定其质量是否符合国家质量标准和设计文件的要求，对其做出接收或拒收的决定，保证用于工程的原材料都是合格产品，是控制施工质量的主要手段。

(2)对公路工程施工的全过程进行质量控制和检测试验，保证施工过程中的每个施工部位，每道工序的工程质量，均满足有关标准和设计文件的要求，是提高工程质量，创优质工程的重要保证。

(3)通过各种试验、试配，经济合理地选用原材料，为企业创造良好的经济效益打下坚实的基础。

(4)对于新材料、新技术、新工艺，通过试验检测和研究，鉴定其是否符合国家标准和设计要求，为完善设计理论和施工工艺积累实践资料，为推广和发展新材料、新技术、新工艺作贡献。

(5)试验检测是评价工程质量缺陷、鉴定和预防工程质量事故的手段。通过试验检测，为质量缺陷或事故判定提供实测数据，以便准确判定其性质、范围和程度、合理评价事故损失、明确责任，从中总结经验教训。

(6)分项工程、分部工程、单位工程完成后，均要对其进行适当的抽检，以便进行质量等级的评定。

(7)为工程竣工验收提供完整的试验检测证据，保证向业主交付合格工程。

(8)试验检测工作集试验检测基本理论、测试操作技能和公路工程相关学科的基础知识于一体，是工程设计参数、施工质量控制、工程验收评定、养护管理决策的主要依据。

2. 项目试验工作的任务

(1)在选择料场和确定料源时，对未进场的原材料进行质量鉴定，根据原材料质量合格和经济合理的原则，选定料源。

(2)对运到施工现场的原材料，按有关规定的频率进行质量鉴定。

(3)对外单位供应的构件、成品、半成品，在查验其出厂质检资料后，做适量的抽检验证。

(4)对各种混合料的配合比进行设计，在确保工程质量的前提下，经济合理地选用配合比。

(5)负责施工过程中的施工质量控制。

(6)负责推广、研究、应用新材料、新技术、新工艺，并用试验数据论证其可靠性。

(7)负责试验样品的有效期保存，以备必要时复查。

(8)负责项目所有试验资料的整理、报验、保管，以利竣工资料的编制、归档。

(9)参加各级组织的质量检查，并提供相应的资料；参与工程质量事故的调查分析，配合做好各种试验检测工作。

(10)对一些项目试验室无法检验的项目，负责联系委托外单位试验。

(11)协助配合工程监理、业主和当地质量监督部门的抽检工作。

(12)做好分包工程的试验检测和质量管理工作。

3. 项目试验工作的依据和评定标准

项目试验室必须具有与本工程相适应的有关技术标准、操作规程、施工规范及本工程的设计文件。这些都是试验检测操作的依据和质量合格与否的评定依据。没有上述的齐全资料，项目的试验检测工作将无法正常开展，工程质量也无法得到

保证。

1)试验检测的依据

主要是现行交通部部颁公路工程试验规程,同时也参照应用部分建设部部颁规程及部分国家标准试验方法。

2)试验检测后的评定标准

包括交通部部颁评定标准和相关施工技术规范及有关建筑材料的国家标准和本工程的设计文件。

3)最新版本的标准、规范、规程

随着科学技术的不断发展,新材料、新技术、新工艺的不断涌现,相关的标准、规范、规程随时都可能被修订,实际应用时,应及时采用最新版本。

4. 试验规章制度

项目试验室应建立、健全各项规章制度,并严格遵照执行,试验站(点)也按项目试验室的各项规章制度执行。具体应包括以下内容:

(1)试验仪器设备管理制度。

(2)试验文件、技术规范、试验规程管理制度。

(3)试验检测记录、报告的填写与检查制度。

(4)试验室安全制度。

(5)试验质量保证制度。

(6)试验委托制度。

(7)标准养护室管理制度。

(8)试验台账制度。

(9)检测事故分析报告制度。

(10)按业主及上级机关要求应建立的其他制度。

5. 项目试验室

项目试验室是项目经理部技术质量保证体系的重要一环,它对确保工程质量和工程进度,为企业创造经济效益等方面起着重要作用。

1)项目试验室的类型

《公路水运工程试验检测管理办法》规定公路工程专业分为综合类和专项类。公路工程综合类设甲、乙、丙3个等级。公路工程专项类分为交通工程和桥梁隧道工程。

(1)交通部质监总站负责公路工程综合类甲级、公路工程专项类和水运工程材料类及结构类甲级的等级评定工作。

省站负责公路工程综合类乙、丙级和水运工程材料类乙、丙级,水运工程结构类乙级的等级评定工作。

(2)取得《等级证书》的检测机构,可设立工地临时试验室,承担相应公路水运工程的试验检测业务,并对其试验检测结果承担责任。工程所在地省站应当对工地临时试验室进行监督。

按上述要求,施工项目试验室属于工地临时试验室。对于大型工程项目还应在各分部建立流动试验室。

2)项目试验人员的考试取证

(1)项目试验管理办法第九条中规定检测人员应当通过公路水运工程试验检测业务考试。

检测人员考试的组织、实施由质监总站统一管理。具体要求见《公路水运工程试验检测人员考试办法(试行)》(质监办字[2005]71 号)。

(2)公路检测工程师考试科目为:路桥基础、路基路面、桥梁隧道和交通工程。

①路桥基础内容包括土工试验、材料试验、几何线形和交通工程(不含机电)。

②路基路面内容包括沥青及沥青混合料、无机结合稳定材料、路基路面现场检测。

③桥梁隧道内容包括结构混凝土、桩基、地基基础、桥梁隧道结构及构件检测。

④交通工程内容包括交通安全设施、机电工程。

路桥基础及路基路面考试合格者为道路专业检测工程师,路桥基础及桥梁隧道考试合格者为桥梁隧道专业检测工程师,交通工程考试合格者为交通工程专业检测工程师。

(3)公路检测员考试科目为:材料试验、工程检测和交通工程。

①材料试验内容包括土工试验、建筑材料及其混合料。

②工程检测内容包括路基路面、桥涵、隧道、交通工程(不含机电)、几何尺寸等。

③交通工程内容包括交通安全设施、机电工程。

材料试验及工程检测考试合格者为道桥专业检测员,交通工程考试合格者为交通工程专业检测员。

(4)申请考试的试验检测人员,应符合办法规定的基本条件。

(5)考试实行网上报名。申请考试者向所在地省站提交申请材料,申请表须经其所在单位或人事档案管理部门审核盖章。

(6)检测工程师考试结束后，由省站将考试信息报送质监总站，质监总站核准后组织评分，并对考试合格者颁发《公路水运工程检测工程师证书》。

(7)检测人员证书有效期为5年。有效期内，检测人员应按规定参加继续教育。继续教育内容和时间由质监总站制订。

检测人员证书到期，发证部门应对其参加继续教育情况及业绩信誉记录进行核查。核查合格的由相应的质监机构在证书上加盖印章，核查不合格的，视情况限期整改，或按《公路水运工程试验检测管理办法》第五十条执行。检测人员在整改期间不得从事试验检测业务。

6. 试验室的安全管理

为规范全局的试验室安全管理工作，确保试验人员的安全和健康，控制和预防试验工作中的安全事故，项目试验室应指定人员专门负责试验室的安全工作，并纳入隶属单位的安全和环境管理体系。

1)试验室的危险源

易燃、易爆、腐蚀性、放射性物品等均属危险物品。

试验室的危险源分为以下五类：

(1)火灾危险源　烘箱、电炉、冬季取暖用火炉、电线和易燃物品等。

(2)用电设备危险源　电源、导线和用电设备等。

(3)试验设备危险源　万能材料试验机、混凝土压力试验机、水泥及水泥混凝土搅拌机、沥青混合料拌和机、核子密度仪等。

(4)试验用材料危险源　放射性物品、腐蚀性物品、易爆物品、化学试剂和粉尘材料等。

(5)试验室环境危险源　试验室所处位置附近的变压器、高压线、危险地形、危险建筑物等。

2)工地环境中的危险因素

(1)工地现场交通安全　乘坐交通工具去工地时，须遵守本单位的交通安全规定，不得强行拦车、扒车或坐在自卸车后斗里。

在工地现场取样时，必须先放置好安全标志，注意来往的施工机械，严禁在平地机、压路机、洒水车等施工机械的阴凉下操作、休息。

(2)现场试验操作安全

①在水泥混凝土拌和站取样及测坍落度时，严防机器搅拌叶片和传动带伤人；

在沥青混合料拌和站取样或试验时，严防被沥青高温烫伤及机器碰伤。

②做钻孔桩的泥浆相对密度等试验时，要注意取样安全和钻机周围的环境，防止钻机、钻锥、掏渣筒等机具碰砸伤人，严防掉入孔内。

③在钢筋加工现场取试件时，要注意钢筋加工机械操作的安全，严防被碰伤、砸伤、划伤。

④在预应力构件压浆现场，不得站在构件出浆口方向，以防灰浆飞溅伤人。

⑤在水泥混凝土罐车上取样时，要事先与驾驶员协商好，征得同意后再取样。

⑥在沥青施工中，到沥青混合料运输车上测温时，需事先与驾驶员协商好，征得同意后再上车测温。

(3)工地用电安全　在工地取芯、取样等使用电机时，接线应由电工进行，操作时严禁用湿手、湿布接触电源开关；在电焊现场要防止电弧烧伤眼睛。

(4)工地环境安全

①在工地现场试验时，应注意立体交叉作业中的安全问题，特别是在高空作业时，应戴好安全帽，穿好防滑鞋，在脚手架上小心行走。

②注意远离爆破作业区域。

③在隧道中进行试验工作时，要注意隧道的通风情况，并注意检测空气中的有毒气体含量，特别要注意隧道中的塌方及爆破作业等危险情况。

④雷雨天注意防雷电，要避开高大建筑物，严禁在大树下避雨。

(5)特殊季节与夜间施工安全　雨季施工时在工地现场要注意防洪；冬季注意保温防冻；高温季节尽量避开高温时间，并采取防暑降温措施；夜间试验时要注意护栏和红灯警示标志，防止摔伤、碰伤。

3)试验室的环保工作

(1)试验室应设置消防器材，并按规定及时检查、更换，不得随意挪动位置或挪作他用。

(2)危险物品应有专人负责，设专室保管。购买危险品需填写购买申请，经单位负责人批准后统一购买。危险品的发放采用限额发放制度，严格履行出入料库的手续，任何人不得私自保存。

(3)危险品料库应按相关规定与周围的建筑、水源、火源、电源等间隔一定的安全距离，并采取相应的安全措施，晚间和节假日有警卫值班。

(4)进行材料力学性能试验的机器，需在其试件放置位置周围设置防护罩，以防止试验中飞溅碎块和钢渣伤人。其他需要有防护装置的仪器设备，也要安装相应的防护装置。

(5)禁止在试验室内抽烟、烘烤食物;建立卫生值日制度,保持试验室内外清洁卫生、整齐有序。

(6)必须采用符合环境保护要求的方式慎重处理试验室的废弃物和其他有害物质。

(7)严禁非试验人员触摸及使用试验室的设备。

(8)保证试验室的安全,下班后与节假日要切断电源、水源、关好门窗;需要恒温和补水的设备要安排人员值班。

(9)试验室应有上、下水设备,并设置沉淀池、污水处理等设施,下水道要保持畅通无阻。

(10)防止试验室内的粉尘和有害气体危害健康,试验室应有通风换气设备,以保持室内空气流通。使用煤气时严防煤气中毒。

4)试验人员的安全防护

(1)到工地进行现场试验时,必须执行工地安全工作规定。

(2)试验人员进行工地现场试验时,必须配戴安全帽,穿防滑鞋,在高空作业区必须系好安全带,在水上作业区必须穿好救生衣。

(3)做沥青试验时,加热过程中注意防火,操作时严防烫伤。

(4)试验人员要按操作规程从事作业,严禁违章操作,严防烫伤、烧伤、砸伤、触电及其他事故发生。

(5)试验机具在工作中出现不正常情况时,应立即停机检查,不得在机具运转中擦洗、修理。严禁将头、手及工具伸入机械行程范围内。

(6)不准带电搬运电器设备,不准带电清洗仪器、设备上的尘土。

(7)核子密度仪的保管和使用,要严格按照使用说明书的要求操作,防止辐射污染。

(8)在有粉尘、有害气体污染的场所,试验人员要带好口罩及相应的防护设备。

7. 试验室设置原则和组织机构

1)试验室设置原则

项目经理部应建立符合相关标准、规范要求的项目中心试验室,并根据工程规模大小和工程内容的不同,在各工区设工区试验室,重要工点设试验站(点)。

2)组织机构和人员配备

(1)组织机构　项目中心试验室在项目总工程师的领导下开展试验检验工作,

项目中心试验室在业务上受上级技术主管部门的领导，同时还需接受业主、质量监督站和监理工程师的监督和检查。工区试验室是项目中心试验室的派出单位，受项目中心试验室的领导。试验站(点)是工区试验室的派出单位，受工区试验室的领导。

项目中心试验室须持有上级检测机构的授权书，并经当地质量监督部门进行相应等级的计量认证和试验室临时资质认证。上级检测机构应具有相应的检测资质。

(2)试验人员配备　项目中心试验室设试验室主任1名，试验检测员4～6名，试验工若干名(根据试验任务确定具体人数)。

工区试验室设试验室主任1名，试验检测员2～3名，试验工若干名。

每试验站(点)至少设1～2名试验检测员，试验工1～3名。

(3)试验人员条件　项目中心试验室和工区试验室主任应取得试验检测工程师资格或具有中级技术职称，对重点工程的试验室主任，应具有五年检测经历。试验检测员应取得试验检测员资格或具有初级及以上技术职称。试验工能按试验检测员指定的程序完成任务。

3)岗位职责

(1)检测机构职责　项目中心试验室和工区负责各种配合比的设计、原材料试验、施工现场质量控制；负责对工区试验室和试验站(点)工作的抽查、监督、指导；负责工程项目所有试验工作的管理，试验检验资料的复核、上报等工作。

工区试验室负责现场施工全过程质量控制的检验和试验。

试验站(点)负责压实度的检查，水泥混凝土试块的制作，施工现场砂、碎石(卵石)筛分及含水量的测定，水泥混凝土施工中坍落度的检测，各种原材料的取样、送样工作，施工现场检测申请的填写，协助监理、试验管理层进行抽检工作。

(2)人员职责

①试验室主任岗位职责

a.对项目经理和项目总工负责，完成并定期汇报试验室的工作，对试验室的试验检测及行政工作负全面的领导责任。

b.负责完成项目经理部下达的各项试验检测任务。为工程的正常施工质量控制提供准确的试验检测数据。

c.负责贯彻执行国家和行业的有关技术政策法规、技术标准、施工规范和试验规程。

d. 领导和组织中心试验室的各项试验检测工作，在开工前提出试验检测计划，上报项目总工审批后贯彻实施。

e. 负责试验记录、报告、台账的建立，做好试验资料的整理归档工作。

f. 领导建立试验仪器设备台账，组织做好试验设备的使用、保养和维护，并按规定周期及时送检。

g. 组织收集各类试验科技信息，努力学习新技术、新试验规程和新测试方法，做好新技术、新材料的试验和推广应用工作。

h. 负责本试验室试验人员的专业知识学习、业务技术培训和思想教育工作。

②试验检测人员职责

a. 严格执行试验规章制度，认真完成试验室下达的试验检测任务。

b. 严格按照技术标准、试验操作规程及合同要求进行检验和试验。

c. 做好试验检测前的准备工作，正确取样、分样和备料，核对仪器、设备量值和运转情况，环境条件是否符合试验检测条件的要求。

d. 严格按照技术要求，实事求是地逐项填写试验检测原始记录，按标准要求正确处理检测数据。

e. 对出具的试验记录和报告的正确性负责，并按规定程序上报。

f. 严格按操作规程使用仪器设备，做到事前有检查，事后有维护、清理、加油、加罩。

g. 严格执行安全制度，做到文明检验，离开岗位时检查水电源，防止事故发生。

h. 认真钻研业务，努力学习新标准、新技术、新的检测方法，提高试验检测水平。

③试验工职责

a. 严格按照检测员所要求的程序进行试验，服从领导，工作严肃认真，协助检测员完成各项检测任务。

b. 仪器使用完后及时清理干净并加罩，混凝土试模等要清除干净并上油保护，保持试验室（试验站）的环境卫生。

8. 项目试验室的主要设备配置

1）试验仪器设备的配备原则

（1）仪器设备应根据工程项目合同的要求、工程施工内容、工程量的大小、施工技术规范的规定、试验检测的种类及要求来进行配备。

（2）一般试验频率较大、对工程质量控制及对检测影响较大的设备必须配备；项目试验室因条件所限无法开展的少量项目的检验，可通过委托有相应资质的检测单位检验。

2)中心试验室仪器设备的配备参考表(表 2-2)

中心试验室仪器设备的配备参考表 表 2-2

序 号	名 称	规格型号	产 地	数 量	备 注
一	路基工程				
1	核子密度仪	MC—3	美国		
2	K30 荷载板	K30	国产		
3	CBR 试验仪	LCB—2	国产		
4	光电式液塑限联合测定仪	GYS—1	国产		
5	轻型动力触探仪	N10	国产		
6	静力触探仪	JTY—1A/3t	国产		
7	相对密度仪	XD —1	国产		
8	灌砂法重度测定仪	HY—2	国产		
9	电动击实仪	SJ—Q12	国产		
10	电动振筛机	6611	国产		
11	石灰土无侧限压力仪	WY—II 电动	国产		
12	ϕ200 土壤分析筛	0.074～60mm	国产		
13	直读式测钙仪	SG—6 型	国产		
17	固结仪	WG—5	国产		
18	水平测斜仪	ZCX	国产		
19	落锤式基础承载力测试仪	ZFG—02 型	德国		
20	应变控制式直剪仪	ZJ 型	国产		
21	应变控制式三轴仪	TSZ30—2.0 型台式	国产		
22	土壤有机质分析仪	TFY—87 型	国产		
23	十字板剪切	CLD —1 型电测十字板	国产		
二	路面工程(沥青混凝土路面)				
1	路面弯沉仪	3.6m(5.4m)			
2	路面强度测试仪				
3	路面强度试模	ϕ5×5 ϕ10×10 ϕ15×15			
4	连续式平整度仪				
5	沥青延度仪				
6	沥青软化点仪				

续上表

序 号	名 称	规格型号	产 地	数 量	备 注
7	沥青针入度仪				
8	马歇尔稳定度试验仪				
9	马歇尔电动击实仪				
10	沥青混合料搅拌机				
11	标准恒温水浴				
12	沥青抽提仪				
13	钻芯取样机				
14	路面集料筛				
三	桥梁工程				
1	泥浆黏度计	1006	国产		
2	泥浆相对密度计	NB—1	国产		
3	泥浆含砂量计	NA—1	国产		
4	孔底沉渣测厚仪器	SLD—11mm	国产		
5	桩基动测检测仪	KE—200	国产		
6	非金属超声波检测仪	Rs—ST01c	国产		
7	基桩无损检测仪	RS1616K	国产		
8	钢筋保护层测定仪	HBY—84	国产		
9	混凝土钻孔取芯机	JKK—25	日本		
10	静载试验设备	32m	国产		
11	百分表、千分表	0.01mm 0.001mm	国产		
12	荷载试验装置		国产		
四	隧道工程				
1	锚杆拉拔仪	2PA—500	国产		
2	动态应变仪	DPM—612	国产		
3	静态电阻应变仪	YJ—2	国产		
4	土压力传感器	XYJ—2	国产		
5	压力盒		国产		
6	砂浆抗渗仪	SS15	国产		
7	混凝土抗渗仪	HS—40	国产		
8	TSP超前地质探测系统	TSP203	瑞士		

续上表

序 号	名 称	规格型号	产 地	数 量	备 注
9	地质雷达	派克1000	加拿大		
10	便携式瓦斯检测仪				
11	瓦斯自动检测报警系统				
五	铁路无渣轨道工程				
1	金属超声波探伤仪	JST—1500	上海		
2	沥青针入度仪	LZR—Z	长沙		
3	沥青软化点测定仪	LRH—2A	长沙		
4	双速低温沥青延度仪	LYS—2A	长沙		
5	旋转薄膜烘箱	LBM—2	长沙		
6	沥青黏度仪	LYF—1	长沙		
7	欧姆表	TBC	上海		
8	扭矩表	Vossloh	北京		
9	刻度放大仪	RG	广州		
10	光电测温计	TRG	上海		
11	轨温测定仪	HYYJ	北京		
12	超声波钢轨探伤仪	TGC—1	北京		
13	竖向调整器	10cm	上海		
14	横向调整器	10cm	北京		
六	金属类检测设备				
1	万能材料试验机	WE—1000kN	国产		
2	万能材料试验机	WE—300kN	国产		
3	洛氏硬度仪	HR—150A	国产		
4	钢筋保护层测定仪	HBY—84	国产		
5	钢筋腐蚀测定仪	PS—6	国产		
6	钢筋标距仪	手动	国产		
7	钢筋腐蚀测定仪	PS—6	上海		
8	预应力筋专用夹具	TS—1000	长春		
9	金属弹性模量测定仪	S—1	长春		
10	钢筋标距仪	手动	浙江		
11	钢筋冷弯冲头	8～125mm	江苏		
12	金属探伤仪	WE	江苏		

续上表

序　号	名　称	规格型号	产　地	数　量	备　注
七	混凝土检测设备				
1	数显液压式压力试验机	TYE—2 000kN	国产		
2	混凝土振动台	$1m^2$	国产		
3	混凝土强制式搅拌机	T30	国产		
4	移动式混凝土标准养护室	FHBH	国产		
5	经济型水质分析仪	EA513—162	英国		
6	混凝土维勃稠度仪	HC—I	国产		
7	自动混凝土渗透仪	HS—4	国产		
8	混凝土弹性模量测定仪	0.001mm	国产		
9	经济型水质分析仪	EA513—162	英国		
10	混凝土维勃稠度仪	HC—I	国产		
11	干燥箱	101—3	国产		
12	砂子含水量快速测定仪	PW—1	国产		
13	自动分析超声波检测仪	RS—STOAC	国产		
14	水泥混凝土标准养护箱	YH—40B	国产		
八	砂、碎石试验设备				
1	新标准砂石筛	ϕ300mm	国产		
2	新标准石子筛	ϕ300mm	国产		
3	石子压碎仪	ϕ200mm	国产		
4	针片状规准仪		国产		
5	拍击式电动振筛机	6611	国产		
6	双面岩石切割机	C30—1	国产		
7	洛杉矶磨耗机	MRD—2 型	浙江		
九	水泥、外掺料类检测设备				
1	数显压力试验机	NYL—300	国产		
2	水灰比测定仪	HKY—1	国产		
3	行星式胶砂搅拌机	JJ—5	国产		
4	水泥胶砂成型振实台	ZS—15	国产		
5	水泥净浆搅拌机	SJ—160	国产		
6	水泥抗折试验机	KZJ—500	国产		
7	水泥凝时测定仪	CHN—1	国产		

续上表

序　号	名　称	规格型号	产　地	数　量	备　注
8	水泥雷氏沸煮箱	TE—31	国产		
9	水泥负压筛析仪	FSY150—4	国产		
10	水泥细度筛	FSY—150B	国产		
11	新标准水泥软练设备	SJ—160	国产		
12	恒温恒湿养护箱	YH—408	国产		
13	电热鼓风干燥箱	HWX—L	国产		
十	其他类				
1	电热恒温干燥箱	1000	国产		
2	分析天平	TG328A	国产		
3	静水力学天平	5kg			
4	架盘天平	JPT—2	国产		
5	架盘天平	HC. IP11	国产		
6	架盘天平	HC. IP12B	国产		
7	案秤	AGT—1	国产		
8	台秤	TGT—100	国产		
9	量筒(杯)	1000\250\100	国产		
10	相对密度瓶	50\100mL	国产		
11	相对密度计	NE—1	国产		
12	温、湿度测定仪	WAM3 型	国产		
13	袖珍式激光粉尘仪	LD—1 型	国产		
14	便携式数字粉尘仪	P—5L2、P—5L2C 型	国产		
15	高温炉	SX	湖北		
16	常用水质化学分析仪器		广州		
17	常用水泥、外掺料、外加剂化学分析仪器		上海		
18	数码相机				

注：①上表中只推荐了相关专业的所用试验仪器的种类，仪器配备数量要根据任务、作业面、业主及合同要求等具体情况来配备。

②工区试验室的仪器配备根据试验任务按上表选取配备。

③试验站(点)的试验设备配备，根据所承担的试验任务配备。主要指含水量测定、压实度检测、混凝土试件制作、集料筛分、取样工具等试验仪器工具。

9. 项目试验室的布置

1)试验室布置的一般要求

(1)试验室房屋应考虑隔热、保暖,一般以砖墙为宜。试验室地面应抹水泥砂浆。

(2)试验室用电应根据设备容量,统一安排,采用集中配电室进行控制,总配电盘应设在试验室中心位置,各操作间应保证足够的亮度,个别仪表、度盘应另加局部照明。

(3)试验室上下水应畅通。

(4)在力学试验室做试件断裂或破坏的试验时有较大的振动,设备安装时应按规定打牢基础,上好地脚螺丝,应尽量与精密仪器分开设置。

(5)混凝土和砂浆试验及标准击实试验,在搅拌和振捣时有很强的噪声和振动,应远离精密仪器和办公室。

(6)土工试验与化学试验应分开,以免粉尘污染,影响试验精度。

(7)精密天平要防止太阳直接照射,要设在温度变化较小和周围干扰较小的地方,一般可设在阴面安静处。

(8)各种试验机械、仪器、操作台的设置高度和位置,要考虑操作人员能够舒适方便地进行操作,以减少劳动强度。

(9)各种仪器应加一布罩,以免灰尘污染,影响试验精度。

(10)一般应在试验室的附近向阳面抹一块 20～30m^2 的水泥地坪,用于晾晒砂石料和土样,以节约能源。

(11)试验用表格一般有几十种,应做一个木架,分类摆放,便于取用。

(12)试验室应配备适当的消防设备。

2)试验室的平面布置

试验室平面布置简图见图 2-1,主要是针对路基、桥涵工程试验安排的,各试验室可根据实际工程量大小,作适当调整。专门从事路面工程的项目试验室,可根据实际需要安排。

10. 开工前的试验工作

1)路基工程

(1)取原地面土,做土工试验,试验项目包括天然含水量,液、塑限,标准击实试验。一般每公里至少要取两个点,遇到特殊路段,土质变化较大时,应适当多取几点。

(2)采集取土场土样做土工试验,试验项目一般包括天然含水量,液、塑限,标

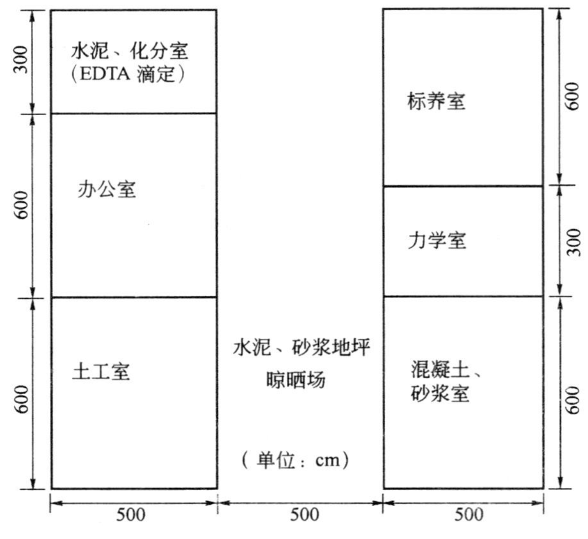

图 2-1　试验室平面布置简图

准击实试验。路堤填方材料还要做强度试验，即 CBR 试验。

(3)我国南方地区，过湿土较多，不能直接用于填筑路堤，一般采用掺入一定量的石灰以改良土性，这样试验项目就要相应增加，包括石灰的钙、镁含量测定，石灰含量测定(EDTA 滴定)标准曲线，不同石灰含量的标准击实试验。

2)桥涵结构物工程

(1)开工前，对设计文件中提供的砂石料场进行现场考察，并取样做常规检验。

(2)砂子常规试验，一般试验项目包括砂子筛分试验、含泥量及泥块含量试验、表观密度和堆积密度试验、含水量试验，必要时需做有机质含量试验。

(3)石子常规试验，一般试验项目包括筛分试验、含泥量和泥块含量试验、表观密度和堆积密度试验、针片状颗粒含量试验、石子压碎值试验，必要时做石料抗压强度试验。

(4)水泥常规试验一般包括标准稠度用水量、凝结时间、安定性试验、细度试验和胶砂强度试验，必要时需做化学分析试验。

(5)钢筋常规试验一般包括原材料拉伸和弯曲试验、搭接焊为拉伸试验、对焊为拉伸和弯曲试验。

(6)如果项目试验室没有配备水泥软练设备和万能试验机，则开工前应尽早在当地联系有资质的试验室，便于委托试验，但必须征得监理同意，必要时项目试验室可会同监理考察其设备与人员资质。

(7)混凝土拌和用水,凡饮用水均可适用拌制混凝土。

(8)混凝土配合比设计。

3)路面工程

(1)路面底基层、基层

①石料的常规检验,一般包括筛分、含泥量、针片状、压碎值、表观密度、堆积密度。

②水泥的常规检验包括细度、凝结时间、安定性、强度等。

③土的液塑限试验。

④石灰的钙、镁含量测定、EDTA 滴定标准曲线,未消解残渣含量试验。

⑤粉煤灰筛分、含水量及化学成分分析(委托外单位做)。

⑥灰土、二灰土、水泥稳定碎石等配合比标准击实及无侧限抗压强度检验。

(2)水泥混凝土路面

①砂子常规试验一般包括筛分、含泥量和泥块含量、表观密度、堆积密度、含水量试验,必要时需做有机质含量试验。

②石料的常规检验项目包括筛分、含泥量和泥块含量、针片状、压碎值、表观密度、堆积密度,必要时需做石料抗压强度试验。

③水泥的常规检验一般包括标准稠度用水量、凝结时间、安定性、细度和胶砂强度试验,必要时需做化学分析试验。

④混凝土拌和用水,一般无须做特别检验,凡饮用水均可适用拌制混凝土。

⑤做混凝土配合比试验,包括测定混凝土的密度、坍落度、抗压强度和抗折强度。

(3)沥青混凝土路面

①沥青三大指标测定,即针入度、软化点、延伸度,必要时需做沥青含蜡量、黏度及闪点的测定。

②砂、石、石屑、石粉等材料的常规检验一般包括筛分、含泥量、针片状、压碎值、表观密度、堆积密度等,必要时需做石料抗压强度、磨耗值、磨光值以及沥青与石料黏结力试验等。

③沥青混合料组成设计。一般至少要做五种不同沥青用量的试件,每组试件不少于 5 个。做马歇尔试验,测定沥青混凝土的密度、稳定度、流值,计算饱和度和孔隙率,绘制沥青用量选定图,确定最佳沥青用量。

11. 施工过程中的质量控制及试验管理

施工过程中的试验管理,是试验工作的重点,只有控制好施工过程中的每个环节的质量，才能保证整个工程的质量。

1)路基工程

(1)土样物理检验　在施工过程中，对本工程段原地面土质，应逐段补齐全部试验。

填筑路堤用土的一般要求是：不得使用淤泥、沼泽土、冻土、有机土、含草皮土、生活垃圾、树根和含有腐朽物质的土，液限大于50、塑性指数大于26的土，以及含水量超过规定的土不得直接作为路基填料。填方材料还应有一定的强度。

(2)压实度检测

①当一段路基或一层填土压实完成后，应由现场施工负责人填写"压实度检查通知单"交项目试验室。

②试验室在接到"压实度检查通知单"后，应按指定时间到指定地段按有关规定做压实度检测。

③压实度检测结果出来后，试验室应以"压实度检测结果通知单"交施工现场负责人。

④施工现场负责人接到检测结果后，如不合格，应继续碾压或采取其他措施，自认合格后，再报试验室重新检测。如合格，应立即报监理抽检，监理签认后方可进行下一层施工。

(3)路基顶面弯沉测定　当路基施工完成后，一般都用贝克曼梁式弯沉仪，来检测路基顶面的弯沉值。

(4)结构物台背回填　台背回填的质量，直接关系到工程竣工后行车的舒适性和安全度。结构物的台背回填工作，很多施工单位都不是很重视，普遍存在着桥头跳车现象，因此，要加强台背回填的压实度检测。

2)桥涵工程

(1)原材料检验　施工过程中的原材料检验，包括所有用于工程的材料，对于桥涵工程主要有砂、石、水泥、钢筋、外加剂、预应力钢绞线，用于钻孔的黏土等。

(2)混凝土配合比设计　除在开工前对基础混凝土或钻孔桩混凝土做好配合比设计外，施工过程中，还要对本工程所需用的全部配合比，逐一做配合比设计。随着工程的进展，混凝土的强度等级会越来越高，施工后期要进入梁体混凝土浇筑，强度等级可能达到C40甚至C50，对配合比要求更严格，混凝土配合比设计一般要在使用前一个月就着手进行。

(3)混凝土施工的试验管理　混凝土工程质量从原材料到配合比设计，再到混凝土搅拌运输、振捣、拆模、养生等一系列工序，都会对混凝土的工程质量产生一定的影响。混凝土的施工试验控制如下：

①混凝土施工应执行申请单和通知单制度。

②试验室接到混凝土浇筑申请单后，应立即安排人从现场取样，进行砂、石含水量测定，并根据此换算施工配合比，填写“混凝土配合比通知单”。

③试验室通知单填好后，试验人员应到拌和站，协助拌和站操作人员给每种材料定量，检查其定量的准确性，并监督查看第一盘料的出料情况，如不能满足设计和施工要求，可作适当调整。

④试验人员应及时抽检混凝土的坍落度，每台班不得少于2次。

⑤试验人员应随时检查各种原材料是否同配合比指定材料相符，应经常检查各种原材料的计量准确性。

⑥试验人员应及时按规定留制试件，混凝土试件应按时编号、拆模、及时送标养室养护。

⑦对于大型工程或混凝土方量较大的工程，施工中应建立质量控制图来控制混凝土的强度。

(4)地基承载力检验　中小桥和涵洞基础，设计上都对地基承载力有明确要求，当中小桥及涵洞基础开挖到基底标高后，就先进行承载力自检，达到要求后，请监理到场再进行检测，以得到监理的确认。

(5)预应力混凝土孔道压浆的水泥净浆试验　后张法预应力混凝土施工中，当预应力筋张拉后，对预应力筋所留孔道应尽早进行孔道压浆。多采用水泥净浆，水泥一般选用硅酸盐水泥或普通硅酸盐水泥，其强度等级不得低于42.5级，用普通饮用水，并适当掺加高效减水剂和微膨胀剂，如铝粉等。水泥净浆配合比应经试验确定。主要测定指标为抗压强度、泌水率、膨胀率和稠度。水泥浆的抗压强度应符合设计规定且不低于30MPa。孔道压浆，每工作台班应留取不少于3组的7.07cm×7.07cm×7.07cm的试件。

(6)钻孔泥浆试验　试验人员应按工程需要，及时做钻孔泥浆性能测定，如相对密度、含砂率等，并填写相关试验记录。

(7)钢筋焊接件的检验

①钢筋焊接作业前必须进行试焊。

②闪光对焊应按同钢筋级别和直径，同一台班、同一焊工、同一焊接参数，焊完300个同类接头为一批，每批从焊接成品中任选三根截取抗拉试件(长度为10d+

200mm)三根，弯曲试件(长度为 5d+150mm)三根。抗拉强度不得小于该级别钢筋规定强度。

闪光对焊钢筋，还应对其进行外观检查，每批抽查 10%，并不得少于 10 个。施焊钢筋外观须满足规范要求。

③电弧焊应以 300 个同类型接头为一批(不足 300 个时仍按一批算)，每批从成品中截取 3 个接头做拉伸试验，其抗拉强度不得低于该级别钢筋的规定抗拉强度值。

试验人员应同钢筋加工场保持经常的联系，使其及时送样，保证钢筋焊接件满足检验频率。

(8)浆砌工程的试验管理

①原材料试验

a. 浆砌石料应做抗压强度试验，其强度等级一般在设计文件中都有明确规定。

b. 浆砌砂浆所用水泥的技术要求及试验项目同混凝土工程一样。

c. 拌和砂浆的砂子宜采用中砂或粗砂，如用细砂，应适当增加水泥用量，砂的最大粒径，当用于砌筑片石时，不宜超过 5mm；当用于砌筑块石、粗料石时，不宜超过 2.5mm。

②砂浆配合比试验

a. 砂浆配合比应按《砌筑砂浆配合比设计规程》(JGJ 98—2000)进行设计、计算试配。

b. 公路工程砌筑砂浆，一般采用水泥砂浆。砂浆配合比中每立方米砂浆的用砂量，以砂子的堆积密度值作为计算值，每立方米砂浆的水泥用量，应按规程中的公式计算，按计算的配比试拌，测定稠度、分层度，留置强度试件。

c. 最后选抗压强度、稠度、分层度均符合设计要求，且水泥用量最低的配合比用于施工。

③浆砌工程的施工控制

试验人员应经常检查施工中砂浆的配料情况及拌合物的均匀性，并按规定留制砂浆抗压强度试件。一般及次要砌筑物，每台班可制取试件一组，重要及主体砌筑物每台班应留 2 组试件。

3)路面工程

(1)基层、底基层　路面基层、底基层大都采用石灰土、水泥土、二灰土(石灰、粉煤灰和土)、水泥碎石、二灰碎石(石灰粉煤灰碎石)等作为稳定材料来做基层和底基层。

①材料试验

a. 土:颗粒分析,液、塑限,含水量。

b. 石灰:钙、镁含量测定,未消化残渣含量。

c. 水泥:凝结时间,强度试验,安定性。

d. 粉煤灰:化学分析,细度,烧失量。

e. 碎石:筛分试验,压碎值试验,表观密度,堆积密度,针片状含量。

②混合料配合比设计。

③基层、底基层施工质量控制,包括含灰量测定、留制抗压强度试件、混合料含水量测定、压实度检测、弯沉测定。

(2)水泥混凝土路面　水泥混凝土路面在施工过程中的试验工作及质量控制管理如下:

①水泥应选用硅酸盐水泥或普通硅酸盐水泥,水泥强度等级不应低于 42.5 级,每立方米混凝土水泥用量不小于 300kg。

②砂子应用中、粗砂,尽量不用细砂。

③石料强度≥3 级,饱水抗压强度与混凝土设计抗压强度比≥200%。

④混凝土坍落度应控制在 1～2.5cm,水灰比不大于 0.46,砂率不大于 35%。

⑤每天如铺筑 200m^3 混凝土,应留制两组试件;超过 200m^3 混凝土,应增留一组试件。

(3)沥青混凝土路面　沥青路面的结构形式很多,如沥青表面处治路面、沥青碎石路面、沥青贯入式路面、乳化沥青碎石混合料路面等。沥青混凝土路面施工过程中的试验工作及质量控制管理如下:

①原材料试验

a. 沥青:针入度、延度、软化点、黏度、沥青与矿料黏附性。

b. 粗集料:筛分、针片状、表观密度、含泥量、吸水率、压碎值、磨耗值、磨光值、堆积密度、含水量。

c. 细集料:(包括砂、石屑等)筛分、表观密度、含泥量、堆积密度、含水量。

d. 填料:(包括矿粉、粉煤灰等)筛分、含水量、堆积密度、表观密度。

以上原材料,最初均应进行全面检验,施工过程中,应根据规定频率及材料的变化情况及时抽检。

②沥青混凝土配合比,应按《公路沥青路面施工技术规范》(JTG F40—2004)附录 B 进行。沥青混凝土配合比设计分三个阶段,即目标配合比设计、生产配合比设计、现场试拌、试铺验证,最后确定沥青混凝土标准配合比。沥青混凝土施工过程的试验工作及质量控制包括测温、沥青含量测定、沥青混合料中矿料级配检

验、沥青混合料马歇尔稳定度试验、沥青路面压实度检查、路面弯沉测定、路面平整度检测、建立动态质量管理图。

(4)分包工程试验管理

①对整段分包的工程,项目试验室应派专人负责对分包工程的试验检测工作进行监督、检查。

②所有分包工程的试验资料,需经项目试验室主任审核签认后,由项目试验室统一上报监理或业主。

③分部、分项工程分包队,应确定一名专职试验人员,负责同项目试验室的业务联系。项目试验室应对他的工作实行监督检查,并给予适当的技术指导。

④分部、分项工程分包队,应配备一些简单的作为施工控制用的试验设备。

⑤对分部、分项工程分包队伍的试验检测工作,同本单位施工一样管理。

(5)试验记录　试验记录是考核工程质量的重要证据,也是计量支付的依据。因此,认真、真实地填写好各种试验记录,是保证工程质量的重要一环。

12. 工程完工后的试验管理工作

1)整理竣工资料

(1)每项工程在完工前,业主都要下发一份竣工资料编制办法,项目试验室在工程施工后期,就应安排人员,按编制办法的要求进行试验资料的整理。

(2)竣工试验资料包括以下内容:

①各种原材料试验记录及试验汇总表。

②混凝土及砂浆配合比试验报告及汇总表。

③混凝土及砂浆抗压强度试验记录及汇总表。

④标准击实试验报告及汇总表。

⑤压实度检查试验记录及汇总分析评价表。

⑥稳定土配合比试验报告及汇总表。

⑦稳定土强度试验记录及汇总表。

⑧石灰(水泥)剂量试验记录检测结果汇总表。

⑨马歇尔稳定度试验记录及试验结果汇总表。

⑩油石比试验检测记录及结果汇总表。

⑪路面平整度检测记录及汇总表。

⑫路面弯沉检测记录及汇总分析评定表。

⑬各种外购材料(水泥、钢筋、钢绞线、沥青、外加剂及其他半成品等)合格证

书，材料质量报告单。

⑭隐蔽工程试验检测记录。

⑮其他各种试验记录报告。

（3）试验竣工资料的整理

①路基工程、路面工程、排水工程、涵洞、砌筑工程，一般按1～3km为一个单元整理资料。

②每座小桥为一个单元，大、中桥分上部构造、下部构造和桥面铺装，分别整理。

③匝道工程以每条匝道为单元整理资料。

④对混凝土抗压强度、马歇尔稳定度的几项主要指标应进行数理统计分析。一方面可据此对本工程的质量进行总体评价，为混凝土配合比设计的调整提供必要的参考数据，另外也可为下一工程施工所用。

2）工程试验总结和个人总结

（1）工程试验总结　每一项工程完工后，项目试验室应认真地对本工程施工过程中的成功经验和失败教训进行总结，内容包括：本工程的概况，施工特点，新材料的应用，新的检测试验项目及新仪器设备的应用，试验工作中遇到的难点、疑点处理方法，试验管理中的新方法、新举措，试验管理方面的成功经验，同业主、监理打交道的体会，试验工作中的失败教训，工程质量事故的原因分析及处理办法等。总之，工程施工过程中与试验有关的，都应认真总结留下文字记录，以利于下一个工程的试验工作。

（2）个人总结　试验室的每个成员，特别是试验室主任和试验技术人员，在每项工程施工完成后，应有个人的从业技术总结，包括本人在这个项目施工过程中试验工作的体会，新技术、新仪器的应用经验，一些重要的试验项目的试验方法及有关数据，也应该详细地抄录在自己的工作日记上，便于以后应用时查找。

13. 常用材料的试验项目、取样方法、取样频率、取样数量及试验方法（表2-3）

常用材料试验项目、取样方法、取样频率、取样数量一览表　　表2-3

材料名称	试验项目		取样方法	取样频率	取样数量	试验方法
	必试项目	必要时试验项目				
水泥	标准稠度、安定性、凝结时间、胶砂强度、细度	胶砂流动度	从20个以上不同部位取等量样品、试验时按四分法提取	同厂别、同品种、同强度等级每200t（散装500t）为一取样单位	不少于12kg	JTG E30—2005，GB/T 17671—1999，GB/T 1346—2001

续上表

材料名称		试验项目 必试项目	必要时试验项目	取样方法	取样频率	取样数量	试验方法
砂		筛分、表观密度、堆积密度、含泥量、泥块含量、含水量	有机质含量、云母含量、轻物质含量	取样部位应均匀分布，先铲除表层，从8个不同部位取等量样品，试验时按四分法提取	同料厂、同品种、同规格、连续进料400m³或600t为一批，不足400m³也算一批	不少于30kg	JTJ 058—2000，GB/T 14684—2001
石子	水泥混凝土用石子	筛分、表观密度、堆积密度、含泥量、泥块含量、针片状含量	硫化物含量、压碎值、碱集料反应、坚固性	取样部位应均匀分布，先铲除表层，从五个取样点，按上、中、下部共15份取等量样品	同料厂、同品种、同规格、连续进料400m³或600t为一批，不足400m³也算一批	不少于60kg	JTG E42—2005
	沥青混凝土用石子	筛分、表观密度、堆积密度、含泥量、针片状含量、压碎值、与沥青的黏附性	磨光值、洛杉矶磨耗值	取样部位应均匀分布，先铲除表层，从五个取样点，按上、中、下部共15份取等量样品	使用前测两个样品，以后每2 000m³测两个样品，材料种类变化，重作两个样品	不少于60kg	JTG E42—2005
钢筋	原材料	极限拉力、屈服强度、伸长率、冷弯		任选两根切取，去掉头上50cm再切取	同一牌号、同一炉号、同一规格、每60t为一批	拉力、冷弯各2根	JTJ 055—83
	电弧焊	极限拉力		从焊接件上截取	同一焊工，相同材料、相同焊接参数每300个接头为一批	拉力三根	JTJ 055—83
	对焊	极限拉力、冷弯		从焊接件上截取	同一焊工，相同材料、相同焊接参数每300个接头为一批	拉力、冷弯各三根	JTJ 055—83

续上表

材料名称	试验项目		取样方法	取样频率	取样数量	试验方法
	必试项目	必要时试验项目				
土	含水量，液、塑限，标准击实、颗粒分析	承载比（CBR）	先清除表层，然后在取样坑全层取样，不能取某一层或几层	每 2 000m^3 测两个样品，发现土质变化应随时测	不少于 30kg	JTG E40—2007
沥青	针入度、延度、软化点	沥青与粗集料黏附性、密度、闪点、燃点、含蜡量	按 JTJ 052—2000 规定的取样方法取样	每 100t 为一个取样单位	不少于 1.5kg	JTJ 052—2000
石灰	有效钙、镁含量，未消化残渣含量	细度	从不同部位等量取样，按四分法提取试样	每 60t 为一个取样单位，不足 60t 也算一批	不少于 10kg	JTJ 057—94
矿粉	筛分、含水量	塑性指数	从不同部位等量取样，按四分法提取试样	每 50t 为一个取样单位，不足 50t 也算一批	不少于 3kg	JTG E42—2005
石料		抗压强度	选取有代表性的试样		不少于 6 个试件	JTG E41—2005
钢绞线	最大负荷、屈服负荷、伸长率	松弛率	从每批中任选 3 盘各截取一根试样	同牌号、同规格、同生产工艺、每 60t 为一批	三根	GB228 GB/T 5224—1995

注：①以上资料均摘自有关规范、标准。

②如工程合同另有要求，应按合同执行。

14. 施工过程中试验项目检测频率

为方便施工过程中的质量控制，现将施工过程中工程质量控制试验项目的检测频率列表如下（表 2-4）。

施工过程中质量控制试验项目检测频率　　表 2-4

<table>
<tr><th colspan="3">检 测 项 目</th><th>检 测 频 率</th></tr>
<tr><td rowspan="2">路基工程</td><td colspan="2">压实度</td><td>每 2 000m² 检测 8 点，不足 2 000m² 时，至少应检测 2 点</td></tr>
<tr><td colspan="2">弯沉</td><td>每双车道每 50m，4 个点</td></tr>
<tr><td rowspan="8">桥涵工程</td><td colspan="2">混凝土强度</td><td>一般结构物，每单元制作 2 组；
连续浇筑大体积混凝土，每 80～200m³ 或每台班制件 2 组；
每片梁长 16m 以下制件 1 组，16～30m 取 2 组，31～50m 取 3 组，50m 以上取 5 组；
就地浇筑小桥涵混凝土每台班每座制件 2 组</td></tr>
<tr><td colspan="2">坍落度</td><td>每台班至少 2 次</td></tr>
<tr><td colspan="2">砂石含水量</td><td>混凝土开盘前必检一次，天气变化应随时检测</td></tr>
<tr><td colspan="2">钢筋焊接件</td><td>同钢筋级别和直径、同焊工、同焊接参数 300 个接头为一批，每批取 3 个试件</td></tr>
<tr><td colspan="2">钻孔泥浆</td><td>每台班和清孔前必检一次，地质变化应随时检测</td></tr>
<tr><td colspan="2">孔道压浆强度</td><td>每台班制件不少于 3 组</td></tr>
<tr><td colspan="2">砂浆强度</td><td>每台班制件不少于 2 组(每组六个试件)</td></tr>
<tr><td colspan="2">台背回填压实度</td><td>每 50m² 检 1 点，不足 50m² 时也检 1 点</td></tr>
<tr><td rowspan="10">路面工程</td><td rowspan="7">基层
底基层</td><td>水泥石灰剂量</td><td>每 2 000m² 测一次，至少 6 个样品，每台班至少做一次检测</td></tr>
<tr><td>含水量</td><td>每次碾压前测一次</td></tr>
<tr><td>压实度</td><td>每作业段或不超过 2 000m² 检查 6 点以上</td></tr>
<tr><td>抗压强度</td><td>每 2 000m² 细粒土 6 个试件，中粒土 9 个试件，粗粒土 13 个试件</td></tr>
<tr><td>弯沉值</td><td>每评定段(不超过 1km)每车道 40～50 个测点</td></tr>
<tr><td>平整度</td><td>3 米直尺每 200m 测 2 处，连续 10 尺</td></tr>
<tr><td>塑性指数</td><td>每 1 000m² 检测一次，土质有变化应随时检测</td></tr>
<tr><td rowspan="3">水泥
混凝土
路面</td><td>抗折强度</td><td>每天或 200m³ 制件 2 组</td></tr>
<tr><td>坍落度</td><td>每台班至少 2 次</td></tr>
<tr><td>平整度</td><td>用平整度仪，全线每车道连续检测每 100m 计算 δIRI</td></tr>
</table>

续上表

<table>
<tr><th colspan="3">检测项目</th><th>检测频率</th></tr>
<tr><td rowspan="11">沥青路面</td><td rowspan="3">测温</td><td>出厂</td><td>每车不少于1次</td></tr>
<tr><td>摊铺</td><td>每100m不少于1次</td></tr>
<tr><td>碾压</td><td>随时检测</td></tr>
<tr><td colspan="2">矿料筛分</td><td>每日每台拌和机1次或一日2次</td></tr>
<tr><td colspan="2">油石比</td><td>每日每台拌和机1次或一日2次</td></tr>
<tr><td colspan="2">马歇尔试验</td><td>每日每台拌和机1次或一日2次</td></tr>
<tr><td colspan="2">压实度</td><td>每2 000m² 检测1次,1次不少于钻一个孔</td></tr>
<tr><td rowspan="2">平整度</td><td>标准差</td><td>平整度仪全线连续检测</td></tr>
<tr><td>最大间隙</td><td>三米直尺每1km 10处各连续10尺</td></tr>
<tr><td rowspan="2">弯沉</td><td>贝克曼梁</td><td>全线连续检测每20m 1点</td></tr>
<tr><td>自动弯沉仪</td><td>全线连续检测每5m 1点</td></tr>
</table>

注:①以上资料均摘自有关规范、标准。

②如项目标书另有要求,应按标书执行。

15. 试验资料的管理

(1)试验室应设专人负责试验资料管理,负责试验室全部资料的收集、保管、上报、下发等工作。

(2)试验资料应分类管理,分别放入文件盒,并在盒外贴上标签,便于存放和查阅。

(3)试验资料应设专柜保管,防止丢失,便于查阅。可在柜门上贴标签,按原材料、路基、桥涵、路面等分类存放。

(4)项目试验室应建立试验资料台账。

(5)外委试验资料应专门保管,包括外委台账。

(6)任何人查阅试验资料后,应自觉放回原处。

(7)试验资料的借阅,须经试验室主任批准,资料管理员登记。

六、项目分包工程的技术管理

这里所指的分包工程指依法进行分包的工程。局《专业化施工队竞标实施细则(试行)》规定了如何选择分包队伍,专业化分包队伍应具备建立一套完整的技术管理体系的能力。对于清包工及零星工程的分包队伍,项目经理部可将他们视为现场施工人员,纳入项目经理部的技术管理体系中。

1. 专业化施工队的技术管理体系应完整、运行有效

专业化施工队应完全按照项目经理部技术管理体系的模式建立自己的技术管理体系，对上建立与项目经理部技术管理体系的接口，对下落实到每个现场施工人员。

项目总工程师在审批专业化施工队的技术管理体系时，应着重审核以下内容：

(1)与项目经理部的技术管理体系接口是否顺畅。专业化施工队不得直接与业主、监理进行技术问题的处理。

(2)对技术难点、关键工序要求具有分析能力、把握能力、过程控制能力。

(3)专业化施工队进行试验、检测的能力、设备是否满足要求。

(4)专业化施工队必须设一名现场技术负责人，每分项工程设专业技术人员1名，每工序施工过程中设专业技术人员带班作业，项目部要及时对这些人员的技术水平进行考核。

(5)必须设置专人负责计量工作，负责建立专业化施工队的计量器具台账及器具的标志，负责计量器具的送检，送检证明报项目审核，定期参加项目组织的计量工作会议。

项目总工程师在审核专业化施工队技术管理体系运行状况时，应着重审核以下内容：

(1)理解与执行有关标准、规范、规程、施工工艺标准的程度，反馈现场技术问题、质量问题的及时性，执行项目经理部技术质量要求的程度。

(2)分包范围内的专项施工方案和季节性施工措施的编制水平。

(3)出现质量问题后，必须制订详细的书面处理措施，并报项目工程(技术)部和项目总工程师审批后方可实施。

(4)与工程进度同步，对分包范围内工程施工原始记录、检查签证记录、施工照片、音像资料以及有关的技术文件和资料进行记录、收集、分类整理、汇总和保管。

2. 专业化施工队技术管理的基本要求

1)开工前的技术准备工作

(1)接受项目经理部的整体技术交底。

(2)独立编制分包范围内的实施性施工组织设计。专业化施工队的实施性施工组织设计应服从项目经理部的实施性施工组织设计。

(3)专业化施工队应建立施工文件发放台账。

2)现场技术管理

(1)接受项目经理部的各级技术交底。

(2)一般情况下,专业化施工队应组织第二级技术交底,交底资料报项目工程(技术)部审核后,由专业化施工队技术负责人进行交底。第二级技术交底以工序为单元向工序技术员、工班长或工序负责人、主要操作人员进行技术交底。二级技术交底过程中应邀请项目工程(技术)部参加。

(3)单项施工方案的报批程序:由分包商现场技术负责人签名后上报项目工程(技术)部→项目工程(技术)部 7d 内返回审批意见→分包商根据项目工程部审批意见在 7d 内修改完善,分包商法人代表签名→项目 2d 内返回审批意见→双方存档备案。

施工方案的修改:根据设计图纸、现场情况的变化,由分包商提出书面修改,修改后的方案必须报项目经理部审批后方可实施。

施工方案的检查:若发现承包商严重违反施工规范,严重违章,不按已批准的方案施工的,项目有权责令分包商停工,责令限期整改并处罚直接指挥者。

所有原材料、半成品的检验、试验过程,或者由项目经理部直接进行,或者在项目经理部派出人员监督下进行。

现场技术问题,应及时以书面形式反馈给项目经理部。

七、设 计 变 更

由于受工程复杂的水文地质条件、环境因素、征地拆迁问题以及设计本身的缺陷或错误等各种情况影响,每一个工程项目都不可避免会发生设计变更。大多数设计变更发生在工程施工过程中,事先不可预见,需要根据工程现场情况决定,再经监理工程师签字确认。

工程设计变更发生在紧张的施工过程中,一般是因设计错误或与实际情况不符,或现场出现突发情况无法继续按原设计施工,必须及时处理决定,以便施工继续进行,否则将会影响工程进度,延误工期,需予以高度重视。

1. 设计变更的类型和内容

按提出设计变更的各方及所要求的内容,可分为以下几种类型:

1)施工单位提出的设计变更

(1)遇到复杂的水文地质条件或地下障碍无法按原设计施工。

(2)因施工过程中出现的环境保护、文物保护、征地拆迁问题等,需修改原设计。

(3)施工方考虑施工便利情况,或受施工设备限制,提出确保正常施工的设计变更。

(4)施工方为优化施工工序、节约工程成本提出的设计变更。

(5)施工方为确保工期、加快施工进度等原因所要求的变更。

(6)设计与实际不符或设计本身的缺陷或错误。

2)业主或建设单位提出的设计变更

(1)线路方案调整。

(2)桥涵或隧道的结构形式发生变化。

(3)收费站,互通、分离式立交的位置、数量或方案发生变化。

(4)业主根据自己的实际需要所提出的其他变更。

3)监理工程师提出的设计变更

监理工程师根据施工现场的地形、地质、水文条件、材料、运距、施工难易程度及现场临时发生的各种情况,按照合理施工的原则,综合考虑后提出的设计变更。

4)工程所在地的第三方提出的设计变更

工程所在地的当地政府、群众或企事业单位为维护自己合法权益所提出的变更。

5)设计方提出的变更

设计单位对原设计有新的考虑或为进一步优化、完善设计所提出的设计变更。

2. 设计变更的等级

按工程设计变更的性质和费用影响来分类,设计变更分为重大设计变更、较大或重要变更、一般变更三个等级。

1)重大设计变更

包括改变技术标准和设计方案,如结构形式、隧道位置、重大防护设施及其他特殊设计的变更。具体界限如下:

(1)连续长度 10km 以上的路线方案调整的。

(2)特大桥的数量或结构形式发生变化的。

(3)特长隧道的数量或通风方案发生变化的。

(4)互通式立交的数量发生变化的。

(5)收费方式及站点位置、规模发生变化的。

(6)超过初步设计批准概算的。

2)较大设计变更或重要变更

(1)连续长度 2km 以上的路线方案调整的。

(2)连接线的标准和规模发生变化的。

(3)特殊不良地质路段处置方案发生变化的。

(4)路面结构类型、宽度和厚度发生变化的。

(5)大中桥的数量或结构形式发生变化的。

(6)隧道的数量或方案发生变化的。

(7)互通式立交的位置或方案发生变化的。

(8)分离式立交或服务设施的数量和规模发生变化的。

(9)其他单项工程费用变化超过 500 万元的。

(10)超过施工图设计批准预算的。

3)一般设计变更

(1)原设计图纸中有明显的差错、遗漏及工程量计算错误的。

(2)施工现场必须马上决定的局部修改。

(3)不降低原设计标准的构件或材料代换。

(4)除重大和较大设计变更以外的其他设计变更。

重大设计变更和较大设计变更由交通部和业主主管部门负责审批，施工单位所涉及的部分为一般性设计变更，其量化指标为工程费用变化在 500 万元以内的变更。

3. 设计变更的处理方式

工程清单模式下设计变更的处理不是预算定额模式下进行变更的费用按计价时的定额标准简单加减的算术问题，它常常引起合同双方对增减项目及费用合理性的争执，处理不好会影响工程量清单计价的合理性与公正性，甚至会由此而引起合同双方在合同方面的争执，影响合同的正常履行和工程的顺利进行。因此，在工程量清单计价模式下我们应重视工程变更对工程造价管理的影响，加强设计变更的管理。

工程设计变更经分析归纳一般包括如下几方面：

(1)更改工程有关部分的高程、基线、位置和尺寸。

(2)增减合同中约定的工程量。

(3)增减合同中约定的工程内容。

(4)改变工程质量、性质或工程类型。

(5)改变有关工程的施工时间和顺序。

(6)其他有关工程变更需要的附加工作。

从上述内容可知,对于一个工程项目而言,工程变更几乎是不可避免的。就工程承包合同的双方而言,建设单位为加强对现场工程量变更签证的管理,把投资控制在预定的范围内,防止因工程量变更引起投资增加,总力图让变更规模在保证设计标准和工程质量的前提下尽可能缩小,以利于控制投资规模。作为承包人的施工单位,由于变更工程总会或多或少地打乱其原来的进度计划,给工程的管理和实施带来程度不同的困难,所以一方面向建设单位索要比建设单位自己提出的工程变更实际费用大得多的金额,另一方面则向建设单位提出能增加计量支付额度的工程变更,以追求企业经营的最大利润,尽量拿回合同价格范围内的暂定金额。因此对工程变更造价的处理往往成为合同双方争论的焦点和监理工程师处理合同纠纷的难点。根据以往的经验与教训,合同双方及合同的监理单位在处理工程变更时必须坚持公平、公正、严格合同管理的原则,运用灵活的方法进行工程变更的处理。

无论是哪一方提出的工程变更,都必须经过业主和监理工程师的审核同意,在变更指令上签署认可。变更设计必须在合同条款的约束下进行,任何变更不能使合同失效。变更后的单价一般仍执行合同中已有的单价,如合同中无此单价,应按合同条款进行估价,经监理工程师审定、业主认可后,按认可的单价执行。如果监理工程师认为有必要和可取,对变更工程也可采取以计日工计价的方法进行。

4.设计变更的原则

(1)设计变更必须遵守国家及行业制订的技术标准和设计规范,符合业主和设计单位的有关规定和办法。

(2)设计变更必须坚持高度负责的精神与严肃的科学态度,尊重施工图设计,保持设计文件的稳定性和完整性。在确保技术标准和工程质量的前提下,对于在控制或降低工程造价、加快施工进度、有利于工程管理等方面有显著效果时,方可对施工图设计进行优化与变更。

(3)设计变更应立足于确保结构的安全性和耐久性,改善使用功能,合理控制造价和方便施工,保证施工质量和工期。

(4)设计变更应本着节约原则,实事求是,严禁弄虚作假,严禁为经济利益而变更。

(5)设计变更应与工程进度同步,不得事后补图。若遇特殊情况,按业主协调会议纪要先行施工,但应及时补办设计变更手续。

(6)对未经业主批准的设计变更,一律不得实施。

(7)任何设计变更申报及批复均以书面为准,无书面确认的设计变更,一律不得实施。

(8)设计变更图表原则上应由原设计单位编制,少数特殊情况经批准也可由业

主委托其他有相应资质的设计单位进行编制。

5. 项目经理部的设计变更管理

作为施工方的项目经理部向业主所提出的设计变更要符合有关技术标准和规范规程，符合节约能源、少占耕地、方便施工、能加快工程进度的原则，设计变更申请资料须包含变更理由、变更项目的施工技术方案、设计草图、变更的工程数量及其计算资料、变更前后的预算对照清单等。在报送变更申请资料之前，项目总工程师应在现场就具体情况和监理工程师先行沟通。

在抗洪救灾及紧急抢修中所涉及的设计变更，当时无法履行设计变更审批手续，但应注意留存相应的影像资料，待抢险完成后马上按规定程序办理相关手续。

如果是业主发出的正规变更指令，索赔或计价时较易处理。当业主通过口头或暗示方式下达变更指令时，项目应在规定的时间内发出书面信函要求业主对其口头或暗示指令予以确认。当由于工程变更导致工期延长或费用增加时，应及时提出索赔要求，并在规定的时间内计算工期延长或费用增加的数量，保证项目在各个环节上符合合同要求。这样，可使计量支付顺利进行，即使出现合同争议，在进行争议评审或仲裁时，也可处于有利地位，而得到应得的补偿。

八、技术标准与规范的管理

标准是对一定范围内的重复性事物和概念所作的统一规定。它以科学、技术和实践经验的综合成果为基础，以获得最佳秩序、促进最佳社会效益为目的，经有关方面协商一致，由主管机构批准，以特定形式发布，作为共同遵守的准则和依据。

技术标准是对标准化领域中需要协调统一的技术事项所制订的标准，是从事生产、建设及商品流通的一种共同遵守的技术依据。技术标准是企业的主体。

1. 标准的级别、类别及功能

1）技术标准的分级

按照标准的适用范围，我国的技术标准分为国家标准、行业标准、地方标准和企业标准四个级别。

（1）国家标准　由国务院标准化行政主管部门（现为国家质量技术监督检验检疫总局）发布。国家标准在全国范围内适用，其他各级别标准不得与国家标准相抵触。

（2）行业标准　由国务院有关行政主管部门制定。如交通部部颁标准（代号为JT）由交通部制定，化工行业标准（代号为 HG）、石油化工行业标准（代号为 SH）

由国家石油和化学工业局制定，建材行业标准(代号为JC)由国家建筑材料工业局制定。行业标准在全国某个行业范围内适用。

(3)地方标准　由省、自治区、直辖市标准化行政主管部门制定，在地方辖区范围内适用。地方标准是对局部的、特殊性的事物所作的规定，是国家标准的补充和完善。

(4)企业标准　没有国家标准、行业标准和地方标准的产品，企业应当制定相应的企业标准，作为组织生产的依据。企业标准应报上级和当地政府标准化行政主管部门备案。企业标准只在企业内部适用。

国家鼓励企业制订严于国家标准或者行业标准的企业标准，在企业内部使用。

2)技术标准的分类

(1)按标准的约束性来分，分为强制性标准和推荐性标准两类。

保障人体健康，人身、财产安全的标准和法律、行政法规规定强制执行的标准是强制性标准(代号为“GB”)，其他标准是推荐性标准(代号为“GB/T”，“T”为“推”的汉语拼音第一个字母)。

对于强制性标准，国家要求“必须执行”，对于推荐性标准，国家鼓励企业自愿采用。

(2)按标准在标准系统中的地位和作用来分，分为基础标准和一般标准两类。

基础标准是指一定范围内作为其他标准的基础并普遍使用的标准，具有广泛的指导意义，例如《公路工程名词术语》(JTJ 002—87)、《量和单位》(GB 3100～GB 3102)为基础标准，相对于基础标准的其他标准，则称为一般标准。

(3)按标准化对象在生产过程中的作用来分，则分为产品标准，原材料标准，零部件标准，工艺和工艺装备标准，设备维修标准，检验和试验方法标准，检验、测量和试验设备标准，搬运、储存、包装、标志标准等。

(4)按标准的专业性质来分，则分为技术标准、管理标准和工作标准。

①技术标准主要包括基础标准，产品标准，方法标准，安全、卫生及环境保护标准。

②管理标准主要包括技术管理、生产管理、经营管理及劳动组织管理标准。

③工作标准主要包括通用工作标准、专用工作标准和工作程序标准。

3)技术标准的功能

标准是被作为规则、指南，包含有技术性细节规定和其他精确规范的成文协议，以确保材料、产品、过程与服务符合特定的目的。经济学家则把标准看成是在用户需求、生产者技术可能性与相关成本以及政府为社会利益所强加的各种约束之间实现的平衡。

从标准的存在形式与功能看，标准具有相当的“公共产品”特性。标准的公共产品性质来自标准存在巨大的外部性收益，且很多标准是社会发展所积累的公共知识的载体。

标准的功能主要体现在以下几个方面：

(1)降低交易成本　如质量标准通过提供产品功能、性能变化、安全性等方面的相关信息，降低了交易双方的交易成本，提高了交易的效率，有利于交易的达成。公认的质量标准不仅可以降低产品购买者的风险，而且可以减少购买者在购买前用于评价该产品所花的时间和精力。

(2)降低交易中的信息不对称　标准使消费者在交易之前就可了解并评价产品质量与性能，如消防栓与消防龙头的兼容标准如果不存在，一旦失火就可能由于无法相接导致巨大损失。

(3)减少产品种类，实现规模经济　标准限制了产品特征的数量和特定范围，如产品规格或质量水平，从而限制了消费者的选择范围，但在产品种类下降的同时，扩大了每一类产品所能获得的市场规模，有利于实现生产的规模经济。

(4)确保产品兼容性　当一种产品功能的发挥需要其他产品配合，或者一个“系统”中的其他组件配合时，就产生了对兼容标准或界面标准的需要。在系统产品的组件协同工作基础上，兼容标准可以起到扩大兼容产品的市场规模的作用。

2. 公路工程标准

公路工程标准分为公路工程建设标准强制性条文、公路工程行业标准、公路工程行业地方标准。

公路工程行业标准中直接涉及质量、安全、环保和其他公众利益的条文为公路工程标准强制性条文。公路工程建设必须执行公路工程标准强制性条文。

1)公路工程行业标准的内容

公路工程行业标准应是公路工程规划、建设、养护、管理等所需的标准，公路工程项目应执行公路工程行业标准。公路工程行业范围内所制订的标准有：

(1)公路工程规划、勘测、评价、设计、施工(包括安装)、监理、验收、养护、试验、检测和评定、管理标准。

(2)公路工程行业专用的有关安全、卫生、环境保护和劳动保护的技术要求。

(3)公路工程行业专用的术语、符号、代号、计量单位和制图方法。

(4)公路工程行业专用的试验、检测、评定方法和指标。

(5)其他专用的技术要求。

2)公路工程行业标准的管理

(1)公路工程行业标准的管理工作包括标准的立项、编制修订、发布、局部修订、复审等。

(2)交通部是公路工程行业标准的主管部门。

(3)交通部公路司是制定和修订公路工程行业标准的职能部门,其任务是对行业标准的编制修订进行管理和协调,对实施情况进行监督。

(4)省、自治区、直辖市交通主管部门可在国标和行业标准的基础上补充制订本地区本行业的公路工程地方标准。

3. 标准与规范的信息传递

按 ISO 9000 质量管理体系的要求,每年相关业务部门应整理、下发“有效文件清单”。

新标准、规范发布的信息,应由业务部门利用办公网络及时上载传递。

现行与公路工程相关的设计施工标准、规范、规程参见附录二中的“现行公路工程标准规范一览表”。

4. 项目经理部技术标准与规范的管理

施工项目必须配备合同要求及施工技术管理所必需的现行施工与设计技术标准、规范与规程,并确保使用的规范有效。项目经理部及时下载最新的技术标准和规范目录清单,做好技术标准与规范的更新工作。

常用的路基、路面、桥涵或隧道施工技术规范,项目工程技术人员应人手一册。测量组及试验室另配备相应的技术规范、规程,质检员和内部监理员配备《公路工程质量检验评定标准(土建工程)》(JTG F80/1—2004),项目总工另配备一套常用的技术标准和规范。

项目档案管理人员要建立项目所有的技术标准与规范的台账,从项目档案室借阅、发放的技术标准与规范要履行签字手续。

九、技术资料与档案管理

1. 技术资料档案的重要性

技术资料档案同固定资产一样是企业的一种资源,其自身的价值经过开发利用,能转化为物质财富,创造出可观的社会和经济效益。技术档案,涵盖技术工作的各个方面,对企业技术的发展和进步起很大的作用,是企业的有机组成部分。档

案工作环节包括积累、管理和利用，积累是基础，管理是手段，利用才是最终目的。所以档案管理的中心工作就是提供并利用现有资料，将“死”档案变成“活”档案，为企业自身发展发挥最大效益。

档案管理不能直接创造产值，其主要职责是坚持为施工、经营、科研、培训和各项企业活动服务，促进企业科技成果向现实生产力的转化。档案管理人员必须转变观念，改进工作方法，以更好地服务企业的思想做好本职工作。

技术档案就是企业技术工作的历史，是企业的一项宝贵财富。为充分发挥档案应有的作用，就要积极开发档案信息资源，使档案工作充满生机和活力。

工程技术档案资料来源于工程建设的全过程，不仅在施工过程中的施工方案、质量检验与评定、事故原因分析、经营与索赔、阶段与竣工验收及其他日常管理工作中具有重要作用，而且在工程竣工后的运行管理工作中，也是不可缺少的依据。有了工程技术档案资料，我们可以了解工程的前期工作、整个施工过程，也可在运行管理中预见工程将来可能发生的问题，帮助我们控制不良事态的发展。档案资料不仅记录的是工程过程，更反映的是工程的质量，所以必须从工程一开始就要做好档案资料管理工作。

2. 工程技术资料

工程技术资料是指在整个工程施工过程中形成的、具有归档保存价值的各种技术文件材料。包括从工程项目开工到竣工全过程形成的文字材料、图纸、图表、计算材料、照片、录像资料、磁盘等。特别是与业主、监理工程师的往来文件、施工记录、技术交底资料、设计变更文件、竣工图和竣工验收文件等，是工程的重要档案资料，是工程建设实际情况的反映，是工程建成后运行、维护必不可少的依据。

工程技术资料的主要内容如下：

1)施工组织设计、施工方案

(1)单位工程的施工组织设计和施工方案。

(2)规模较大、工艺复杂的工程分阶段编制的施工组织设计。

(3)主要分部(分项)工程、工程重点部位、技术复杂或采用新技术的关键工序编制的专项或单项施工方案。

(4)施工组织设计及施工方案的内部审核和监理单位批复的文件资料。

2)技术交底记录

(1)根据施工进度及审批后的施工组织设计、施工方案，按部位和操作项目，施工前项目总工向技术主管、施工负责人和各工长进行书面技术交底的交接记录表。

(2)由技术主管、施工负责人、工长等向班组长和操作人员进行第二次技术交底的资料。

3)设计文件及变更设计文件

(1)施工图纸和设计往来文件。

(2)图纸会审记录。

①项目经理部组织有关人员对工程图纸进行审查后，将设计疑问及图纸存在的问题，按类别进行整理、汇总形成的图纸会审记录。

②业主和设计单位对所报送的图纸会审结果的批复文件。

(3)由设计单位下达、业主和监理工程师签认后的设计变更通知。

4)原材料、半成品、成品出厂质量证明、检验报告

(1)钢筋、钢绞线、锚具、梁支座等出厂质量证明书(合格证、检验报告)。

(2)钢筋、钢绞线试验报告。

(3)水泥出厂质量证明书。

(4)水泥试验报告单。

(5)砂、石试验报告单。

(6)焊条合格证、焊接试验报告。

(7)结构用钢材出厂质量证明书。

(8)结构用钢材试验报告单。

(9)混凝土外加剂出厂合格证、产品鉴定书、性能试验报告、使用认证书。

(10)沥青出厂质量证明书、试验报告。

(11)土工材料试验报告。

5)施工试验记录

试验记录由项目试验室人员负责。

6)测量记录

(1)控制测量的成果资料。

(2)日常测量放样记录。

(3)竣工测量资料。

7)施工原始记录

(1)施工日志。

①以单位工程为记载对象，从工程开工起至工程竣工止，由项目总工程师或技

术主管逐日记载的内容真实、连续的施工日志。

②各技术人员、工长、班组长等记载的个人施工日志。

(2)隐蔽工程验收记录。

(3)工程预检记录。

(4)交接检查记录。

(5)地基处理记录。

(6)桩基施工记录。

(7)钢筋、模板检查记录。

(8)混凝土浇筑记录。

(9)混凝土预制构件吊装记录。

(10)沉降观测记录。

(11)施工测温记录。

(12)工程质量事故报告及处理记录。

8)施工质量评定记录

(1)分项工程质量评定记录。

(2)分部工程质量评定记录。

(3)单位工程质量评定记录。

9)质量保证体系文件

(1)质量保证体系的组织机构、质量目标。

(2)项目内部每月一次的质量检查资料。

(3)质量月报。

(4)质量事故台账。

(5)QC 小组活动记录。

10)竣工资料

(1)竣工验收鉴定书。

(2)竣工图。

(3)竣工资料验收与移交资料。

11)项目三位一体管理体系资料

(1)各种政策性文件(包括法律、法规,标准,设计、施工规范、规程,上级来文)。

(2)上级单位和项目经理部内部的各种规章制度和管理办法。

(3)施工合同、承包合同与劳动合同,人员、机械设备及财产的保险合同。

(4)测量、试验及机械设备的计量检定证书。

(5)其他有关的程序文件。

12)其他技术资料

(1)科研课题资料。

(2)四新技术应用资料。

(3)技术论文、工法、技术总结、技术专辑等。

(4)技术参考资料、书籍等。

3.项目的档案管理工作

(1)技术资料档案是项目的无形资产,档案中蕴藏着经济效益,对项目的施工经营和质量管理、技术发展与创新有重要作用。因此,项目要重视档案工作,配备专职的档案管理员,并对其进行适当的档案专业培训和指导。

(2)项目的档案管理员要熟悉、掌握、了解归档的全部技术资料的数量和种类,以及它们的价值、质量和完整程度、准确程度、可利用程度等,按规定进行资料的收集和整理,并对档案资料进行分类,以便于检索、查找。

(3)打破档案管理就是资料收藏入库的旧观念,在工作方法上变被动服务为主动服务、超前服务,深入施工现场和各部门了解各项工作的实际需要和管理要求,积极收集、整理、积累有用的资料,在不违反技术保密规定的前提下,及时向有需要的人员或部门推荐和介绍项目可利用的技术资料,使档案资料充分发挥其价值与作用。

(4)档案管理电子化是实现档案管理现代化的重要前提和基础,将技术资料分类、编号存档,制作电子版检索目录,可加快检索速度,提高利用效率,发挥档案信息共享优势。

(5)尽量使文书档案管理和电子管理并存。像电脑软件、U 盘、办公操作系统等,这些都为档案资料的建立和完善提供了很好的方法,并且通过这些电子处理可以长期保存档案资料,不易丢失。

(6)加强档案管理的安全工作,对档案室内的电器、电线、易燃物品、水管等可能引起安全问题的地方进行排查,并配备灭火器材,离开档案室时注意关好门窗,切断电源,不留火险隐患。

(7)项目总工程师要组织有关人员不定期地检查档案管理工作,防止以下情况发生:

①未按项目规定建立档案或档案管理工作混乱。

②档案保管条件差，可能导致档案被损坏。

③档案管理制度不健全或执行制度不力，可能导致档案资料丢失。

④发现档案资料破损、变质、下落不明或可能泄密等情况，未及时采取有效措施，将导致更大损失。

⑤按规定应当立卷归档的文件材料，拒不交项目归档的情况。

⑥科研成果、课题、技术合同或其他技术项目鉴定资料交接时，未按规定验收资料，致使档案资料残缺不全。

⑦借阅档案资料未按规定及时归还，且屡催不还的情况。

⑧其他不符合档案管理要求的行为。

(8)项目竣工后，要对档案资料进行严格的管理　项目经理部是临时机构，工程竣工验收并完成缺陷责任期后，项目驻地就要拆除，并按合同要求恢复原地貌。除少数项目集体转移至下一个工程项目外，大多数项目经理部机构将解体，人员由公司统一安排到其他项目。

针对以上情况，项目竣工撤点后技术档案资料按如下几种方式处理：

①工程竣工资料按合同规定的立卷归档要求及份数，立卷后送交业主。项目另留存一份，按局《公路工程竣工文件材料立卷归档管理办法》立卷后移交公司或局档案室，并履行签字手续。

②项目的其他所有技术资料，包括技术总结、施工组织设计与方案等，按局《档案管理办法》立卷归档后，移交公司档案室，并履行签字手续。

③新的项目的技术人员欲查阅自己参与过的项目的技术资料或其他已竣工项目的技术资料，可向公司或局档案室借阅，借出时需办理借阅登记手续。

十、计量管理工作

1. 计量工作的重要性

计量是实现单位统一、量值准确可靠的测量活动，是现代化建设中一项不可缺少的技术工作的基础，计量检测工作是实现企业管理现代化和提高企业素质的最基本的条件。

近年来，国外经济发达国家把优质的原材料、先进的工艺装备和现代化的计量检测手段视为现代化生产的三大支柱。其实，优质原材料的制取与筛选、先进工艺装备的配备与流程的监控也都离不开计量检测。国外先进生产线的产品品质高，残、次品很少或几乎没有，其中重要的因素就是充分利用了在线测量与监控技术，以现代化的计量检测手段作为其技术保证。

建立完备的计量检测体系，是企业加强科学管理，加快技术进步的重要保证。没有先进、科学的计量检测手段，就不可能生产出高质量的产品。企业计量工作贯穿企业生产经营活动的全过程，为新产品开发、原材料检验、生产工艺监控、产品质量检验、物料能源消耗、安全生产、环境监测、成本核算等提供准确可靠的计量数据。企业的计量技术素质和先进的计量检测设备是保证计量数据准确可靠的基础。

加强计量管理，有利于提高产品质量，提高企业经济效益。对企业计量工作的漠视，已经成为影响我国中小企业提高产品质量和产品科技含量的一个重要因素。

计量检测工作是整个工业企业素质和管理现代化的最基本的条件，更是企业生存和发展的基础。充分发挥计量检测工作在提高质量、降低消耗、增进效益、保证安全生产等方面的作用，可为提高产品质量的总体水平提供可靠的保证。

2. 项目经理部的计量管理工作

项目经理部的计量工作是三位一体管理体系的一个重要组成部分，必须予以高度重视。要将直接用于施工和间接为施工服务的检验、测量和试验设备置于有效的管理和控制之下，通过对施工工艺、质量、安全、环保、能源、经营各环节的计量检测数据的管理，为安全生产、保证工程质量和提高经济效益提供可靠的依据和保障。

为使项目的计量工作沿着标准化、规范化、科学化的轨道发展，应按以下要求进行：

(1)设置项目计量管理机构，由项目总工程师直接领导计量工作，在试验室设置项目的专职计量员，另在各职能班组设置兼职人员配合项目计量员工作，具体工作落实到人，职责明确，形成完整的项目计量管理体系。

(2)制订项目的计量管理制度。明确计量管理体系各岗位人员的工作职责要求，规定计量器具的管理、使用、检定、维护和保管办法，使计量工作做到有章可循，为规范项目的计量工作奠定良好的基础。

(3)对项目计量人员进行岗位培训，取得资格证后再安排上岗。为保证项目计量工作的连续性和稳定性，中途不得更换计量员。同时，在项目内开展计量技术的培训和学习，贯彻落实计量的法律、法规及上级管理制度，提高计量人员的法制意识和业务水平。

(4)加强计量器具的管理工作，特别要抓好强检计量器具的管理，确保其受检率达到100%。严格执行计量器具流转制度，使计量器具从申购计划、入库检验、登记、立卡、周期检定到降级、停用直至报废等各个环节均处于受控状态，同时对所有在用计量器具的台账和周检计划实行微机管理，以提高工作效率，保证施工安全

和避免计量检测错误。

(5)严格控制对外协、分包、联合体队伍的计量器具管理,并建立相应的管理制度。

3. 项目总工程师的计量管理工作职责

(1)领导项目各部门贯彻实施国家计量法律法规,严格执行局和所属公司(处)的计量管理制度,积极推行使用国家法定计量单位。

(2)根据业主和生产经营的需要,审核计量器具的购置计划。

(3)审批项目年度计量器具送检计划,保证所有在用计量器具均能按周期进行检定。

(4)根据施工生产和经营管理的需要,建立相应的项目计量工作制度:

①计量器具流转制度。

②计量器具使用、保管、维修制度。

③计量器具校准、溯源制度。

④专(兼)职计量员岗位责任制度。

⑤计量资料(包括账、卡、历史记录等)使用与保管制度。

(5)指导计量人员进行培训取证。

4. 项目计量检测设备的管理

(1)项目计量检测设备管理包括计量检测设备配备计划、采购、校准、标志、维护保养、封存、启封及报废。

(2)项目经理部应根据上级的要求和实际需要,编制计量检测设备购置计划,应保证所选择的计量设备的计量性能能满足预期使用的要求,为施工、经营或服务提供计量保证,主要环节如下:

①项目计量管理机构对使用部门提出的申请采购计量器具的计划进行评审,审查其测量范围、准确度、功能等是否满足测量参数的需要,防止错购、重复购置,避免经济损失。

②入库检验。新购置的计量检测设备,必须经过首次检定校验,合格后办理入库手续,不合格应进行退货处理。

③建账登记发放。使用部门领取计量器具时,要经计量部门对每件计量器具进行建账登记、编号、贴上标志、确定检定(校准)周期后发放。

(3)所有计量检测设备,均应按国家和上级确定的周期送法定单位进行检定校准,并应在检定校准之前准备好替代的计量检测设备,以保证现场工作的连续进行。A、B、C类计量器具的划分及管理要求如下:

A类：

①国家计量法律、法规规定的强制检定的计量器具

a.最高计量标准器具。计量标准器具是指准确度高于计量基准(统一全国量值最高依据的计量器具),用于检定其他计量器具或工作计量器具的计量器具。包括社会公用计量标准器具、部门计量标准器具和企事业单位计量标准器具。企业按《计量标准考核办法》考核合格的计量标准器具就是企业的最高计量标准器具。

b.用于贸易结算、安全防护、医疗卫生、环境监测四个方面并列入强检目录的工作计量器具,如压力表、瓦斯计、粉尘测量仪等。

此类计量器具属于强制检定的计量检测设备,必须按规定的周期送往项目所在地区技术监督局进行强制检定。所在地区技术监督局不能承担的强检项目,应报所在省、市技术监督局协调落实。

②生产、经营活动中关键测量过程使用的计量器具

a.生产工艺过程中用于检测关键参数的计量器具,如张拉千斤顶压力表、全站仪、水准仪等。

b.进、出的能源计量器具,如电度表、油量表等。

c.进、出的物料计量器具,如混凝土及沥青拌和站的称重计量器具。

此类计量器具在管理上的要求是根据使用部位的不同需求确定合理的检定周期(原则上不超过检定规程规定的检定周期),按时进行检定。

B类:用于内部经营核算,进行工艺控制、质量检测等生产、经营活动中非关键测量过程使用的对量值有一定准确度要求的计量检测设备,如万能材料试验机、混凝土压力机、台秤、架盘天平、游标卡尺等。

此类计量器具属于非强制检定的计量检测设备,可根据就近、就地、方便生产、方便管理的原则自主送国家法定计量检定机构和经批准授权的计量检定机构检定。

C类:生产、经营活动中对测量准确度要求不高的性能稳定、结构简单、低值易耗的一般计量器具,包括生产设备和装置上固定安装不易拆卸的计量器具,以及国家规定标有CCV标志(全国统一的首次强检标志)的计量器具。如电流表、电压表、时间继电器、盒尺、水平尺、量杯等。

此类计量器具属于进行外观检查和比对校验的计量检测设备,应按局或公司主管部门制订的校验规程,由专(兼)职计量员进行校验,并保存校验的记录。

(4)计量检测设备的日常管理

①计量职能部门必须保存计量检测设备的目录和校准资料。资料应包括计量检测设备的类别、型号、购置日期和厂家、编号、精度以及校准周期台账和计量检测

设备的抽检记录等。

②凡校准合格的计量检测设备应粘贴彩色标志，以证明该计量检测设备的状态处于允许的精度之中，并在该标志上注明下次检定校准的日期。

③使用部门必须按计量检测设备技术文件的要求进行使用、维护和保养，严禁私自拆修。精密、大型、贵重检测设备，必须指定专人保养、维修、使用，严禁无关人员私自动用。

④使用部门在操作使用过程中发现不合格的计量检测设备，应立即停止使用，隔离存放，标示明显的标志，并上报项目总工程师。不合格的计量检测设备在不合格原因排除后，并经再次校准后才能投入使用。若经检定，计量检测设备的精度达不到原等级时，可降级使用，降级使用的计量器具必须经检定部门认可，粘贴“限用证”标志。

⑤计量检测设备超过三个月不使用时，应由使用部门提出申请，报公司主管部门审批后予以封存，并按规定做好封存记录。封存的计量检测设备未按规定办理启用手续，不得投入使用。

⑥精密、大型、贵重计量检测设备(如全站仪、万能材料试验机等)需要报废时，应经法定检定机构校准出示报废证书后，方可报废。其他计量检测设备需要报废时，应由使用部门提出申请，经公司主管部门批准后方可报废。报废的计量检测应由公司主管部门统一提出处理意见，严禁流入施工生产中使用。报废的计量检测设备应做好记录，项目计量职能部门应及时销账。

(5)计量数据检测的管理

①项目部应按施工质量验收规范、施工技术规范、规程和业主的有关规定做好工程质量、安全、环保、能源、物资等计量检测工作，保管好计量检测数据和原始记录。

②计量检测数据包括工艺质量、安全、环保、能源、经营管理等方面的数据。工艺控制、质量检测、物料及能源的计量检测数据的管理均由各项目对口部门自主完成。

a. 工艺控制：各种施工记录、钻孔记录、水下混凝土灌注桩记录、钢筋检测记录、模板检测记录、质量检验评定记录等。

b. 试验检测：砂、石、水泥、钢筋等原材料试验，颗粒分析，液、塑限分析，击实试验，(石灰)钙、镁含量分析，混凝土配合比，灰土、二灰土的配合比，沥青的各组试验等。

c. 质量检验：质量检验评定表、混凝土强度试验、沥青稳定度试验、压实度试验、弯沉值试验等。

d. 经营管理：进出场原材料检测，限额领料检测，量方、量尺记录、拌和站开盘记录(包括水的控制),包装水泥抽检记录,外委检验、流量监检记录等。

其中物料的计量验收工作是物资管理的重要基础工作,因此做好地中衡的周期检定工作是加强物料计量验收管理的有效手段,可使工程项目避免物料进场亏损,减少损失。

e.能源管理:各级水、电表抄表记录,煤、油各级检测记录,锅炉房耗煤日记录,食堂、浴室耗煤记录等。

③在操作使用过程中,当发现计量检测设备处于失准状态时,项目总工程师必须组织对以前的检验、试验结果和计量数据等进行追溯,对其有效性进行评定,采取必要的改正措施。

④各项计量检测数据,必须真实准确,记录完整、字迹清楚,符合有关规定。

⑤各项计量检测数据,应按要求及时报送上级主管和相关主管部门。

⑥对计量检测数据,应做好统计分析工作,并根据对计量检测数据的分析,及时采取合理的管理措施,对工程项目的各项工作进行有效的控制。

(6)对外协、分包、联合体队伍的计量器具管理

①必须把对外协、分包、联合体队伍的计量管理纳入项目总的管理中,使其计量检测设备和检测工作处于有效控制之中。

②外协、分包、联合体队伍用于工艺、质量检测的计量检测设备的目录和周期检定台账,应报项目部,以备项目部对分包方的检查监督使用。

③项目部应按公司对计量检测设备和计量检测的管理规定,定期对外协、分包、联合体队伍的计量工作进行检查,发现问题及时纠正。

④若发现外协、分包、联合体队伍不按有关规定执行,并造成检测数据不准确的,将由其承担一切责任,并根据具体情况对其处以一定金额的罚款。

十一、科技开发项目管理

科技开发项目是指按照科技发展规划所确定的科技发展方向和重点领域,按照规定的程序评审、批准立项的课题项目。如:施工生产中急需解决的重大技术难题;基础性和前瞻性的施工技术研究与开发;高、新、特、难工程施工技术总结;科技成果的推广应用和产业化。

科技开发项目的管理是指:对选定的具体课题,通过分级立项,确定目标,组织人员,落实经费,以技术攻关为手段,进行研究并取得成果的全过程。局科技开发项目以科研课题的形式进行管理。

1. 科技开发项目的目的和意义

科技开发是将新技术、新工艺设想，经过研究开发，应用于工程施工和市场开拓，实现市场价值的一系列活动。

科技开发工作是以工程为依托，市场为导向，以服务于工程项目为目标，以经济效益为核心，着力解决施工生产中的难题。

企业是科技开发的主体。局科技开发管理是局技术进步工作的重要组成部分，也是局发展战略很重要的环节。

2. 科技开发项目的管理机构及职责

企业科技开发项目管理工作，可实行局、公司(处、厂)、项目经理部三级管理体制，局、公司(处、厂)设立技术委员会，项目经理部设立技术领导小组。各级技术委员会或领导小组，分别在上级技术委员会和同级总工程师领导下，开展科技开发项目的管理工作。

1)局科技开发机构分为决策层、管理层和执行层

(1)局技术委员会是局科技开发工作的决策层，负责局技术发展规划，研究开发方向，开发重大科技项目，引进重要技术与设备，进行局级科技开发项目的立项和经费预算，评审成果与奖励等重要问题的决策。

(2)局专家委员会是局技术委员会的咨询机构，负责对局发展具有重要影响的重大技术项目的开发、重要技术和设备的引进、局级科技开发项目立项的可行性以及对重要技术问题及项目实施情况进行评估和审查。

(3)局技术发展处是局科技项目开发工作的管理层，负责局科技发展规划、科技开发年度执行计划及局级科技开发项目、成果推广应用的具体实施的组织协调和检查指导。

(4)公司(处、厂)技术委员会负责编制科技开发年度执行计划，向局报送推荐列入局级科技开发的项目，局级科技开发项目的合同签订和组织实施以及科技成果的推广应用。

(5)项目经理部技术领导小组按合同有关规定，履行自己的职责，积极配合项目课题组的工作；组织完成本项目技术攻关和“四新”应用成果总结。

(6)课题组的职责是明确课题负责人，课题负责人要求能够亲自参加。课题组以《科技开发项目合同书》为依据进行工作。

3. 科技开发项目的立项程序

1)基础性和前瞻性的施工技术研究与开发项目的立项

属基础性和前瞻性的施工技术研究与开发项目应由申报单位编写《科技开发项目可行性研究报告》,确认项目开发的必要性与可行性。

2)局级企业科技开发项目的立项

(1)由课题组负责人或申报单位向局技术发展处提交《科技开发项目立项申请书》,由局技术发展处进行初审,呈报局专家委员会评议审查,再呈报局技术委员会审核,局长审批同意后立项,局行文下达年度科技开发项目计划。

(2)局技术发展处在每年的12月底前向中交集团公司科技部报送下一年度局级科技开发项目计划和推荐列入集团重点科技开发的项目。推荐的项目应为局级科技开发项目,推荐项目填报《集团重点科技开发项目申请书》和《集团科技开发项目可行性研究报告》。

3)公司(处、厂)级科技开发项目的立项

各公司(处、厂)自行确定的科技开发项目,由各单位负责立项。公司(处、厂)技术管理部门应在收到局报送科技项目的通知后,向局技术发展处报送该年度的本单位科技开发项目和推荐列入局重点科技开发的项目,所有推荐项目应按局级科技开发项目的要求报送立项材料。

4)项目经理部级科技开发项目的立项

项目经理部自行确定的科技开发项目,由项目经理部技术领导小组负责立项。

经理部的科技开发项目具体应选择工程施工中急需解决的重大技术难题,能缩短工期、增加效益、改进工艺、提高工程质量、解决施工安全和环境保护问题的研究项目,应依托工程,紧密结合工程实际,以服务工程为最终目的。

4. 科技开发项目的组织实施

(1)局级科技开发项目(含承担的科技开发项目)由局技术发展处负责管理。

(2)公司(处、厂)级科技开发项目、项目经理部级科技开发项目分别由各单位技术管理部门负责管理。

(3)各级科技开发项目均按项目课题制实行项目课题合同管理。

(4)局级科技开发项目立项批准之后,由局技术委员会与项目课题组和项目承担单位签订《科技开发项目合同书》。

(5)项目级科技开发项目立项批准之后,由项目技术领导小组与项目课题组和

项目经理部技术管理部门签订合同书。

(6)项目经理部承担局级科技开发项目的课题组应在每年 6 月 25 日及 12 月 25 日前向局技术发展处报送有关项目进展情况和经费使用情况。

(7)项目经理部级科技开发项目的管理可参照局级科技开发项目的有关管理办法执行。

5. 科技开发项目经费管理

企业的科技开发资金，可按局、公司(处、厂)和项目经理部三级各占不少于其产值的 1‰的资金用于科技投入，作为科技开发项目的经费。

(1)科技开发项目经费筹集的原则是：开发项目受益单位承担开发经费，并按出资比例享用成果和受益分配。局级科技开发项目按局、公司、项目经理部各占 1/3 比例筹集资金。签订局级科技开发项目合同后，下拨科研经费 50%，按合同通过验收后下拨剩余的 50%经费。

局承担的由局自筹资金的集团科技攻关重点项目的经费，目前暂按局级科技开发项目经费管理办法执行。

(2)科技开发项目经费主要包括：检测仪器购置费，咨询调研费，试验费，差旅费，加班补助费，外聘人员劳务费，引进硬、软件费，资料印刷费，项目验收鉴定费。

(3)各级科技开发项目经费，按上述原则筹集后，分别由各级财务部门归口管理，根据合同书的进度费用计划按时拨付。

(4)科技开发项目经费的管理和使用必须符合国家有关财务规章制度的要求，认真履行审批、报销手续，单独核算，专款专用。项目课题组要精打细算，节约使用经费。

(5)项目课题组要建立经费使用台账，以便配合财务决算和收集科技开发项目课题预算定额资料。

6. 科技开发项目的验收及成果鉴定

1)验收及鉴定的一般原则

科技开发项目的验收是指项目的业主依据合同条款，对项目的合同任务完成情况和经费使用进行最终考核评价。

2)验收及鉴定的依据

主要依据是科技开发项目合同。

3)局级科技开发项目验收及成果鉴定程序

(1)承担单位向局技术委员会提交《科技开发项目验收申请书》，并提交相关文档、资料。

(2)经审查符合验收条件的开发项目,由验收委员会进行验收工作,并由组织验收单位颁发《科技开发项目验收证书》。

(3)申请成果评审鉴定的项目,承担单位向局技术委员会提交《科技开发项目成果鉴定申请书》。

(4)经审查符合评审鉴定条件的开发项目成果,由鉴定委员会进行评审鉴定工作,并由组织验收单位颁发《科技开发项目成果鉴定证书》。

(5)科技开发项目成果申请国家有关部门或集团评审鉴定的,经局技术委员会审批同意后,按照有关规定申请上报。

(6)公司(处、厂)级、项目经理部级科技开发项目的验收鉴定,参照局级科技开发项目的验收及成果鉴定办法,由各单位负责组织验收和鉴定。

7. 科技开发项目成果的管理

各级科技开发项目成果经过验收和鉴定后享有知识产权。

(1)各级科技开发项目成果的知识产权,按开发项目合同经费出资情况确定,属局及所属各单位全额承担开发经费的,其成果产权归出资单位;属局和各单位共同承担开发经费的,其成果产权归出资单位共有。项目经理部的科技开发成果,在项目的工程结束后,其产权归项目经理部所属的单位。

(2)局科技开发项目成果知识产权的有效时间为:局级成果为 8 年,公司(处、厂)级成果为 5 年,项目经理部级成果为 3 年。

(3)局、公司(处、厂)技术委员会、项目经理部技术领导小组,应按“科技进步奖评审办法”的规定,推荐经鉴定过的科技开发成果参加上级单位科技进步奖评审,并组织本单位的科技进步奖评审工作。

十二、技术创新活动

技术创新是指用创新的知识和新技术、新工艺,经过研究开发,应用于工程施工和市场开拓,占据市场并实现市场价值的一系列活动。技术创新应以工程为依托,市场为导向,以提高施工技术水平、工程质量,增强市场竞争力,创造更高的经济效益为目标。企业是技术创新的主体,技术创新是贯穿企业活动的全过程,以获得经济利益为目标的一系列活动。

1999 年 8 月 23 日,全国技术创新大会召开,会议的主要议题是部署贯彻落实《中共中央、国务院关于加强技术创新,发展高科技,实现产业化的决定》,进一步实施科教兴国战略，建设国家知识创新体系，加速科技成果向现实生产力转化，提高我国经济的整体素质和综合国力，保证社会主义现代化建设第三步战略目标的顺利实现。

1. 技术创新的意义

技术创新是经济发展与竞争的重要推动力，是现代经济增长的核心方式，是促进现代生产力发展的决定力量。因此，技术创新能力是一个企业的核心竞争能力，也是企业生存和发展的关键。

在科学技术迅猛发展的时代，企业的技术创新能力直接决定着企业的生命力和竞争力，从而决定着企业的生存与发展。强大的技术创新能力，是企业在本领域内始终保持技术领先地位的先决条件。分析考察国际上的知名品牌，很容易发现它们有一个共同点，那就是它们都有自己的领先技术和拳头产品，并能够把研究开发中取得的技术优势转化为产品优势，再进一步转化为竞争优势，从而保证和提升企业的核心竞争力，在市场竞争中先发制人，赢得主导权。

在认识到技术创新重要性的同时，必须了解技术创新离不开制度创新和管理模式的创新，单纯的技术创新成果无法为企业带来效益，更不用说创造社会效益了。要使技术创新始终保持生机与活力，就必须不断增强企业的制度创新能力和管理创新能力。

2. 技术创新的定义

技术创新是一个经济概念，具有如下主要特征：

(1)技术创新是企业应用创新的知识和新技术、新工艺，采用新的生产方式和经营管理模式，提高产品质量，开发、生产新的产品，提供新的服务，占据市场并实现市场价值的过程。技术创新是通过技术手段实现经济目的的行为。

技术创新与发明创造不同，发明创造是科技行为，获得的仅仅是科技成果，而技术创新则主要是经济行为，在发明创造的基础上，把科技成果产业化和商业化的过程才是技术创新。

(2)技术创新始于研究开发而终于市场实现。任何技术创新都是从研究开发开始，即使通过技术引进，技术上新意不大，要把它们变成本企业自己能实现的商品，也需要做开发工作。至于一些重大的技术创新，则更需要有研究开发工作来支持，技术创新最后是以市场实现而告终，它将通过营销环节来实现技术创新的价值。

(3)检验技术创新成功的根本标准是市场实现程度而不是技术先进程度。对技术发明与技术创新应加以区别，不能用技术指标来衡量技术创新的成效，技术创新是一种经济行为，它虽然是借助于技术手段来实现的，但其成败和绩效的最终评判指标不是技术指标，而应该是经济指标。

技术创新的成功主要反映在三个方面，一是当前经济效益的增长；二是市场状态的改善；三是创新主体素质的提高。

3. 技术创新的方式方法

目前技术创新主要有三种模式，即自主创新模式、模仿创新模式和合作创新模式。

自主创新模式是指创新主体以自身的研究开发为基础，实现科技成果的商品化、产业化和国际化，获取商业利益的创新活动。模仿创新模式是指创新主体通过学习、模仿率先创新的方法，引进、购买或破译率先创新者的核心技术和技术秘密，并以其为基础进行改进的做法。合作创新模式是指企业间或企业与科研机构、高等院校之间联合开展创新的做法。作为劳动密集型的传统土建施工企业，大多采用后两种模式。

1)开展技术创新的主要方法

(1)采用分级技术课题制，根据企业经营、发展及市场竞争要求确立技术课题，按课题的技术难度、重要性，分级组织实施。

(2)采用产、学、研结合的方式推动技术创新，即按照企业是创新主体的原则，由企业根据市场的需要和应用要求，提出需要研发的问题，再组织有关科研院所、高校联合攻关，在技术上实现应用需求，实现技术向经济效益的转换。此种方式在我国许多企业的大型高难度工程施工中得到广泛应用。

(3)以企业原有的科研院(所)为基础组建企业技术中心。依托重大科研和建设项目、重点学科和科研基地以及国际学术交流与合作项目，开展技术创新活动。

2)企业进行的科技研发活动有基础研究、应用研究和试验发展

(1)基础研究　指为获得关于现象和可观察事实的基本原理及新知识而进行的实验性和理论性工作，它不以任何专门或特定的应用或使用为目的。

(2)应用研究　指为获得新知识而进行的创造性的研究，它主要是针对某一特定的实际目的或目标。

(3)试验发展　指利用从基础研究、应用研究和实际经验所获得的现有知识，为产生新的产品、材料和装置，建立新的工艺、系统和服务，以及对已产生和建立的

上述各项做实质性的改进而进行的系统性的工作。

基础研究和应用研究主要是扩大科学技术知识,而试验发展则是开辟新的应用即为获得新材料、新产品、新工艺、新系统、新服务以及对已有上述各项作实质性的改进。

项目经理部开展技术创新主要是以工程为对象,针对影响工程质量、安全、工期和经济效益的关键工序及经营环节,制订本项目的科技攻关和"四新"应用计划,开展群众性合理化建议和技术革新活动。

4. 公路工程施工领域技术创新发展趋势

随着我国高等级公路建设的快速发展,围绕高等级公路的设计、施工,已初步形成了成套技术,并通过推广应用,在总体上达到了发达国家20世纪80年代的技术水平,个别技术已接近当代世界先进水平。

1)公路施工领域的技术创新

预计在未来10~15年内我国公路建设发展速度将不断加快,公路交通发展的科技含量也将越来越高。特别是在以下6个领域有可能取得重大突破:

(1)新材料、新工艺的推广使用将大大提高工程建设的效率和质量。高性能混凝土将进入实用化阶段;沥青混合料改性技术和物理加强技术将得到推广使用;更合乎国情、更能满足道路运输需求、性能更加稳定和持久的路面结合料设计规范将出台。

(2)快速无损检测设备的大量应用,将进一步保证工程施工质量和提高运营管理水平。采用落锤式弯沉仪测定路面强度和判定路面病害,采用地质雷达测定路面厚度等高科技手段将在公路建设和养护管理中取得令人满意的成果。

(3)以交通地理信息系统(GIS—T)和三维计算机辅助设计(3D—CAD)的开发应用为突破,全面提高计算机应用水平,促进公路勘测设计和养护管理的自动化。

(4)高度重视公路环保技术,借助交通地理信息系统开展公路环境评价和绿色设计,开发边坡的生物稳定技术,推广废旧材料的综合利用。

(5)智能交通系统(ITS)的诸多使用技术进一步引入我国高等级公路管理,交通安全和管理控制水平将进一步提高,道路更具智能特色。

(6)山区高等级公路建设技术有所突破,特大跨径公路桥梁、长大公路隧道的设计和施工技术将达到国际水平。

2)公路施工领域发展的趋势

(1)利用现代高新技术,在道路的设计、施工等全环节采取措施进行安全防范;

从根本上解决环境保护和交通安全问题。如英国和奥地利采用新的路面施工工艺降低水泥混凝土路面的噪声，利用废弃的轮胎制造吸声降噪材料。还有的国家采用路面再生技术翻新路面，节省路面材料等。这些研究不但解决了公路交通自身的环境问题，同时还利用了大量的废弃材料，一举数得。

(2)确定经济合理的目标促进新材料的广泛应用和开发。新材料开发的主要方向是改善公路桥梁建筑物的稳定性和耐久性，以增大使用寿命，降低养护成本。也只有通过推广使用新材料才能达到节约能源，降低成本，实现公路可持续发展的目标。

5. 公路施工领域技术创新的重点与难点

为了实现公路网的通江达海、通村达乡，东部地区的跨江越海、中西部地区的穿山越岭，给公路建设带来了极大的难度，跨江海通道的建设、长大隧道的建设、特殊土质与不良地质地段的公路建设均是具有挑战性的工程技术问题。如何保证工程的质量、提高构造物的耐久性，保证其使用功能与使用寿命是当前在建设中的一个不可回避的问题，为此应重视工程的结构设计，注重从设计、施工、养护各环节做好质量工作。

1)道路工程

(1)道路路基建设技术　根据西部大开发的战略方针，西部工程建设规模增大，西部冻土、沙漠、岩土的道路建设的施工难度加大。土质研究方面从以往的集中于对软土、膨胀土的研究，扩展到湿陷性黄土、冻土与盐渍土的问题。随着经济的发展，大型综合立体交通枢纽，跨海、跨江桥梁和通道的建设也越来越多，这些工程都是在复杂的地质条件下施工。针对我国特殊地理地质条件下的工程建设，大部分建造技术难以引进，只能依靠自己的力量开展研究。这方面的研究具体包括：工程地质勘测和识别技术；岩土工程、地基处理和路基技术；新材料应用技术；由于地质与土质引起病害产生的机理分析；不良地质、土质路段路基与边坡的处治技术；重点路段的监控与预警技术等。

(2)路面结构耐久性研究　在当前的公路建设中，一些公路出现不同程度的早期损坏，损坏的原因产生于设计、施工与运营过程中的超载运输，但对长期车辆载荷与环境作用下路面性能变化规律和路面破坏过程及破坏机理缺乏深刻的认识。将这一研究提高到战略位置来分析具有十分重要的意义。

(3)道路养护技术研究　路面材料再生技术、检测、养护装备技术、养护新材料应用技术，高等级公路改扩建结构设计与施工技术，路、桥、隧道、边坡等构造物结构性与功能性恢复技术，农村公路养护技术等都需要进行积极的研究。此外，应科学、有效地解决路基病害。

(4)交通安全保障技术　指与公路运输安全相关的技术即事故预防、应急反应和事后处理技术。对交通防灾、减灾技术的研究包括：安全监测与服务信息平台技术，地震对构造物的影响与抗震技术，工程地质与地质灾害防治技术，砂害、雪害的防治技术，灾害预警技术等。对运输安全技术的研究包括：公路交通安全设施设置研究；车辆主动与被动安全性能；道路线形、交通安全设施设计及安全性评价；车辆的导航和跟踪系统等。交通应急技术包括突发交通安全事故应急反应系统、交通重大事故预警与应急救助系统等。

(5)道路工程环境保护技术　公路工程建设对沿线发展也会带来一定的负面影响，如占用土地、破坏沿线生态平衡、污染周边的环境等，因此必须对环境方面给以足够重视，要把负面影响降低到最小，给未来留下发展的空间。边建设边治理是我们未来应该坚持的方向。

(6)新材料应用技术研究　在新材料的开发和应用上，抓住结构、材料与施工三个环节，重视设计理论、分析技术的研究，对路用材料及改性技术进行全面研究。

(7)高新技术的应用研究　使用计算机技术、电子信息技术、自动控制技术来改造公路交通的技术构成。

2)桥梁工程

(1)大跨度桥梁的创新结构体系的研究　大跨度桥梁向更长、更大、更柔的方向发展，引发了对各种杂交组合体系、协作体系以及三向组合结构和混合结构等创新结构体系的研究，以充分发挥不同材料和体系各自的优点，并最终获得高经济指标、可靠的结构连接以及安全方便的施工工艺。

(2)轻质高性能、耐久材料的研制和应用　新材料应具有高强、高弹模、轻质的特点，玻璃纤维和碳纤维增强塑料从最初作为加固补强材料向最终替代传统的钢材和混凝土两种基本建筑材料方向发展，从而引发桥梁工程材料的革命性转变。在这一过程中，高性能、轻骨料混凝土，超强度钢材和预应力钢材及其防腐工艺的进步也不会停止。有条件时应采用抗腐蚀性能良好的材料及采用标准化方法对结构进行防护性涂装，提高材料和结构的耐久性，延长桥梁的使用寿命。纳米材料应用也将进入桥梁领域。

(3)理论分析及研究应用　借助计算机和非线性数值方法的不断进步，使力学模型日益精细化，仿真度提高，可以在设计阶段逼真地描述大桥在地震、强风、海浪等恶劣自然条件下施工和运营的全过程，为决策提供动态的虚拟现实图像。

(4)大型工厂化施工的研究应用　大型工厂化预制节段和大型施工设备的整体化安装将成为桥梁施工方法的主流，计算机远程控制的建筑机器人将逐渐代替目前工地浇注或分割成小型块件的拼装施工。在运用新技术的桥梁工程精细化施工中，工期的可操作性大大加强，操作人员可大批量减少，而且施工安全性很容易得到保证，材料、构件尺寸及质量等的可控性得到加强，使工程质量得到整体提高。

(5)大型深水基础工程　目前世界桥梁基础尚未超过100m深海基础工程，下一步需进行100～300m深海基础的实践。

(6)桥梁的健康监测和旧桥加固　随着桥梁的长大化、轻柔化和行车速度的提高，大跨度桥梁在运营阶段可能出现结构振动过大以及构件的疲劳、应力过大、老化失效、开裂等问题，并由此危及桥梁的正常使用和安全。这就需要建立完善的健康监测系统，对容易发生损伤的部位及时作出诊断和警报，对桥梁结构的健康状况进行评定，并向养护部门提供维修或加固的决策，以保证桥梁的使用寿命；同时，我国在经历了二十几年交通事业的迅速发展时期之后，既有桥梁存在的荷载等级不足、年久失修等问题逐渐显现，旧桥的检测和加固的重要性也日益提高。通过正确评估旧桥的现有承载能力，以及研究发展旧桥的加固方法，可以延长桥梁结构的使用寿命，更好地保障交通的畅通，获得更大的经济效益。

(7)大型桥梁工程的营建管理技术　随着工程规模的日益扩大，对管理者的要求也逐渐提高。对大型复杂的桥梁工程，各工序的前后衔接安排及工期控制，物力和财力的安排及调度，设计、施工、监理、工程控制等各方面的工作关系协调等问题成为制约工程质量与效益的重大因素。通过营建管理技术的研究，培养一批既有工程技术，又有管理经验的高素质工程主管人员，对提高大型桥梁工程的质量和施工管理水平至关重要。

(8)中小跨度桥梁　虽然中小跨度桥梁看似简单，但由于其数量巨大，因此即使是小的技术改进也能带来可观的经济效益。在今后的发展中，要加强标准图设计，节省设计资源；形成规模化、标准化构件预制、拼装，提高施工质量，降低施工费用；应用高强度材料，如高标号混凝土、高强度钢材(保证焊接性能)等，减轻结构自重，提高跨越能力。

(9)桥梁设计、施工规范、标准的更新　近年来桥梁建设中出现了一些工程质量事故，对我国桥梁规范的适用范围提出了疑问。普遍的看法是目前的规范用于跨度小于200m的中小跨度桥梁还是合理的，是有试验依据的，但不适应近年来跨度迅速增大的桥梁工程，需要专门针对大跨度桥梁推出专门的规范。因此，应当加快中国桥梁规范的更新和修订周期，拨出专款进行专题研究，改变我国桥梁规范滞后于技术发展的被动局面。

3)隧道工程

(1)科学制订地下空间资源的开发利用规划，优化资源配置，实现地下空间开发的可持续发展，做好城市地下空间工程的勘察、设计、施工管理的研究工作。

(2)提高整体装备水平，改善施工作业条件，提高劳动生产率。

引进与开发具有自主知识产权的山岭隧道钻爆法施工的成套技术装备和城市暗挖施工的技术装备，缩小与世界先进装备水平的差距，改善施工作业环境、条件，提高劳动生产率和施工作业机械化水平。暗挖法应开发各种地层的预支护技术，特别是含水粉细砂地层的注浆加固技术。研究开发大跨度暗挖地下空间(如地下车站、地下停车场)的设计和施工技术；研究预切槽装备的设计、施工技术。研究通过微失压平衡在地下水层中的暗挖施工技术。研究双联、三联盾构、可转体可分离式盾构的隧道设计施工技术，进行区间隧道施工和地铁车站施工，为城市平稳发展地下公共交通网做准备。

引进与开发适合城市供水、污水、电线电缆等管线隧道或能共同施工的微型、小型盾构，尽量减少或避免城市管线隧道施工对交通、环境和居民生活的影响。

(3)加强复杂地质条件的超前预报技术研究，提高超前地质预报的准确率、可信度。

引进与开发准确率、可信度高的超前地质预报技术及数据处理系统，提高超前地质预报的技术水平。

研究制订我国岩溶等各种复杂地质条件隧道施工的超前地质预报和解译的技术规程、规范，使复杂地质条件隧道施工超前地质预报规范化、制度化，提高复杂地质条件下隧道施工的安全水平。

(4)加强山岭隧道与地下工程修建过程中的环境生态保护，研究注浆止水技术保护水资源等，研究山岭隧道与地下工程弃渣场所的植被覆盖和土地复垦技术，确保弃渣场所的植被覆盖和土地复垦。

(5)研究跨越江河、海峡长大隧道的断面形式，平、纵断面设计、通风、照明、防灾安全监控系统，施工方法。

(6)解决特长输水隧道建设的关键问题，研究输水隧道的防渗漏措施，保证和提高输水效率，确保工程按期、优质建成。

6. 提高企业技术创新能力的途径

建筑施工企业的技术创新能力是指通过对已有产品或技术的组合来产生新的

产品和新的技术，不必要求企业一定要有自己的专利产品、专有技术，更主要的是要求企业要有集成各种知识、信息、技术、产品和人才的能力。施工技术创新的前提主要表现在方案设计的新颖性方面，如果对结构没有特殊要求，它所需要的施工技术基本没有特殊性，或者说施工技术基本上都是通用技术，技术创新更应注重对施工工艺的改进，以力求降低成本、提高建筑产品质量，从而提高竞争力。

随着改革开放的深入，企业在技术创新中发挥着越来越重要的作用。现代企业的竞争正越来越表现为技术创新能力的竞争，企业如果不能迅速走向科技创新的前台，将最终形成过度的对外技术依赖，这远比资金依赖和市场依赖所带来的影响更加深刻和难以摆脱。

随着我国公路建设事业的蓬勃发展，市场不断扩大，从事公路工程施工的单位也越来越多。截至2003年底，全国具有公路工程施工总承包一级资质的企业就达479家，竞争日趋激烈。在计划经济时代，中交公路一局作为仅有的几个部属公路施工企业之一，无论在技术上，还是在管理上，在公路施工行业内处于领先位置。改革开放以后，随着政企脱钩，公路建设市场开放，除集团内部的兄弟单位公路二局、路桥建设外公路施工领域还出现了许多诸如铁路、水电、城建、冶金、港口、房建等其他行业的强有力的竞争者(如中铁大桥局、隧道局、中铁一至五局、中铁十至二十局、中港一至四航局、北京城建、上海城建、中建一至八局等)，各省也涌现出一大批实力雄厚、技术水平较高的竞争者，比较突出的有：广东长大公司、四川路桥、湖南路桥、贵州桥梁公司、黑龙江路桥、山东路桥等。上述企业分别在桥梁施工、隧道施工、混凝土路面施工等方面有着领先的技术和设备上的优势。

市场竞争是技术创新的重要动力，技术创新是企业提高竞争力的根本途径，而企业是技术创新的主体。要建立以企业为主体，市场为导向，产、学、研相结合的技术创新体系，增加科技投入，促进科技成果的转化和科技水平的提高。在企业文化方面，倡导求真务实、勇于创新的科学精神，团结协作、淡泊名利的团队精神。提倡理性怀疑和批判，尊重个性。鼓励敢于探索、勇于冒尖，大胆提出新的施工工艺。激发创新思维，努力形成宽松和谐、健康向上的创新文化氛围。

十三、技术培训与交流工作

1.技术培训工作

技术培训即岗位培训，是企业有计划、有组织地进行的专门培训，目的是使职工掌握或提高在生产工作中所需要的技术业务知识(应知)和实际操作能力(应会)。其特点是学用结合、按需施教,干什么学什么,欠缺什么补什么,以取得岗位任职能力,更好地胜任本职工作。

技术培训有助于提高职工素质和职工的工作技能,促进企业的发展和技术进步,提高企业的质量水平和经济效益。市场竞争是人才的竞争,而人才的竞争一方面是企业能否得到优秀人才,另一方面则是企业能否用好现有的人才,能否最大限度地培训开发企业现有的人力资源,挖掘出企业潜在的人力资源。从某种程度上讲,企业的竞争是人才的竞争,人才的竞争关键是培训的竞争。

1)技术培训的种类

(1)合格培训　使职工掌握必要的职业基础技术和基本工作方法,国外称为"养成训练"。

(2)提高培训　提高已受过合格培训的职工的技术水平和工作能力,国外称为"向上训练"。

(3)再开发培训　使职工适应新的岗位或成为技术多面手,再开发职工的新职业技能。

2)技术培训的方法与技巧

(1)演示　演示的方法更能形象地表达你所培训的内容。演示具有分节动作、重复多次的特点,针对职工进行实际操作的演示,通过分节、重复操作,加强职工的记忆,保证演示的细节都能让职工看到。演示可以采取互动的方式,重复演示可由职工来完成,既能纠正个别职工的错误操作,也加强了所有培训人员的记忆。

(2)讲解　讲解是培训中最基本的表达方式。讲解是必不可少的,但要控制讲解的内容和时间的长短,保证培训的效果。有效的培训讲解少,培训人员互动多。讲解多的情况下,很难保证人们对于讲解内容有效地理解和记忆,泛泛地讲解,也使培训显得很乏味。

(3)小组讨论　小组讨论属于培训中集体互动的一种方式。

小组讨论能启发每位职工的思维,使大家积极参与到培训的课题中来。一般采取设定一个讨论的题目,安排受培训的职工进行分组讨论,限定时间,各小组选派代表发表小组讨论的观点和建议,最后进行分析和总结,得出最终的结论。

(4)提问　提问采取主动应答和指定提问的方式。

培训者根据培训的课题,设计几个问题进行提问,可以采取职工自主应答的方式,如果自主应答没有响应,就要采取指定提问的方式,随机指定某个人进行回答。

提问也是培训者就某个观点不能确定时所采取的最好方式,通过提问的方式,既拓展了培训者的思路，也启发了员工的思维，最终得出合理的结论。

(5)录像　录像的方式主要用于培训职工的操作行为。

有两种观看录像的情况，一种是观看先进技术或标准工作方法的录像，学习别人的成功经验。另一种是观看职工实习过程的录像，回看自己差强人意的地方，及时发现和纠正不正确的行为，通过现场回放，按步指导，也使全体人员受益。

(6)案例学习　如果参与培训的职工理论和实际水平较高，利用案例学习的效果就比较理想，如 MBA 教学的主要授课方式就是案例学习。通过对现实案例的分析、总结，提出个人的见解，开拓大家的思维，汇总全体成员的观点，更利于大家站在理论的高度来看问题。

案例学习可以采用小组讨论或提问的方式进行。

总之，有效的培训要将以上内容进行灵活的运用，使整个培训既不枯燥，又使大家易于接受。灵活组合各种培训手段，既丰富了培训的方式，也使整个培训过程显得生动活泼，充满趣味性，职工的参与热情高，培训的效果就好。

3)项目经理部的技术培训

项目经理部是基层施工单位，开展技术培训工作能直接起到提高职工的技术水平和技能，整体提升项目质量管理水平的作用。具体可采取如下方式：

(1)以不影响项目施工为前提来开展培训工作。根据施工现场人员工作忙、时间紧的特点，采用比较灵活的方式组织开展技术培训、学习。

(2)与项目的施工计划安排相结合。对工程技术人员，可把培训内容和工程进度作统一安排，保证定期培训、合理安排学习时间，以分散学习和自学为主，适当安排一定数量的专题辅导讲座和专题交流研讨会。对因工作未能参加辅导的，可事后采用录音录像等方式补课。对操作工人，可利用工余时间组织培训、学习。

(3)为提高业务技术能力而选定的专题或技术讲座，可邀请局内、外有关专家作专题报告，学习先进施工技术，了解本行业最新技术的发展动态。

(4)结合施工需要组织培训学习，包括熟悉图纸，学习施工规范、规程、工法、标准、上级颁发的技术文件等，并结合施工组织设计与施工方案的贯彻和学习，加强施工质量意识，提高职工的技术水平。

(5)根据工程实际需要，定期不定期地对试验和测量人员进行技术和岗位技能培训。

(6)建立有效的培训机制，将培训与技术交底相结合，与工程实际相结合，培训中进行现场分析讲解，对可能发生的质量、安全问题作深入剖析，培训后进行讨论总结，做到举一反三。

(7)对职工的培训学习建立必要的考核和奖励制度，以鼓励大家努力学习技

术、钻研业务。

2. 技术交流工作

技术交流就是在企业内部之间或与外部单位的技术横向联系，包括技术培训学习与技术合作。

项目经理部可采取多种形式开展技术交流活动，如技术工作会议、技术讲座、专题技术讨论会、参观施工现场等，使技术交流活动内容丰富广泛、形式灵活多样，以达到解决工程施工关键技术问题，推进项目的技术进步，提高工程质量的目的。

1)项目开展技术交流活动的形式

(1)以会议的形式总结交流技术经验，如技术交流会，技术讨论会，工作经验交流会，工作汇报会和施工现场会等。

(2)参观或考察有特色的施工现场，特别是特殊工程和大型项目的施工现场。

(3)依托工程项目，就某项先进技术与大专院校、科研单位或有关企业合作研究开发。

(4)参加上级机关和外单位组织的技术讲座、施工图片展览、技术论文交流及各种培训学习等。

(5)利用互联网查询或面向上级技术部门开展技术咨询活动。

2)项目开展技术交流活动应注意的问题

(1)技术交流与工程施工相结合，与当前普遍关心的技术难点相结合，与四新技术相结合。

(2)抓住关键技术。一个工程总会遇到几项关键技术，有效解决好，工程质量与进度就有保证。

(3)重视个性技术和示范工程，学习别人有特色的技术和施工方法。

(4)促进科技成果向现实生产力转化，抓住节能降耗、缩短工期、降低成本的技术。

(5)加强技术跟踪，以更好地了解某项技术的整体应用情况及应用效果。

(6)要提前做好充分的技术准备与理解，以便交流中能抓住要点，发现与项目实际情况相吻合的信息，并结合项目实际情况进行探讨，得到对项目有用的技术和施工经验。

第三章 项目经理部的专项技术管理工作

一、施工组织设计

施工组织设计是根据业主对工程项目的各项要求、设计图纸和施工组织设计的编制原则，在充分研究工程合同文件、现场环境的客观情况和施工特点的基础上，从协调施工全过程中的人力、物力和空间三方面着手制订的指导施工的文件。

施工组织设计规划和部署了工程全部的施工生产活动，是对施工全过程实行科学管理的重要手段。

1. 施工组织设计的作用

(1)施工组织设计就是根据拟建工程的特点，把人力、材料、机械设备、资金和施工方法五个施工的主要因素进行有机结合，实现有组织、有计划、均衡地施工，使整个工程达到设计要求，满足合同规定的工期、工程质量的约定，实现预期的经济效益目标。

(2)施工组织设计是施工全过程进行科学管理的重要手段。通过编制施工组织设计，可以根据工程的具体条件、特点和要求制订正确的施工方案、施工顺序、施工方法、劳动组织和施工部署，安排合理的施工进度，明确施工中的重点；可以提前分析、预测工程施工中可能遇到的各种情况，事先做好相应的准备工作，有利于各项施工准备工作的及时进行；可以把设计和施工、技术和经济更紧密地联系起来，把与施工相关的各单位、部门之间的关系更好地协调起来，从而保证工程的顺利实施。

大量工程实践证明，认真编制施工组织设计和严格执行施工组织设计是施工企业提高现场管理水平的两条有效途径。

2. 施工组织设计分类

施工组织设计有着各种各样的分类方法，有的按设计阶段的不同进行分类，有的按项目实施阶段的不同进行划分，还有的按编制对象范围的不同分类，或按工程项目的规模和特点来进行划分。但无论如何划分，只不过是编制的形式、范围和深度要求不同。从便于施工单位的管理的角度划分，施工组织设计可分为标前和标后施工组织设计。标前施工组织设计又称为投标施工组织设计，就是按照招标文件规定的内容编写，主要用于参加施工投标。标后施工组织设计又称实施性施工组织设计，即工程中标后，由施工单位在工程开工实施前，根据工程施工合同要求、投标施工组织设计、工程施工的实际要求和项目管理的需要进行编制，主要用于指导该工程项目在整个施工全过程中的技术、经济、组织活动。

3. 编制投标施工组织设计和实施性施工组织设计的差异

投标施工组织设计编写有其自身的特点，由于绝大部分招标文件中给出的技术资料，都是属于技术设计，且资料不全，有时水文、地质报告不详尽。另一方面，由于编标的时间较短，决定了现场勘察是粗略的、不全面的，以上因素决定了投标施工组织设计的性质是初步的、指导性的。而编制实施性施工组织设计时，是在进入现场以后并进行了相关调查以后进行的，编制依据充分、资料齐全、时间相对宽松，制订的施工组织设计要在施工中指导实施，必须具体详细、具有可操作性。两者的差异如下：

1）编制依据及条件

（1）投标施工组织设计　施工现场条件不能完全进行落实，投标图纸存在不详细现象，地质、水文情况不能完全掌握。

（2）实施性施工组织设计　施工图经详细复核并由设计人员进行了交底，施工前准备充分，人员、材料、机械设备基本落实，对施工环境及现场实施条件已进行深入调查，编制依据完整且可靠性强。

2）编制目标

（1）投标施工组织设计　为了取得业主的信任，充分展示企业在施工设备、人员素质、管理水平、技术能力等方面的实力，反映出投标方对承接该工程的信心和决心，使业主产生安全感和信任感。

(2)实施性施工组织设计　指导开工前的一切准备工作，对工程施工组织进行具体安排，内容详尽，实施方案操作性强，安排切合实际，控制目标明确，力求提高施工效率，追求经济效益最大化。

3)编制内容

(1)投标施工组织设计　内容按照招标文件的要求编写，主要反映组织施工的基本情况，内容陈述要详略得当，基本的内容均应概述，特殊内容才需详述，如施工方法一章的内容，只需对其中有针对性的拟采用的一些特殊新工艺、新施工方法进行详述。招标文件中对施工组织设计明确要求的内容，每一条都不得遗漏，但内容侧重点应有所不同，对所能投入本工程的机械设备计划、工期保证措施、质量保证措施、重要部位采取的可行施工方法等内容有所侧重，具有全面性、指导性的特点。

(2)实施性施工组织设计　在投标施工组织设计的框架下，根据工程实际状况及现有条件编制，基本内容需面面俱到，对所决定采取的施工方法、工艺，尽管属于常规，也有必要进行详述，甚至需绘出直接用于指导生产的施工图等，它可以参考已成功工程的经验及管理模式，具有针对性强、操作性具体的特点。

4)编制人员

(1)投标施工组织设计　主要为经营管理层人员。由投标单位经营开发部门组织，工程技术部门等相关部门人员配合。

(2)实施性施工组织设计　主要为项目管理层人员。由项目经理部组织项目部工程技术、管理人员进行编制，大型复杂、技术含量高的工程可邀请上级有关部门人员参加。

4.编制投标施工组织设计应注意的问题

(1)严格满足招标文件的要求　编制投标施工组织设计的直接依据是招标文件、法律、法规、有关部门规章、工程建设标准(包括定额)、设计文件等，除此之外，还应包括业主的特殊要求(明确或隐含的)及工程条件。

(2)选择适当的项目组织机构　应通过投标施工组织设计确定施工项目组织机构，重视项目经理及技术负责人的确定，除了其资质应满足要求外，最好有类似工程的施工经验，让业主了解施工作业队伍的编制情况及水平。

(3)注意与工程报价相结合　投标施工组织设计中工期确定、资源投入、施工方法选择等，都依赖于工程报价所提供的基础数据。而投标施工组织设计的编制又反过来影响工程报价。当施工组织设计中采用非常规的施工方法或措施时，将

导致工程费用的增减。所以，投标施工组织设计与工程报价有着密切的关系，两者必须结合，综合平衡后再作决策。

(4)重视踏勘现场和招标答疑 踏勘现场和招标答疑是投标人与业主在投标前进行面对面交流和沟通的最佳时机。通过踏勘现场和招标答疑，可以更直接地掌握工程的特点，了解业主的意图，弄清疑难问题，抓住工程项目的主要矛盾，使投标施工组织设计的编制紧密结合工程特点、现场要求和业主意图。

(5)正确制订工期目标 建设工期目标有业主指定和投标人竞报两种情况。制订工期目标时，应认真分析，根据工程规模、工地条件、定额工期、施工方案、自身实力与经验、投标策略等计算项目的合理工期，既不冒进，也不保守，当投标工期明显少于合理工期时，应制订可靠的工期保证措施，并在报价中作好相应考虑。

(6)制订可靠的质量目标 保证质量是工程施工的基本要求，也是业主的首要要求。投标人应制订出使业主相信的可靠的质量目标，在确定目标之后真正提出可靠的质量保证措施。

5. 编制实施性施工组织设计应注意的问题

(1)落实具体编制人员及其分工 项目经理是现场管理的决策者和指挥者，实施性施工组织设计的编制应该由项目经理主持，项目经理部技术、管理人员参加，结合具体的工、料、机、资金以及现场的具体情况，编制出符合工程实际的施工组织设计，真正起到指导、协调工程全过程的作用。

(2)重视编制前的各项准备工作 包括组织准备、技术准备、资源渠道准备。在工程项目开工前由项目经理部组织专门工作小组，制订准备工作提纲，在规定的时间内分别落实施工现场的复核调查、施工技术准备，落实项目管理人员及劳务人员、材料、半成品、施工机具的选择及进场计划等编制实施性施工组织设计所必需的各项原始资料。

(3)注意将现代科学管理方法应用到编制工作中 提倡将系统工程、网络计划、目标管理、信息技术等现代管理方法应用到编制施工组织设计中去，统筹安排施工技术方案和进度计划。

(4)注重施工方案的可操作性 要求重点突出、简明扼要、有理有据、层层分解、系统配套，基本实现内容图表化，文本标准化，以便工程项目施工管理人员贯彻执行。

(5)严格遵循技术规律 要合理分解施工工序，安排施工程序，充分利用时空间隙，发挥资源的最大效能。

(6)注意博采众家之长为我所用 编制时应注意关注国内外相关施工技术的发

展情况，开展技术咨询活动，尽量采用“四新”技术，努力实现施工技术上的新突破。

(7)注意按动态思路运作　施工组织设计是综合性文件，在施工执行过程中要充分认识主客观条件。随着工程施工的逐步展开，主观和客观条件不断发生变化，要在尊重事实、尊重科学的基础上，不断对实施性施工组织设计进行调整、补充和完善，使之能更符合客观实际，更科学有效地指导施工实践。

6. 施工组织设计编制方法

从施工组织设计编制的要求和内容看，实施性施工组织设计的要求最为完整，也最详细具体。在具体编制方法上，投标施工组织设计可以参照实施性施工组织设计的编制方法，结合招标文件的要求，择其所需来进行编制。实施性施工组织设计的具体编制方法参见附录一中的“实施性施工组织设计编制指南”。

二、施工技术方案

1. 施工技术方案的编写

施工技术方案属于施工组织设计的一部分。根据不同的施工对象和施工阶段，施工组织设计可分为总体施工组织设计，单项工程施工组织设计和分项工程施工组织设计三大类。其中单项或分项工程的施工组织设计又称为施工技术方案和专项技术措施。

正确选择施工方案是降低工程成本的关键所在。好的施工技术方案，是有效控制施工质量、进度、成本的先决条件，因此要求方案科学合理、严密可行，不同的环境、条件、技术含量和工期要求，以及不同的地区、季节等因素，都是编制施工方案的重要依据。

施工技术方案应符合技术规范与合同条款的要求，体现设计意图，要求做到切实可行，技术和工艺先进，经济合理，能降低工程成本，提高工效，保证质量、安全和工期。施工技术方案是组织施工和编制工程标后预算的依据，必须结合项目资源情况和工程实际在施工前制订。

施工技术方案中需包括安全与环保技术措施。方案编制前应对工程进行调查，了解工程概况、结构类型、工期质量要求、机具设备、施工技术条件和自然环境等资料，根据以往同类型工程施工的经验、教训，结合工程特点、薄弱环节及关键控制部位进行预测预控分析，制订出符合现场实际情况的安全与环保技术措施。

施工技术方案主要包括以下四个方面的内容：

1)施工方法的确定

施工技术方案是各分部、分项工程施工操作的具体指导性意见,如有多种施工方法可供选择时,应在作技术经济分析比较后,在若干个初步方案基础上进行筛选优化,择优选择合理而切实可行的施工方法,明确一些具体问题并作逐一叙述。

2)施工机具设备的选择和布置

根据施工方案所需的施工机具,选择符合工程实际情况的规格、型号和技术参数,确定机具设备的数量、进场时间和作业位置,统一安排与调配。

3)施工工艺流程与主要分项工程施工方案

施工工艺流程是各部分工程或施工阶段的先后次序,主要是解决时间上的衔接问题,确定施工流水方向(即施工作业顺序)。工艺流程的合理确定,将有利于扩大施工作业面,组织多工种或立体流水作业,缩短施工周期和保证工程质量。

通常应编制流水施工网络计划,以工程量较大或技术上较复杂的分项工程为关键工序安排施工流向,其他分项工程随顺序安排。技术复杂、施工进度较慢、工期较长的部位或工段先行施工,有效解决交叉作业、工序衔接的问题。

对处于关键工序上的主要分项工程,要写出较详细的施工工艺与方法,以便更好地指导施工,为现场施工技术交底提供明细内容。

要努力寻求各种降低消耗、提高工效、降低成本的技术措施,积极采用"四新"技术,编制出先进、合理的技术方案。

4)施工组织安排

根据施工工艺流程合理安排施工,使各工种劳动力、施工机械有机组合,施工进入流水作业的良性渠道。在确定施工流向分段时,还应使每段的工程量大致相等,使劳动组织相对稳定,各班组能持续均衡施工,减少停工和窝工。

2. 施工技术方案的审核

项目总工程师审核施工技术方案时应重点考虑以下几个方面的问题:

(1)审查所报施工技术方案的格式是否完整、合理,是否符合业主及监理工程师的要求。

(2)审查主要技术方案和施工工艺的技术可行性和经济合理性,是否符合工期要求。

(3)审查技术方案的施工工艺能否达到合同及规范的工艺要求及质量标准。

(4)审查方案中安全与环保技术措施的可行性和合理性。

(5)对施工技术方案中存在的问题提出修改建议。

(6)判断并确定方案的技术等级。

3. 施工技术方案的审批

1)报批的程序

由项目经理部编制的施工技术方案，应报上级技术部门进行审批。根据工程项目的技术等级不同，中交公路一局《施工技术方案审批办法》规定，3级技术等级工程项目的施工技术方案由公司(处)负责审批，1级和2级技术等级工程项目的施工技术方案由公司(处)初审后报局技术处审批。

项目经理部的所有施工技术方案都必须经过项目总工审核、确定技术等级后，再决定是否上报审批。

严格执行施工技术方案的审批程序，能有效弥补方案的缺陷、遗漏甚至错误，突破编制者个人技术的局限性，使方案更完善、合理、全面，有利于集思广益、提高方案的技术水平，明确方案实施各方的责任并保证方案的严肃性。

2)工程项目的技术等级划分

1级：整体工程涉及多项新技术、新工艺或分部、分项工程涉及单项新技术、新工艺，而本局尚未采用施工的，或技术条件特别复杂的工程。

2级：仅涉及本局已有技术，该公司(处)未采用施工，但已由其他公司(处)采用施工，或技术条件比较复杂的工程。

3级：仅涉及该公司(处)已掌握的技术，且技术条件不太复杂的工程。

4. 施工技术方案的实施

施工技术方案由项目经理部负责具体实施，方案实施前首先应进行技术交底，从管理层到操作层分两次进行，使实施方案的所有人员均熟悉和了解技术方案的所有要求及应注意的事项，并明确实施过程中工序的衔接方式和当事人应承担的责任。

按照施工方案的要求，对施工现场要做好充分的调查研究，摸清具体情况，科学合理地安排场地空间，尽量减少临时设施的工程量，避免材料的二次搬运。重视现场交叉作业、工序衔接的问题，关注季节与气候变化，使方案顺利实施。

在施工过程中，技术人员和施工管理人员要经常深入工地检查方案的落实情况，发现问题和隐患及时加以解决，尽量避免返工损失，以保证施工技术方案的严格执行。

三、单项施工技术与特殊工艺设计

单项施工技术与特殊工艺设计是针对某一重要工序所作的技术设计，是对施工组织设计和技术方案的进一步补充，如路基石方爆破施工方案、桥梁模板与支架设计、水中施工的围堰设计、隧道衬砌台车设计等，其特点是专业技术性强，属于特殊工程环境中的特定工艺，是分项工程中的某一个分支工序。

一般施工方案不需要做单项技术设计或特殊工艺设计，只有当工程的地质情况、现场环境及工程结构形式与常规不同，用普通方案无法施工时才需要，是工程的难点和创新点。

本节就公路工程施工中较重要和较常见的单项施工技术与特殊工艺设计所要考虑的主要问题作简要的论述。

1.路基石方开挖的石方爆破方案设计

1)总说明

内容包括工程概况、爆破作业位置、工程数量、地形与工程地质情况、水文资料、预计的爆破效果、工期安排等。

2)爆破区段管线和建筑物的保护

首先要确定现场的空中缆线、地下管线及建筑物的位置、结构类型，在爆破方案中加以重点考虑，以确保其安全。

3)爆破方案设计与起爆方法

根据岩石的类别和风化程度及现场环境要求确定爆破方式、炸药的类型、炮位与炮孔深度、用药量、起爆方法等。

4)爆破施工方法与作业流程

设计炮孔的钻孔方法或药室开挖方法，说明施工人员、机械和材料的组织安排，爆破前的准备工作，瞎炮的处理方法，爆破后的清理工作，编制爆破作业流水施工程序。

5)爆破施工的安全与环保措施

确定爆破器材库的建点位置和安全距离，爆破器材的管理措施，说明爆破作业中的安全管理措施，爆破影响范围内的人员、机械、交通运输车辆、建筑物、牲畜与野生动物等的保护措施，防治噪声与粉尘污染的措施。

2. 隧道监控量测设计方案

隧道施工中，为掌握围岩稳定程度与初期支护受力、变形的力学动态或信息，以判断设计、施工的安全与经济性，必须编制监控量测方案，并在施工中严密实施。

1)工程概况

介绍隧道工程概况，隧道围岩的工程地质和水文地质资料，隧道的设计参数和施工开挖方式，时间安排与工期要求等。

2)量测项目及测点布置

根据围岩条件、工程规模、支护类型与施工方法选择量测项目，确定必测项目和选测项目，设计各量测项目的测点布设位置、量测断面的布置。

3)监测方法与评价依据

选择量测的仪器和工具，决定各量测项目的监测方式、人员的组织安排，确定量测频率和结束测量的评价标准。

4)量测结果的分析处理和应用

说明对量测数据的分析处理方法，如何根据时间—位移曲线判断围岩的稳定情况，必要时应采取的补强措施，如何调整设计参数与施工方法等。

3. 隧道衬砌台车设计

隧道衬砌台车一般用于隧道的二次衬砌，使衬砌能整体施工，使用简单方便，可有效地保证施工进度与工期。

1)总体设计要求

衬砌台车首先要满足工程质量、进度与安全的要求，同时，要考虑工程成本，力求使衬砌台车组装拆卸及移动方便，经济实用。

2)施工荷载

隧道衬砌台车的设计荷载要考虑台车及模板的自重、混凝土自重、浇筑混凝土时的冲击力和内压力、振捣混凝土所产生的荷载、施工人员与施工器具的荷载等因素。

3)台车的结构要求

根据设计荷载确定台车结构所用材料的规格、型号、模板厚度、千斤顶吨位、行走钢轨的型号等，使台车具有坚固性、耐久性和安全性。根据隧道线形的要求考虑弯道和超高的因素，对分离式短隧道如只用一台衬砌台车还应考虑台车掉头方便的问题。

结合衬砌施工的劳动与机械组合情况，确定台车的长度和模板分块的大小。

4)预留沉降量

考虑在荷载作用下地基的沉降、衬砌台车的弹性与非弹性变形等因素，浇筑混凝土前要预留衬砌模板的沉降量。

4. 深水围堰的方案设计

深水围堰一般水深超过5m，通常采用板桩和套箱围堰，浅水区域一般采用土石围堰或竹木结构围堰。

板桩围堰有钢板桩、锁口钢管桩、钢筋混凝土板桩等类型，套箱围堰则包括钢套箱、钢木套箱、双壁钢围堰等。深水围堰的设计主要考虑以下因素：

1)围堰的总体结构

围堰的平面尺寸、内支撑结构和入土深度应满足基础的施工需要，堰顶高度要考虑施工期间可能出现的最高水位、浪高等因素，围堰的外形应考虑通航、河水导流、防汛、防冲刷等问题。

2)防渗漏

从结构设计上充分考虑防水问题，采取有效措施防止或减少渗漏，以减轻排水工作量。同时设计堰内基底的排水方案，确保围堰内的正常施工。

3)围堰结构的受力验算

围堰的强度、刚度与结构稳定性须满足施工要求，一般进行下列验算：

(1)围堰入土深度的计算。

(2)动水区域围堰的抗倾覆稳定性计算。

(3)围堰内基底安全验算(防管涌、壅包现象)。

(4)静水、动水压力与整体结构受力计算。

(5)内支撑结构的受力计算。

4)安全与环保问题

围堰施工的安全防护措施，防止施工污染河水的措施，因围堰挤压河床断面引起的对河床与河岸的冲刷应有的防护措施，围堰拆除时防止污染环境的措施。

5. 大梁悬浇的挂篮设计

在大跨径、高墩、跨河流和沼泽地段的桥梁施工中，无法采用落地支架，用钢桁架成本太高且施工复杂，故均采用悬浇挂篮施工。

挂篮设计主要从以下几个方面来考虑：

1)设计荷载

根据施工时实际可能发生的荷载情况,进行最不利荷载组合。

(1)最大节段的混凝土自重。

(2)挂篮自重。

(3)模板与挂篮内支架自重(包括侧模、底模、内模和端模等)。

(4)施工人群荷载与机具荷载。

(5)浇筑混凝土时的冲击荷载与振捣荷载。

(6)风、雪所产生的荷载。

2)分段长度

根据大梁的设计分段长度,按最长段进行设计。

3)挂篮结构

一套挂篮的主要结构有:主桁承重系统(主纵桁架),行走系统,底篮与模板系统(下横梁、底模纵梁、吊杆与模板),后锚系统(主桁自锚平衡装置、锚杆压梁、连接件、升降千斤顶等)。挂篮结构的设计原则是结构简明、受力明确,在保证刚度的前提下向轻型方向发展。

4)挂篮的受力计算

(1)主纵桁架的内力与挠度。

(2)底篮纵横梁的受力计算。

(3)抗倾覆稳定计算。

(4)吊杆、锚杆的受力计算。

5)施工质量和安全性

确保挂篮的刚度、强度和可靠性,有利于调整大梁的高程和挠度;模板的变形与表面平整度符合要求;工作平台便于操作,安全可靠。

四、施工安全技术

在安全施工方面,尽管有国家、地区和企业的指令性文件,有各种规章制度和规范,但这些只是带普遍性的规定要求,对某一个具体工程(尤其是较为复杂的工程或某些特殊项目)来说,还需要有具体的要求。根据不同工程的结构特点,提出各种有针对性的、具体的安全技术措施,如土方开挖边坡坡度的规定,吊篮、脚手架

的设计，安全网的要求，防火、防雷的措施等规定。安全技术措施既是具体指导安全施工的规定，也是进行安全交底、安全检查验收的依据，同样也是职工生命安全的根本保证。

施工安全可分为安全管理、安全设施、安全技术等方面。狭义地讲，安全技术是指在施工过程中为确保施工人员、施工设备的安全而提出的一些基本操作（工艺）要求、安全技术规范（程）、技术条件、技术参数。安全设施中需要通过计算、分析才能确定的部分也包含了安全技术。

安全技术措施是施工组织设计的重要组成部分，是施工单位指导安全施工的技术性规范文件。要求随同实施性施工组织设计同时完成。以便能有较充分的时间准备各种安全设施，从而保证了各种安全设施的落实。

1. 编制安全技术措施的注意事项

1）调查分析

要编制某项工程的施工技术安全措施，必须在编制前对该工程进行调查，了解该工程的特点，如地理环境、气候、工程概况及结构、工期、质量要求等，在调查基础上，分析施工中潜在的危害，并根据以往同类工程的事故教训，找出该工程施工中的薄弱环节和关键控制部位。

编制人员应当熟悉施工安全的基本规范、标准及施工现场的安全要求，掌握工程专业技术知识，深入调查场地、环境和条件等第一手资料，确立施工安全目标，从施工组织设计开始，就要根据工程的特点，科学地选择施工工艺、施工方法、施工机械，合理地布置施工平面。

2）编写要求

“安全第一，预防为主”是施工安全管理的指导思想。安全技术措施应充分考虑不利因素。编制安全施工技术应以《公路工程施工安全技术规程》（JTJ 076—95）为基本要求。

一个工程从开工到竣工是一个极其复杂的活动过程，尤其碰到一些技术难度大、危险性作业多、进度要求快的工程，更需要有周密的安全技术措施。从工程设计开始就要考虑施工的安全，对施工过程中每项部署，都必须首先考虑如何保证安全。

措施必须要有针对性、可行性、科学性、规范性；必须针对该工程特点和预测分析出来的危险因素和薄弱环节，必须符合实际，注意其经济性，在当时物质、技术条件许可的情况下能行得通；必须采用科学先进的工艺手段、操作方法和防护设施；

必须符合国家现行的规范、规程、标准。

安全技术措施必须渗透到工程各阶段、分项工程、单项方案和各工艺中。安全作业指导书应根据施工工艺标准、劳动组织和作业环境和安全管理控制要点进行有针对性的编制，保证安全作业指导书能够指导施工。

安全技术措施按其施工项目的复杂、难易程度及施工环境条件，选择安全防范重点，应抓住防止误操作、不规范操作、最不利状态下的安全系数等制订相应的措施。安全预防措施主要包括防火、防毒、防爆、防洪、防尘、防雷击、防触电、防坍塌、防物体打击、防机械伤害、防起重设备滑落、防高空坠落、防交通事故、防寒、防暑、防疫、防环境污染等方面措施。内容要充实，有针对性。

(1)仔细分析施工的每一工序，从技术上采取措施，消除危险，保证施工安全。

(2)针对不同的施工方法，如立体交叉作业、滑模、整体提升吊装、大模板施工等可能给施工带来不安全因素，应从技术上采取措施，保证安全施工。

(3)针对使用的各种机械设备、变配电设施给施工人员可能带来的危险因素，从安全保险装置等方面应采取相应的技术措施。

(4)针对施工中有毒、有害、易爆、易燃等作业，提出技术标准，采取技术措施，如监测措施等，预防事故的发生。

(5)针对施工场地及周围环境给施工人员或周围居民带来的危害，以及材料、设备运输带来的困难和不安全因素，应采取技术措施。

(6)了解施工工程内部及外部给施工带来的不利因素，通过综合分析后，制订具有针对性的安全施工措施。

(7)由于工程变更等情况变化，安全技术措施也必须及时作相应补充。遇到因条件变化或考虑不周必须变更安全技术措施内容时，应由原编制、审批人负责办理变更手续，否则不能擅自变更。

(8)对结构复杂、施工难度大、专业性较强的工程项目，除制订项目总体安全保证计划外，还必须制订单位工程或分部、分项工程的安全技术措施。

(9)对高处作业、井下作业等专业性强的作业，电气、压力容器等特殊工种作业，应制订单项安全技术规程，并应对管理人员和操作人员的安全作业资格和身体状况进行检查。

3)编制和审批

根据工程特点以及施工的复杂程度等因素编制的安全技术措施，随同施工组织设计报上级单位进行审批。

在审批过程中提出的修改意见应视为安全技术措施的组成部分，一并贯彻实施。未被批准的安全技术措施不得实施。经过批准的安全技术措施具有技术法规的作用,必须认真贯彻执行。

4)交底、监督、检查

(1)安全技术交底 项目部要按不同分项、工种、环境,必须定期或不定期地分工种、分项目、分施工部位,对作业人员进行全面、具体、有针对性的书面安全技术交底。应根据其内容分级、分阶段进行。各级、各阶段的交底一般由编写人员负责交底,与技术交底同时进行,交底后的安全技术措施,在执行中若有修改和补充,必须及时向操作人员交代清楚所修改或补充的内容。

技术交底的内容应针对分部、分项工程施工中给作业人员带来的潜在危害和存在的问题进行交底;应优先采用新的安全技术措施。安全技术交底应形成书面记录并签字。

班组每天要根据施工工艺要求和作业环境及人员状况进行有针对性的交底,做好班组讲话记录。

(2)监督检查 为了保证安全技术措施逐条逐项落实到实处,使计划决策变为行动,一个重要的手段是加强执行过程中的监督检查,各级技术负责人、项目经理、施工员都有责任随时检查措施的执行情况,制止违反措施的行为,并通过行政、经济手段使管理者和操作者的行动始终处于措施的约束之中。

安全技术措施中的各种安全设施、防护设置应列入任务单,落实责任到班组或个人,并实行验收制度。

监督检查应保证安全技术措施得到贯彻实施,除加强教育提高职工执行措施的自觉性外,更重要的手段是加强执行过程中的监督管理和安全检查,安全检查时按安全管理部门制订的有关规定执行。技术负责人、编制者和安全技术人员,要经常深入工地检查安全技术措施的实施情况,及时纠正违反安全技术措施规定的行为,并且也要注意发现和补充安全技术措施的不足,使其更加完善、更加有效。各级安全部门要以施工安全技术措施为依据,以安全法规和各项安全规章制度为准则,经常性地对各工地实施情况进行检查,并监督各项安全措施的落实。

对安全技术措施的执行情况,除认真监督检查外,还应建立必要的与经济挂钩的奖罚制度。

5)总结、完善

工程完工后,要对该工程的安全技术措施执行效果进行认真总结,然后再进行综合评价,成功的可以上升为标准,失误的分析原因,吸取教训,完善类似工程项目的安全技术措施。

2. 特殊工程安全技术措施的主要内容

结构复杂、危险性大的特殊工程，应编制单项安全措施。如爆破、大型吊装、沉箱沉井、烟囱、水塔、各种特殊架设作业、高层脚手架、井架和拆除工程等，必须编制单项的安全技术措施，并具有设计依据，有计算、有详图、有文字要求。

对大型群体工程或一些面积大、结构复杂的重点工程，除必须在施工组织总设计中编制施工安全技术总体措施外，还应编制单位工程或分部、分项工程的安全技术措施，详细地制订出有关安全方面的防护要求和措施，确保该单位工程或分部、分项工程的安全施工。

重点工程(工程质量要求高、施工技术复杂的工程)必须编制单项的安全技术措施。特别是起重安装工程、深基坑、高墩、水上作业，工程质量要求高、施工技术复杂等特点更为突出，这些工程，必须编制单项的安全技术措施，确保安全施工。对于安装工程中的设备、构配件吊运，起重设备的选择和确定，起重以外安全防护范围等，也需编制单项安全技术措施。复杂的吊装工程还应考虑视角、信号、步骤等细节。大孔径人工挖孔桩必须根据地质水文资料、设计要求、作业环境拟订方案。

采用新工艺、新材料、新技术、新设备的工序也要制订相应的安全措施，并提出安全技术操作要求。

对新工人必须进行安全教育和操作规程的教育，对变换工种及临时参加生产劳动的人员，也要进行安全教育和安全交底。

3. 季节性施工安全技术措施

季节性施工安全技术措施，就是考虑不同季节的气候对施工生产带来的不安全因素可能造成的各种突发性事故，从防护上、技术上、管理上采取的防护措施。季节性主要指夏季、雨期和冬期。各季节性施工安全措施的主要内容是夏季施工安全措施。

一般建筑工程可在施工组织设计或施工方案中编制安全技术措施。对于危险性大、高温期长的建筑工程，应单独编制季节性的施工安全措施。

4. 夜间施工安全技术措施

对于工期紧、连续作业时间长、交通繁忙地段或阻碍交通的工程，必然要进行夜间施工作业，相应也要采取有效的安全技术措施，以保证夜间施工的顺利进行。

(1)夜间作业应设置警示灯光，在夜间施工范围的四周及容易发生危险的地

方，均应设有红灯示警。

(2)夜间施工要有良好的照明设备，并采取用电安全措施。有高压电线、电线杆、变压器等的地方要设置警示灯或反光标示。危险潮湿场所的照明以及手持照明灯具，必须采用符合安全要求的电压。

(3)在居民区附近要防止夜间施工噪声扰民，采取隔音措施或合理安排施工时间，尽量把施工噪声减低到最小限度。

(4)在危险地段及交通繁忙地段设危险、缓行的反光标志，并配备足够的交通值勤人员，组织好过往行人及车辆的通行，确保人员、车辆的安全。

5. 特殊工种安全技术教育

特殊工种是指对操作者本人，尤其对他人和周围设施的安全有重大危害因素的工作岗位，如脚手架、电气、起重、机械操作等工种。

从事特种作业的人员，必须经国家规定的有关部门进行安全教育和安全技术培训，并经考核合格且取得操作证者，方准独立作业。

第四章 施工质量管理

一、质量管理方法

1. 质量的定义

“质量”的字面意义是物体的构成元素与其含量的综合评价。ISO 9000 中把质量定义为“任何产品(或服务)得到客户满足的程度”。

全球公认的质量定义是产品或服务的特色和品质的总和,这些品质和特色能够使产品或服务满足客户明显的或隐含的各种需求。

传统的质量观念忽视了客户是生产线上最重要的一部分的事实,忽视了对产品和服务质量最敏感的客户需求,但这些客户永远能发现哪个产品和服务质量更好,而正是这些客户决定了一个公司的生死兴衰。只有高质量的产品和服务,才能保证客户来源,改善公司的知名度,增加市场份额。

传统质量观点:企业自己检测产品,保证它符合规格。

现代质量观点:企业必须生产客户想要的理想产品,以获得客户的满意。改进质量的目的就是要创造热情、满意、忠诚的客户。

对于公路施工企业来说,产品就是某一工程项目,客户就是业主和工程项目的使用者。企业的质量目标就是要力求工程质量优良,以获得业主和工程项目的使用者(驾乘人员及运输公司等)的满意。

质量包括产品质量和工作质量两个部分,产品质量是产品适合社会和人们的需要所具备的特性，包括性能、使用寿命、可靠性、安全性、适应性、经济性。工作质量是企业为保证和提高产品质量所进行的生产、技术、组织、经营等各方面的工作水平，一般包括人的质量意识、业务能力、各项工作标准、工作制度等。

2. 质量管理的意义

质量管理是对达到或实现质量目标的所有生产和经营活动的管理，是企业为了保证和提高产品和工作质量所进行的调查、计划、组织、协调、控制、检查、处理及信息反馈等各项活动的总称，主要包括质量保证和质量控制两个方面。

质量保证是使人们确信产品的质量水平所必需的全部有计划有系统的活动，是企业对外部而不是对内部使用的，目的在于确保客户和消费者对质量的信任。质量保证是企业在产品质量方面对客户所提供的担保，使产品在设计寿命年限内质量可靠。

质量控制是为保持产品质量所采取的技术、组织措施，目的在于为客户和消费者提供满意的产品。质量控制是在企业内部进行的。

质量是工程的生命，也是企业的生命。日本企业提出“质量是我们与顾客联系的钥匙”，表明没有质量就没有客户，没有客户就没有市场。企业要生存发展，首先要有质量作保证，用严格有效的质量管理来保证和提高产品质量。

项目经理部的质量管理主要按照业主和设计部门所规定的要求完成工程项目，包括使整个项目的所有功能、活动能够按照所规定的质量及目标要求得以实施。项目的质量管理主要由质量计划、质量保证和质量控制等几个环节构成。

3. 质量管理方法

通过对质量观念和质量管理的深入理解，可知质量及质量管理的重要性。要搞好质量管理工作，需要有具体的行之有效的方法来落实。

项目经理部的工程质量管理的基本工作方法可归纳如下：

1)全面质量管理

全面质量管理(Total Quality Control，简称 TQC)是项目为保证和提高工程质量，运用一整套质量管理体系、手段和方法所进行的系统的质量管理活动。

(1)全面质量管理的起源　全面质量管理起源于 20 世纪 50 年代的美国。当时的美国面临着质量管理的新问题。一方面，人们对产品质量的要求大大提高，从注重一般性能发展到讲求产品的耐用性、可靠性、经济性。消费者们向企业提出了“产品责任”和“质量保证”问题，迫使厂商重视产品质量。但原有的质量管理方法已难以妥善解决现代生产中的质量问题，人们急需一种新的理论与方法来指导质量管理活动。另一方面，随着管理理论的开展，人的因素越来越受到重视，尤其是被管理者在生产活动中的作用得到承认。在实践中，开始推行“工业民主”、“参与管理”和“目标管理”，强调让工人参与企业管理，充分发挥其自觉性、主动性和创造力。在质量管理中，出现了要求工人实行“自我控制”的“无缺点运动”，建立了“质量提案制度”。这一切为全面质量管理的产生提供了理论与实践的基础，同时，系统概念与统计技术的产生，使人们运用系统观点综合分析研究质量问题成为可能。于是，全面质量管理应运而生。

(2)全面质量管理的定义　全面质量管理这个名称，最先是20世纪60年代初由美国通用电气公司的著名专家费根堡姆提出的，他所下的定义是，为了能够在最经济的水平上，并考虑到充分满足顾客要求的条件下进行市场研究、设计、制造和售后服务，把企业内各部门的研制质量、维修质量和提高质量的活动构成为一体的一种有效的体系。

全面质量管理是企业管理现代化、科学化的一项重要内容，其理念就是从消费者完全满意角度出发，企业各部门综合进行开发，保持、改进质量的努力，以便最经济地进行生产和服务。

(3)全面质量管理的发展　自20世纪60年代全面质量管理在美国产生以来，后来在西欧与日本逐渐得到推广与发展。它应用数理统计方法进行质量控制，使质量管理实现定量化，变产品质量的事后检验为生产过程中的质量控制。

自1978年以来，我国开始推行全面质量管理，当时沿用在日本推行时的名称TQC，20世纪初改称为TQM(Total Quality Management)。

全面质量管理的理论和方法自20世纪60年代初诞生以来，很快被世界各国所接受。1987年，国际标准化组织(ISO，International Organization for Standardization)在总结各国全面质量管理经验的基础上，制定了ISO 9000系列标准。该系列标准迅速被各国标准化机构采纳，在短短十几年的时间里，全世界范围内掀起了实施、应用ISO 9000系列标准的热潮，不仅获得了全世界工业企业界的广泛认同，而且在各行各业都得到采用。

(4)项目全面质量管理的特点

①管理的内容是全面的，即不仅要管好工程质量，还要管好工程质量赖以形成的工作质量。

②管理的范围是全面的。从工程的设计、施工、机械设备、材料供应、竣工验收直至通车后维修养护的全过程，均需把好质量管理关。

③管理的人员是全面的，项目经理部的全体人员都是质量管理的参与者，因而

全面质量管理是一种全员的质量管理方法。

④管理的方法是全面的,全面质量管理并没有固定不变的管理方法,而是根据不同的情况灵活地采用不同的管理技术和方法,包括科学的组织工作、数理统计方法的应用、现代化科技手段和技术改造措施等。

(5)项目全面质量管理的基本工作方法 PDCA 循环工作法是全面质量管理的基本工作方法。该工作法用 4 个阶段、8 个步骤来进行反复循环的工作程序。

①计划阶段(Plan) 第一阶段称为计划阶段,又叫 P 阶段。主要是通过市场调查、业主要求、国家有关政策规定等,明确业主对工程质量的要求,确定质量政策、质量目标和质量计划等。

步骤 1:找出质量存在的问题。

步骤 2:找出质量问题的原因。

步骤 3:找出主要原因。

步骤 4:根据主要原因,制订解决对策。

②实施阶段(Do) 第二阶段为实施(或执行)阶段,又称 D 阶段。主要是实施 P 阶段所规定的内容,包括计划执行前的人员培训,实施各种质量控制措施等。

步骤 5:按制订的解决对策认真付诸实施。

③检查阶段(Check) 第三阶段为检查阶段,又称 C 阶段。主要是在计划执行过程中或执行之后,检查质量管理的执行情况,是否符合计划的预期结果。

步骤 6:检查执行阶段的效果。

④处理阶段(Action) 第四阶段为处理阶段,又称 A 阶段。主要是根据检查结果,采取相应的应对措施。

步骤 7:总结执行对策中成功的经验,并整理为工作标准加以巩固。

步骤 8:把执行对策中不成功或遗留的问题转到下一个 PDCA 循环解决。

PDCA 循环又称戴明循环,是一种科学的工作程序。四个阶段循环往复,没有终点,只有起点,通过 PDCA 循环提高产品、服务或工作质量。

PDCA 循环对整个项目可划大圈循环,各部门、各班组可在大圈循环中又有各自范围的小圈循环,形成大圈套小圈的局面。PDCA 每循环一次,质量应提高一步;不断循环则质量不断得到提高。

(6)全面质量管理的基本要求 在实施全面质量管理时,要求做到:

①防检结合,以防为主,重在提高。要把管理重点从产品质量的事后检验转移到对生产流程的质量控制,即从管“结果”转移到管“原因”。

②树立以下道工序为用户、上道工序为下道工序服务的观念,以形成一个相互

协调、相互促进的质量管理的有机整体。

③运用数理统计方法，对工程质量实行量化管理。通过数据把握质量波动情况，为质量管理提供科学的依据，以便有的放矢地对生产流程进行调控，改进产品质量。

④对质量管理活动进行标准化。确保质量管理全过程的各个环节在一个统一系统内协调运作，严格按照计划—实施—检查—处理的循环进行工作，使工程质量不断得以优化和提高。

2)建立质量保证体系

质量保证体系就是项目以保证和提高工程质量为目标，运用系统的概念和方法，把质量管理各个阶段、各个环节的管理职能组织起来，形成一个有明确任务、职责、权限、互相协调、互相促进的有机整体。

质量保证体系的主要内容如下：

(1)确定质量方针、质量目标和目标值，并将目标展开，层层分解，落实到各部门、班组和个人。

(2)规定各部门质量管理的职责、任务和权限。

(3)建立有效的质量信息反馈系统。

(4)建立专职的质量管理组织机构。

(5)实现质量管理业务标准化和管理流程程序化。

(6)组织并监控分包队伍和外协单位的质量管理活动。

(7)广泛开展质量管理小组(QC 小组)活动。

建立质量保证体系没有固定的模式，项目经理部应根据自身的条件和工程特点，从思想上、组织上、施工过程控制和质量检验这四个方面来考虑，一般要在项目内组成由经理部、部门、班组三级构成的质量保证体系。

3)强化质量管理的基础工作

(1)标准化工作　标准化是项目管理的基础，更是质量管理的基础，是质量管理工作的准则和指南。

项目的标准化工作应掌握的资料包括国家和地方政府有关的政策、法规，业主的有关规定，施工标准、规范和规程，项目经理部内部的岗位职责标准等。

另外，要建立施工过程的质量标准，在施工的每一阶段、每道工序都要确定质量标准和工序交接的验收标准，以保证施工质量。

(2)计量工作　计量工作是衡量工程质量是否符合标准的基本手段和方法。

(3)统计工作 包括质量管理的数理统计工作和项目的有关统计报表。

(4)质量情报工作 项目的这项工作属于档案管理的工作范围,包括质量情报的收集、整理、分类和归档。质量情报指与项目工程质量有关的各种信息、数据资料。

4)强化质量意识

在项目内首先要建立质量思想保证体系,对职工进行质量管理基本知识的培训及增强质量意识的思想教育,使项目全体职工树立“质量第一”的思想,有牢固的质量观念。

注重在项目培养以人为本的质量文化,因为再先进的技术和理念也需要以人为载体,具体的质量管理活动需要全体职工的参与。

5)QC 小组活动

按照全面质量管理和质量保证体系的要求,应开展 QC 小组活动。

在由经理部、部门、班组三级构成的质量保证体系中,组织各级质量管理小组,围绕施工中所存在的问题,如提高质量、降低成本、解决技术难点、加快施工进度、施工安全等,开展 QC 小组活动。

QC 小组活动的具体内容和方法详见第六章第四节中的“QC 小组活动及成果”。

6)应用质量管理的统计方法

质量管理的常用统计方法如下:

①一般统计方法 一般统计所用方法大致有排列图法、因果分析法、分层(分类)法、调查表法、价值工程法、帕累托(Pareto)法等。

②数理统计方法 数理统计所用方法有直方图、控制图、相关图、抽样检验、正交试验法、优选法等。

③新工具 新工具方法有系统图法、关联图法、矩阵图法、KJ 法矩阵、数据解析法、PDPC 法等。

7)六西格玛质量管理方法

西格玛原文为希腊字母 sigma,其含义为“标准偏差”,六西格玛意为“6 倍标准差”,在质量上表示每百万坏品率(parts permillion,简称 PPM)少于 3.4。

六西格玛模式是一种自上而下的革新方法,它由企业最高管理者领导并驱动,由最高管理层提出改进或革新目标(这个目标与企业发展战略和远景密切相关)、资源和时间框架。推行六西格玛模式可以采用由定义、度量、分析、改进、控制(DMAIC)构成的改进流程。DMAIC 流程可用于以下三种基本改进计划:

(1)六西格玛产品与服务实现过程改进。

(2)六西格玛业务流程改进。

(3)六西格玛产品设计过程改进。

项目经理部可按照上述模式开展适合工程项目的六西格玛质量管理活动。

二、质量管理与质量保证体系

质量体系按体系目的可分为质量管理体系和质量保证体系两类。企业在非合同环境下,只建立质量管理体系即可。在合同环境下,企业应同时建立质量管理体系和质量保证体系。

质量体系包含一套专门的组织机构,具备了保证产品或服务质量的人力、物力,还要明确有关部门和人员的职责和权力,以及规定完成任务所必需的各项程序和活动。因此质量体系是一个组织落实有物质保障和有具体工作内容的有机整体。企业为了实施质量管理,生产出满足规定和潜在要求的产品和提供满意的服务,实现企业的质量目标,必须通过建立和健全质量体系来实现。

ISO 9000 族标准是现代质量管理和质量保证的结晶,它提供了建立质量体系的基本要求,也是企业进行质量管理的基本要求。

1. ISO 9000 质量标准简介

1)ISO 9000 质量标准产生的历史背景

国际标准化组织 ISO/TC 176 的 SCI 分技术委员会,自 1981 年 10 月开始,在总结和参照世界有关国家标准和实践经验的基础上,通过广泛协商,于 1986 年 6 月 15 日正式发布 ISO 8402—1986《质量术语》标准。1987 年 3 月 ISO 又发布了 ISO 9000～9004 共 5 个国际标准,与 ISO 8402 一起统称 ISO 9000 系列标准,截至 1995 年,ISO/TC 176 共发布了 17 个标准,并将其定义为 ISO 9000 族。

随着国际贸易发展的需要和标准实施中出现的问题,ISO 组织于 1994 年对系列标准进行了全面修订,并于当年 7 月 1 日正式发布实施。在 1999 年 9 月召开的 ISO/TC 176 第 17 届年会上,提出了 2000 版 ISO 9000 族标准的文件结构,并于 2000 年 12 月 15 日作为正式的国际标准获得通过。

我国依据 ISO 9000 国际标准,制定了 GB/T 19000 标准,GB/T 19000 标准与 ISO 9000 国际标准可完全等同采用。

2)ISO 9000 标准与全面质量管理的关系

自从 ISO 组织发布 ISO 9000 系列标准以来,便引起了国际质量管理理论界和企业界对ISO 9000系列标准和全面质量管理之间关系的讨论。

全面质量管理(Total Quality Management，简称TQM)是世界质量管理理论的第三个发展阶段，它最早见于1961年美国通用电气公司质量经理菲根堡姆发表的《全面质量管理》一书，他指出：全面质量管理是为了能够在最经济的水平上并考虑到充分满足用户需求的条件下，进行市场研究、设计、生产和服务，把企业各部门的研制质量、维持质量和提高质量的活动构成一体的有效体系。

早在ISO 9000标准颁布之前，美国、日本等发达工业化国家已经对TQM进行了长达20多年的深入研究和有效实践。我国也从20世纪70年代开始从日本引进并进行试点工作(当时称为TQC)，取得了一定的成效。近几年来，随着ISO 9000贯标运动的不断发展，经过各方人士的共同研究、探讨与实践，关于ISO 9000与TQM两者之间的关系已经取得基本共识：两者都很好地体现了现代质量管理理论中全员参与、全过程控制、重视预防、不断改进等思想，因此两者之间存在相容相通的联系，认为两者互相排斥或用一者代替另一者都是不对的。TQM是一种管理思想，而没有一套统一的工作模式，因各国、各企业情况不同，贯彻TQM的方式方法和效果各不相同。

ISO 9000系列标准明确了建立健全质量体系是企业质量管理的基础性工作，为企业实现质量管理的系统化、文件化、法制化、规范化奠定了基础。全面质量管理是一个以质量为中心，以全员参与为基础，通过让顾客满意和本组织所有成员及社会受益而达到长期成功的管理途径，是企业为保证产品质量，综合运用一整套质量管理思想、体系、手段和方法进行的系统的管理活动。

TQM是ISO 9000标准的理论基础，ISO 9000在许多方面反映了TQM的思想，它是TQM发展到一定阶段的产物，把ISO 9000看作是TQM的一部分也不无道理。ISO 9000是TQM思想的一种具体体现，它为各企业评价其质量工作提供了统一的标准和模式。

TQM与ISO 9000都是世界各国尤其是工业发达国家质量管理理论与实践经验的结晶，它们是属于全世界的共同财富，是各国企业加强质量管理的有效途径。对我国企业来说，推行TQM是一项长期的战略任务，而贯彻ISO 9000标准则是保证TQM能够顺利实施的有效方法。

ISO 9000标准是质量保证和质量管理标准，是一个比较好的管理制度，它在许多方面依据了TQM的原理和方法。从企业质量管理的总体要求来看，ISO 9000标准是质量管理的基础，它注重过程控制，强调规范化管理，而TQM则具有更广泛的内容，它注重结果，强调系统的不断改进，因此贯标与全面质量管理并重是企业提高质量的有效手段。

2. 项目质量管理体系的建立与实施

项目质量管理体系是在项目经理部内部建立的、为保证施工质量和实现质量目标所必需的、系统的质量体系。它根据工程特点选用若干体系要素加以组合，管理从设计图校核、施工、原材料检验、质量检查、竣工验收到缺陷责任期维修养护全过程的质量活动，并使之制度化、标准化，成为项目内部质量工作的活动程序。

1)建立项目的质量管理体系

按照国家标准 GB/T 19000 建立质量管理体系一般有以下步骤：

(1)项目领导重视　质量管理体系是涉及项目内部很多部门的一项全面性的工作，如果没有领导重视，亲自领导、亲自统筹安排，是很难搞好这项工作的。因此项目领导的重视是建立健全质量管理体系的首要条件。

(2)编制工作计划　工作计划包括培训教育、体系分析、职能分配、文件编制、内部审核、外部审核等内容。只有计划安排得当，各项工作才能有条不紊地实施。

(3)分层次进行培训　组织职工学习 ISO 9000 系列标准，结合本项目的特点，了解建立质量管理体系的目的和作用，详细研究与本职工作有直接联系的要素，提出对要素的控制措施。

(4)落实各项要素　根据项目的特点和具体情况，选择合适的质量管理要素，将各要素展开，并落实到具体部门或个人，使各职能部门和个人都明确自己在质量管理体系中应担负的责任、应开展的活动和各项活动的衔接办法。分配各要素的一个重要原则就是责任部门只能是一个，但允许有若干个配合部门。

在各级要素和活动分配落实后，为了便于实施、检查和考核，还要把工作程序文件化，即把项目的各项管理标准、工作标准、质量责任制、岗位责任制与各要素有机结合起来，形成与质量管理相对应的有效运行文件。

(5)编制质量管理体系文件　项目的质量管理体系文件应包括：

①项目质量方针和质量目标。

②有关质量管理的政策性文件(包括法律，法规，标准，设计、施工的规范、规程，上级来文)。

③项目内部和上级部门的各种规章制度、质量管理办法和质量考核制度，局《规范项目管理有关办法》。

④设计文件资料与施工图纸，工程变更资料，与业主、监理的往来文件。

⑤施工原始记录和质量检查资料。

⑥测量、试验及机械设备的计量检定证书。

⑦其他有关资料。

2)项目质量管理体系的实施

质量管理体系有效实施的重点是要抓住体系对各要素的控制，做到平衡展开和关键点突破，使体系在动态运行中发展。项目质量管理体系的运行和有效保证的精髓在于预防为主，通过要素控制和建立质量管理系统网络，发挥项目质量体系的整体预防功能。

(1)保证质量体系文件的符合性和有效性，当项目的工程情况、计划和人员发生变化时，体系文件要与其同步变化。

(2)质量体系的运行要体现项目质量方针和目标的有效贯彻。

(3)重视项目各级管理人员的职能落实和培训。

(4)有效地处理每次检查中发现的不合格项，且纠正和预防措施要得力有效。

(5)坚持项目内部质量检查的自检、互检、专职检查的“三检”制度，组织质量评比和质量管理评审活动。

(6)坚持对管理职责、管理体系、不合格品的控制，加强对纠正和预防、检验和试验、特殊和关键过程的控制。

(7)经常检查、督促、评价各类质量记录的有效性，检查签认和交接手续是否齐全，通过横向联系找出具体质量控制活动中的不符合要素，并采取措施及时有效地纠正和预防。

(8)充分利用企业质量体系运行中收集的各类信息，发挥其预警作用，必要时可提前进行内部质量审核，从系统上查找原因，解决存在的问题。

3. 项目质量保证体系的建立与运行

项目质量保证体系是项目经理部为满足工程经营承包合同的要求，满足业主及上级机关质量监督工作的要求，对外建立的质量体系。它是向业主及上级机关提供的保证质量的“证据”，包括技术和管理手段，往往是以书面的质量保证文件形式提供的。

质量保证体系主要是通过控制自身在施工过程中的工作质量，最终确保工程质量。内容主要包括质量目标、质量保证的组织机构、岗位任职资格、质量责任制、质量管理的规章制度和质量保证措施等。

1)项目质量保证体系的特点

(1)组织机构规模较小，但工程本身对人员的技术水平要求较高。

(2)施工工艺在不断更新,对施工设备、检验设备、仪器、量具的性能要求也不断提高。

(3)人员流动性大,岗位培训的工作量相应也较大。

(4)野外作业,要求能适应环境、地质水文和气候变化,以保证工程质量的稳定性。

2)质量保证体系文件的编制内容

(1)确定质量目标。

(2)建立质量保证的组织机构,标示出质量管理岗位和责任人员。

(3)质量保证框图及工艺流程图,明确各质量控制项目的控制点、工作内容、执行流程、所遵循的质量标准等。

(4)编制质量责任制、岗位职责、质量管理办法等规章制度。

(5)单位工程、各分项工程、各工区、分包工程及各质量控制点的质量保证措施。

3)建立项目质量保证体系的基本原则

(1)质量保证体系,主要以合同文件、业主、设计单位和上级机关对工程质量的要求来建立,在工序和过程控制上以有关质量标准与规范来建立。

(2)质量保证手段应坚持管理与技术相结合,确保项目有足够的技术保证能力和管理保证能力,两者缺一不可。

(3)加强质量信息管理,使质量保证体系有正常运转的动力。没有质量信息,体系就是静止的,只是形式上的体系。

(4)质量保证体系不是制度化、标准化的代名词,不应成为书面的、文件式的质量保证体系,而是重在实施运行。质量保证体系的建立,除了体系本身应科学全面,更关键的是必须具有可操作性,否则将流于形式。

(5)注意质量保证体系的深度与广度,确保管理到位,不留死角。

(6)建立切实可行的质量保证体系,使之具有指令性、系统性、协调性、可操作性、可检查性。

4)项目质量保证体系的运行

(1)质量保证负责人能有效行使职权。项目组织机构虽简单,但工程施工工艺类型较多,工序交叉多,使人员分工杂乱,所以要有一个能有效行使职权的人来统一控制和协调。一般来说,项目经理是最佳人选。明确项目经理是质量保证负责人,建立一个有效的质量保证体系,这样才能为各项职能的正常运行打好组织基础。

(2)从工、料、机三方面全面控制质量

①人是质量的创造者,质量控制应以人为核心,充分调动操作人员的积极性、创造性,增加职工的岗位责任感,树立质量第一的观念。

②材料是构成工程产品的主体,在施工项目中,对材料的质量控制举足轻重。

③施工机械与设备是实现施工机械化的重要标志,是现代化施工项目中必不可少的因素。它对施工项目的进度、质量有着直接的影响。因此选好、用好机械设备至关重要。

(3)加强对施工工艺的控制,严格遵守工艺流程。工艺流程是进行施工操作的依据和法规,是确保工序质量的前提,任何操作人员都应严格执行。虽然工程施工的工艺相对比较简单,技术上比较成熟,但要重视施工细节,抓关键工序和主要工艺,掌握质量控制点,明确这些关键点的具体操作要求,并根据国家或行业有关标准要求编写作业指导书,作业指导书应力求详细、明确,具有可操作性,要求职工严格地按工艺标准和作业指导书的要求规范操作。

(4)加强对施工工序的质量控制。施工工序是形成施工质量的必要因素,为了把工程质量从事后检查转向事前控制,达到以预防为主的目的,必须强化对工序质量的控制。应采用数理统计方法,通过对工序部分检验的数据进行统计、分析,来判断整个工序的质量是否稳定、正常。

为更有效地做好事前质量控制,就要控制工序活动条件的质量。主要工序活动条件有施工操作者、材料、施工机械、施工方法和施工环境。只有将它们有效地控制起来,使它们处于被控状态,才能保证每道工序质量正常、稳定。要及时检查工序活动效果,加强质量检验工作,对质量状况进行综合统计与分析,及时掌握质量动态,自始至终使工序活动效果的质量满足规范和设计要求。设置质量控制点,使工序始终处于良好的受控状态。

(5)加强对操作人员的培训,注重操作人员的实际操作技能。大部分工人受教育水平不高,对本职工作一知半解,因此,培训显得尤为重要。应明确不同岗位的知识和技能要求,尤其是检验、试验岗位的要求,在对员工素质全面调查的基础上,确定不同员工,不同岗位的培训内容和程度,制订全面的培训计划并实施。用制度确保培训的有效性,使员工接受其培训内容,并在实际操作中能切实地按操作要求作业。

(6)加强对检验手段和设备的管理,按照要求购置必备的仪器和检测设备,定期进行计量检测。重视测量、试验和质量检查工作,抓好原材料检验和隐蔽工程的质量检查。

(7)严格执行质量标准,对任何施工质量缺陷,层层把关,不掩盖、不隐瞒;分析原因,追究责任。由质量检查员、监理、施工人员共同制订严格的消除措施,及时处理,以满足质量标准要求,不留任何隐患。

(8)各部门、各工点分工明确,各司其职,从材料进场检验、工序过程抽检、分项工程成品检查,到竣工验收检查,以及各工序的自检、互检所组成的各个环节,构成一个完整的施工质量体系,以保证施工的正常进行和工程质量的稳定可靠。

(9)控制影响工程质量的环境因素,如工程地质、水文、气象、劳动组合、作业场所、工作面等,根据工程项目的特点和具体条件,对影响质量的环境因素,采取有效的措施严加控制。尤其是施工现场,应建立文明施工和文明生产的环境,保证材料工件堆放有序,道路畅通,为确保质量和安全创造良好的条件。

三、质量检查与控制

1. 施工项目质量控制概述

1)施工项目质量控制的特点

由于工程项目施工面广,是一个极其复杂的综合过程,再加上项目位置固定、结构类型不一、质量要求不一、施工方法不一、体形大、整体性强、建设周期长、受自然条件影响大等特点,因此施工项目的质量比较难以控制,主要表现在以下几个方面:

(1)影响质量的因素多　人员、材料、机械、地形、地质、水文、气象、施工工艺、操作方法、技术措施、管理制度等,均直接影响施工项目的质量。

(2)容易产生质量波动　由于影响质量的因素较多,因此很容易产生质量波动,为此在施工中要严防出现系统性因素的质量波动,要把质量波动控制在偶然性因素的范围内。

(3)容易出现判断错误　施工项目由于工序交接多,中间产品多,隐蔽工程多,若不及时检查,事后再看表面,容易将不合格的产品认为是合格的产品;反之,若检查不认真,测量仪表不准,读数有误,就会将合格产品认为是不合格产品。因此,在进行质量检查验收时,应特别注意。

(4)已完成的工程结构不能解体、拆卸　工程项目建成后,不能再拆卸或解体去检查内部的质量。

(5)质量受工程成本、进度的制约　施工项目的质量,受工程成本、进度的制约较大。成本大、工期要求紧时，质量会受到影响。因此项目在施工中，必须正确处理质量、成本、进度三者之间的关系。

2)施工项目质量控制的对策

(1)以人员的工作质量保证工程质量　统计资料表明，88%的质量安全事故都是人的失误所造成的。因此，对工程质量的控制始终应“以人为本”，狠抓人员的工作质量，避免人的失误，充分调动人员的积极性，发挥人的主导作用，增强人员的质量观和责任感，使每个人牢牢树立“百年大计，质量第一”的思想，认真负责地做好本职工作，以优秀的工作质量来创造优质的工程质量。

(2)严格控制投入品的质量　任何一项工程施工，均需投入大量的原材料、半成品、成品、构件、配件和机械设备，不同质量的投入品须采用不同的施工工艺和施工方法，这是构成工程质量的基础。所以，严格控制投入品质量，是确保工程质量的前提。

(3)全面控制施工过程，重点控制工序质量　任何一个工程项目都是由若干分项、分部工程所组成，要确保工程项目的质量，达到整体优化的目的，必须全面控制施工过程，使每一个分项、分部工程都符合质量标准。而每一个分项、分部工程，又是通过一道道工序来完成，由此可见，工程质量是在工序中创造出来的，要确保工程质量就必须重点控制工序质量。对每一道工序质量都必须进行严格检查，当上一道工序质量不符合要求时，绝不允许进入下一道工序施工。只要每一道工序质量都经过严格控制，工程项目的质量就能得到保证。

(4)严把分项工程质量检验关　分项工程质量是分部工程、单位工程质量的组成部分，分项工程质量不符合标准，势必影响分部工程、单位工程的质量。因此，在进行分项工程质量检验评定时，一定要坚持质量标准，严格检查，一切用数据说话，避免出现判断错误。

(5)贯彻“预防为主”的方针　以预防为主，防患于未然，把质量问题消灭于萌芽之中，这是现代化管理的观念。预防为主就是要加强对影响质量因素的控制、对原材料及半成品质量的控制，从对质量的事后检查转向对质量的事前控制、事中控制。从对产品质量的检查，转向对工作质量的检查、对工序质量的检查、对中间产品质量的检查，这些是确保施工项目质量的有效措施。

(6)严防系统性因素的质量波动　系统性因素的特点是易于识别、易于消除，是可以避免的，如使用材料的规格、品种有误，施工方法不妥，操作不按规程，设计计算错误等，会引起系统性因素的质量变异，造成工程质量事故。为此，工程质量的控制，就是要把质量波动控制在偶然性因素引起的范围内，严防和控制由系统性因素引起的质量波动，只要增强质量观念，提高工作质量，精心施工，就完全可以预防。

3)施工项目质量控制的方法

施工项目质量控制的方法，主要是审核有关技术文件、图纸和直接进行现场检查或必要的试验等。

(1)审核有关技术文件、施工图纸、质量记录、报告或报表。

(2)现场进行质量检查的方法有目测法、实测法和试验法三种。

①目测法，其手段可归纳为看、摸、敲、照 4 个字。

看，就是根据质量标准进行外观目测；

摸，就是用手感检查；

敲，是运用工具进行音感和力感检查；

照，对于难以看到或光线较暗的部位，可采用镜子反射或灯光照射的方法进行检查。

②实测法，就是通过实测数据与施工规范及质量标准所规定的允许偏差对照，来判别质量是否合格。实测检查法的手段，可归纳为靠、吊、量、套 4 个字。

靠，是用直尺、塞尺检查墙面、地面、路面的平整度；

吊，是用托线板以线锤吊线检查垂直度；

量，是用测量工具和讲师仪表等检查轴线、位置、高程、断面尺寸、温度、湿度等的偏差；

套，是以卡尺套方，辅以塞尺检查直径、孔径、间隙等。

③试验法，指必须通过试验手段才能对质量进行判断的检查方法。如对桩或地基的承载试验，确定其承载力；对钢筋、对焊接头进行拉力试验，检验焊接的质量等。

2. 质量控制实施程序

1)确定质量方针目标

质量方针目标是质量方面的方向和追求。质量方针是满足业主要求和上级机关的意图和策略，质量目标是实现其意图和策略的具体要求，项目应制订相应的质量方针和目标，并进行管理。

2)编制质量计划

为实施质量方针目标，项目应根据上级单位的总体“质量目标计划”的要求及项目的质量方针目标，结合工程项目的特定情况，自身的资源条件，市场的要求等，制订项目的“质量目标实施计划”，并抓紧落实。

3)项目质量目标实施计划的内容

项目“质量目标实施计划”主要内容是明确各工序控制的质量目标及控制方法、措施和负责人,资源的配备,关键和特殊工序必须依据的文件及措施,检测和监控的方法,必要时应单独制订作业管理和技术措施。

4)项目质量目标计划的实施

(1)施工准备阶段的质量控制

①培训　增强全体职工的质量意识是项目质量管理的首要措施。工程开工前针对工程特点,由项目总工程师负责组织有关部门及人员编写本项目的质量意识教育计划。通过教育提高管理人员与操作人员的质量意识,使职工树立“百年大计,质量第一”的思想,并贯穿到实际工作中去,以确保项目质量计划的顺利实现。

应注意加强分包队伍的培训。分包队伍是直接的操作者,但和项目的关系是合同关系,难以直接控制其施工质量,只有他们的管理水平和技术实力提高了,工程质量才能达到既定的目标。因此,要着重对分包队伍进行技术培训和质量教育,帮助分包队伍提高管理水平。项目要责成分包队伍建立质量责任制,并将项目的质量保证体系贯彻落实到他们的施工质量管理中,并督促其实施运行。

②加强对材料供应商的选择和物资的进场管理

a.材料供应商的选择　对材料、设备供应商要采用全方位、多角度的选择方式,以产品质量优良、材料价格合理、施工便利为材料选型、定位的标准。同时要建立合格材料供应商的档案库,并对其进行考核评价,从中定出信誉最好的材料供应商。

b.明确物资采购程序　采购物资必须提供样品,项目经理部有关部门通过质量检验并评审各项要素来确定。项目要随时进行市场调查,追踪其质量、价格、信誉的变化情况。

大宗物资、专用材料的采购应由项目经理、总工程师、总经济师、主管物资工作的负责人和相关部门负责人等根据询价小组的评审结果集体决策。

具备招标采购条件的大宗物资,应按公开、公平、公正的原则招标采购。

c.材料采购与进场管理　材料进场要按规范、图纸和施工要求严格检验,不合格的应予退货。材料进场应严格执行检验制度,对照材料计划检查材料的规格、名称、型号、数量,看是否有产品合格证、材料检测报告,把好材料质量关。材料进场后,对材料的堆放要按照材料性能、厂家要求进行。材料人员应做好材料收、发、入库台账,及时收集材料的材质证明及产品合格证。

③加强对图纸、规范的学习　严格按规范施工的工程才是优质工程。项目应定期组织技术人员、现场施工管理人员以及操作层的主要有关人员进行图纸和规范的学习，做到熟悉图纸和规范要求，严格按图纸和规范施工。同时，在学习过程中及时发现图纸存在的问题，并将信息及时反馈给业主和设计单位。

④加强合同的预控作用　合同管理贯穿工程施工经营管理的各个环节，合同是约束自己也是保护自己必不可少的手段。尤其是分包合同，应将分包的质量要求写入合同中，合同内容要力求全面严谨，责权明确，不留漏洞。

(2)施工阶段的质量控制　施工过程中的质量控制策略是全面控制施工过程，重点控制工序质量。其具体措施是：

①图纸会审有记录。

②施工项目有方案。

③质量预控有对策。

④技术措施有交底。

⑤工序交接有检查。

⑥进场材料有试验。

⑦隐蔽过程有验收。

⑧成品保护有措施。

⑨行使质控有否决(如发现质量异常、隐蔽过程未经验收、质量问题未处理、擅自变更设计图纸、擅自代换或使用不合格材料、未经资质审查的操作人员无证上岗等，均应予以否决)。

⑩设计变更有手续。

⑪事故处理有复查。

⑫质量文件有档案(凡与质量有关的技术文件，如水准点、坐标位置，测量放线记录，沉降、变形观测记录，图纸会审记录，材料合格证明、试验报告，技术交底记录，各种施工原始记录，隐蔽过程记录，设计变更记录，竣工图表等都要编目建档)。

(3)交、竣工验收阶段的质量控制　交工验收是检查施工合同的执行情况，评价工程质量是否符合技术标准及设计要求，是否可以移交下一阶段施工或是否满足通车要求，对各项工作进行初步评价的工作过程。

竣工验收是综合评价工程建设成果，对工程质量、参建单位和建设项目进行综合评价。

项目在全面完成所承包的工程并经监理工程师同意后，项目技术负责人组织自检和初步验收，按规定的质量评定标准和办法，对完成的分项、分部工程和单位

工程进行质量评定，并向建设单位提出交工申请。

项目经理部应组织有关专业技术人员按合同要求，整理工程竣工资料。

工程交工后，项目经理部应对施工质量缺陷予以纠正，并负责缺陷责任期内的缺陷修复、成品保护、质量监测和维护工作。

3. 质量检查

1）质量检查的要求

工程质量检查的依据：工程合同文件、有关施工技术规范、试验规程和质量检验评定标准等。

对施工过程中的每一个分项工程，项目应根据业主要求或《公路工程质量检验评定标准》（土建工程）（JTG F80/1—2004）所列内容进行自查，提交真实、完整的自查资料，对工程质量进行质量评定，评定结果应经监理工程师确认。

为保证检验数据的准确性，检验设备应定期进行标定，项目计量员应经过相关的培训，取得上岗资格。

项目工程质量的检验采取自检、互检、专检的方式进行，并做好相应的记录。

（1）自检　自检是操作人员按技术质量、工艺标准及技术交底的要求，对照自己所完成的工作，根据操作顺序，对过程和结果所进行的自我检查。

（2）互检　互检是同一工班的操作人员之间、工序交接的双方之间，按技术质量、工艺标准及技术交底的要求，仔细检查对方所完成的工作。互检通过换位检查，用请对方挑自己毛病的方式，能弥补自检的片面性和个人盲点，找出一些自检所难以发现的质量问题。

（3）专检　专检即质量检查员或内部监理工程师的专职检查，按照业主与工程合同要求、质量检验评定标准及技术交底的要求，质量检查员或内部监理工程师对操作人员个人或集体完成的全部工作所进行的全面质量检查。

2）质量检查的内容

（1）质量保证体系运行的情况。

（2）按技术交底要求的完成情况。

（3）测量试验方面的情况，包括平面位置、高程、试验结果等。

（4）质量检验评定标准所要求的内容。

（5）现场实物的内在质量和外观质量，包括结构尺寸、强度和密实度、表面平整度和光洁度、外观形状等。

3)质量检查周期

(1)项目每月进行一次质量检查,对工程中存在的质量缺陷、质量问题及时处理,并对局的半年质量抽查和公司的季度检查结果逐一进行整改处理,以保证工程质量满足要求。

(2)经检查不合格的产品不得用于工程,也不能转入下道工序的施工。

4)质量回访与维护

(1)工程项目竣工,向业主提交工程竣工报告时,应出具质量维护书和工程质量回访记录单。明确工程维护范围、维护期限和维护责任。

(2)维护期限以合同约定为准。维护期内应至少进行一次质量回访。

(3)已交付的工程在维护范围和维护期内发生质量问题的,由公司(处)负责维修处理。

(4)超过合理使用年限后仍由本公司(处)进行维护的,其维护费用向产权所有人收取。

4. 工程质量评定

1)一般规定

(1)根据建设任务、施工管理和质量检验评定的需要,应在施工准备阶段将建设项目划分为单位工程、分部工程和分项工程,见表 4-1 和表 4-2。

单位、分部、分项工程的划分 表 4-1

单位工程	分部工程	分项工程
路基工程(每 10km 或每标段)	路基土石方工程*(1~3km 路段)	土方路基*,石方路基*,软土地基*,土工合成材料处治层*等
	排水工程(1~3km 路段)	管节预制,管道基础及管节安装*,检查(雨水)井砌筑*,土沟,浆砌排水沟*,盲沟,跌水,急流槽*,水簸箕,排水泵站等
	小桥及符合小桥标准的通道*,人行天桥,渡槽(每座)	基础及下部构造*,上部构造预制、安装或浇筑*,桥面*,栏杆,人行道等
	涵洞、通道(1~3km 路段)	基础及下部构造*,主要构件预制、安装或浇筑*,填土,总体等
	砌筑防护工程(1~3km 路段)	挡土墙*,墙背填土,抗滑桩*,锚喷防护*,锥、护坡,导流工程,石笼防护等
	大型挡土墙*,组合式挡土墙*(每处)	基础*,墙身*,墙背填土,构件预制*,构件安装*,筋带,锚杆、拉杆,总体*等

续上表

单位工程	分部工程	分项工程
路面工程(每10km或每标段)	路面工程(1～3km路段)*	底基层,基层*,面层*,垫层,联结层,路缘石,人行道,路肩,路面边缘排水系统等
桥梁工程(特大、大、中桥)	基础及下部构造*(每桥或每墩、台)	扩大基础,桩基*,地下连续墙*,承台,沉井*,桩的制作*,钢筋加工及安装,墩、台身(砌体)浇筑*,礅、台身安装,墩、台帽*,组合桥台*,台背填土,支座垫石和挡块等
	上部构造预制和安装*	主要构件预制*,其他构件预制,钢筋加工及安装,预应力筋的加工和张拉*,梁板安装,悬臂拼装*,顶推施工梁*,拱圈节段预制,拱的安装,转体施工拱*,劲性骨架拱肋安装*,钢管拱肋制作*,钢管拱肋安装*,吊杆的制作和安装*,钢梁制作*,钢梁安装,钢梁防护*等
	上部构造现场浇筑*	钢筋加工及安装,预应力筋的加工和张拉*,主要构件浇筑*,其他构件浇筑,悬臂浇筑*,劲性骨架混凝土拱*,钢管混凝土拱*等
	总体、桥面系和附属工程	桥梁总体*,钢筋加工及安装,桥面防水层施工,桥面铺装*,钢桥面铺装*,支座安装,搭板,伸缩缝安装,大型伸缩缝安装*,栏杆安装,混凝土护栏,人行道铺设,灯柱安装等
	防护工程	护坡,护岸*,导流工程*,石笼防护,砌石工程等
	引道工程	路基*,路面*,挡土墙*,小桥*,涵洞*,护栏等
互通立交工程	桥梁工程*(每座)	桥梁总体,基础及下部构造*,上部构造预制、安装或浇筑*,支座垫石,桥面铺装*,护栏,人行道等
	主线路基路面工程*(1～3km路段)	(见路基、路面等分项工程)
	匝道工程(每条)	路基*,路面*,通道*,护坡,挡土墙*,护栏等

续上表

单位工程	分部工程	分项工程
隧道工程	总体	隧道总体等
	明洞	明洞浇筑，防水层，明洞回填*等
	洞口工程	洞口开挖，洞口边、仰坡防护，洞门和翼墙的浇(砌)筑，截水沟、洞口排水沟等
	洞身开挖*	洞身开挖*(分段)等
	洞身衬砌*	(钢纤维)喷射混凝土支护，锚杆支护，钢筋网支护，仰拱，混凝土衬砌*，钢支撑，衬砌钢筋等
	防、排水	防水层、止水带、排水沟等
	隧道路面	基层*，面层*等
	装饰	装饰工程
	辅助施工措施	超前锚杆、超前钢管等
环保工程	声屏障(每处)	声屏障
	绿化工程(1～3km 路段或每处)	中央分隔带绿化，路侧绿化，互通立交绿化，服务区绿化，取、弃土绿化等
交通安全设施(每 20km 或每标段)	标志*(5～10km 路段)	标志*
	标线、突起路标(5～10km 路段)	标线、突起路标等
	护栏*、轮廓标(5～10km 路段)	波形梁护栏*，缆索护栏*，混凝土护栏*，轮廓标等
	防眩设施(5～10km 路段)	防眩板、网等
	隔离栅、防落网(5～10km 路段)	隔离栅、防落网等

注：①表内标注*号者为主要工程，评分时给以 2 的权值，不带*号者为一般工程，权值为 1。

②按路段长度划分的分部工程，高速公路、一级公路宜取低值，二级及二级以下公路可取高值。

③斜拉桥和悬索桥可参照表 4-2 进行划分。

④防护工程中的护岸参照挡土墙进行划分。

特大斜拉桥和悬索桥为主体建设项目的工程划分　　表 4-2

单位工程	分部工程	分项工程
塔及辅助、过渡墩(每座)	塔基础*	钢筋加工及安装,扩大基础,桩基*,地下连续墙*,沉井*等
	塔承台*	钢筋加工及安装,双壁钢围堰,封底,承台浇筑*等
	索塔*	索塔*
	辅助墩	钢筋加工,基础,墩、台身浇(砌)筑,墩、台身安装,墩、台帽,盖梁等
	过渡墩	
锚碇	锚碇基础*	钢筋加工及安装,扩大基础,桩基*,地下连续墙*,沉井*,大体积混凝土构件*等
	锚体*	锚固体系制作*,锚固体系安装*,锚碇块体,预应力锚索的张拉与压浆*等
上部构造制作与防护(钢结构)	斜拉索*	斜拉索制作与防护*
	主缆(索股)*	索股和锚头的制作与防护*
	索鞍*	主索鞍和散索鞍制作与防护*
	索夹	索夹制作与防护
	吊索	吊索和锚头制作与防护*等
	加劲梁*	加劲梁段制作*,加劲梁防护*等
上部构造浇筑与安装	悬浇*	梁段浇筑*
	安装*	加劲梁安装*,索鞍安装*,主缆架设*,索夹和吊索安装*等
	工地防护*	工地防护*
	桥面系及附属工程	桥面防水层的施工,桥面铺装,钢桥面板上防水黏结层的洒布,钢桥面板上沥青混凝土铺装*,支座安装*,抗风支座安装,伸缩缝安装,人行道铺设,栏杆安装,防撞护栏等
	桥梁总体	桥梁总体*
引桥	(参见表 4-1“桥梁工程”)	

注:表内标注*号者为主要工程,评分时给以 2 的权值;不带*号者为一般工程,权值为 1。

单位工程:在建设项目中,根据签订的合同,具有独立施工条件的工程。

分部工程:在单位工程中,应按结构部位、路段长度及施工特点或施工任务划分为若干个分部工程。

分项工程:在分部工程中,应按不同的施工方法、材料、工序及路段长度等划分为若干个分项工程。

(2)工程质量检验评分以分项工程为单元,采用100分制进行。在分项工程评分的基础上,逐级计算各相应分部工程、单位工程、合同段和建设项目的评分值。

(3)工程质量评定等级分为优良、合格与不合格,应按分项、分部、单位工程、合同段和建设项目逐级评定。

2)工程质量评分

(1)分项工程质量评分　分项工程质量检验内容包括基本要求、实测项目、外观鉴定和质量保证资料四个部分。只有在其使用的原材料、半成品、成品及施工工艺符合基本要求的规定,且无严重外观缺陷和质量保证资料真实并基本齐全时,才能对分项工程质量进行检验评定。

涉及结构安全和使用功能的重要实测项目为关键项目,其合格率不得低于90%(工厂加工制造的桥梁金属构件不低于95%,机电工程为100%),且检测值不得超过规定极值,否则必须进行返工处理。

实测项目的规定极值是指任一单个检测值都不能突破的极限值,不符合要求时该实测项目为不合格。

分项工程的评分值满分为100分,按实测项目采用加权平均法计算。存在外观缺陷或资料不全时,应予减分。

$$\text{分项工程得分}=\frac{\sum[\text{检查项目得分}\times\text{权值}]}{\sum\text{检查项目权值}}$$

$$\text{分项工程评分值}=\text{分项工程得分}-\text{外观缺陷减分}-\text{资料不全减分}$$

①基本要求检查　分项工程所列基本要求,对施工质量优劣具有关键作用,应按基本要求对工程进行认真检查。经检查不符合基本要求规定时,不得进行工程质量的检验和评定。

②实测项目计分　对规定检查项目采用现场抽样方法,按照规定频率和下列计分方法对分项工程的施工质量直接进行检测计分。

检查项目除按数理统计方法评定的项目以外,均应按单点(组)测定值是否符合标准要求进行评定,并按合格率计分。

$$\text{检查项目合格率}=\frac{\text{检查合格的点(组)数}}{\text{该检查项目的全部检查点(组)数}}\times100\%$$

$$\text{检查项目得分}=\text{检查项目合格率}\times100$$

③外观缺陷减分　对工程外表状况应逐项进行全面检查,如发现外观缺陷,应

进行减分。对于较严重的外观缺陷，施工单位须采取措施进行整修处理。

④资料不全减分　分项工程的施工和图表残缺，缺乏最基本的数据，或有伪造涂改者，不予检验和评定。资料不全应予减分，幅度可按下面质量保证资料所列各款检查，遇见资料不全情况，每款减1～3分。

(2)分部工程和单位工程质量评分　按表4-1“单位、分部、分项工程的划分”所列分项工程和分部工程区分为一般工程和主要(主体)工程，分别给以1和2的权值。进行分部工程和单位工程评分时，采用加权平均值计算法确定相应的评分值。

$$\text{分部(单位)工程评分值}=\frac{\sum[\text{分部(单位)工程评分值}\times\text{相应权值}]}{\sum\text{分部(单位)工程权值}}$$

(3)合同段和建设项目工程质量评分　合同段工程质量评分采用所含各单位工程质量评分的加权平均值。

$$\text{合同段工程质量评分值}=\frac{\sum[\text{单位工程评分值}\times\text{该单位工程投资额}]}{\text{合同段总投资额}}$$

(4)质量保证资料　施工单位应有完整的施工原始记录、试验数据、分项工程自查数据等质量保证资料，并进行整理分析，负责提交齐全、真实和系统的施工资料和图表。质量保证资料应包括以下六个方面：

①所用原材料、半成品和成品质量检验结果。

②材料配比、拌和加工控制检验和试验数据。

③地基处理、隐蔽工程施工记录和大桥、隧道施工监控资料。

④各项质量控制指标的试验记录和质量检验汇总图表。

⑤施工过程中遇到的非正常情况记录及其对工程质量的影响分析。

⑥施工过程中如发生质量事故，经处理补救后，达到设计要求的认可证明文件。

3)**工程质量等级评定**

(1)交工验收的工程质量等级评定

①分项工程质量等级评定　分项工程评分值不小于75分者为合格，小于75分者为不合格；机电工程、属于工厂加工制造的桥梁金属构件不小于90分者为合格，小于90分者为不合格。

评定为不合格的分项工程，经加固、补强或返工、调测，满足设计要求后，可以重新评定其质量等级，但计算分部工程评分值时按其复评分值的90%计算。

②分部工程质量等级评定　所属各分项工程全部合格，则该分部工程评为合格；所属任一分项工程不合格，则该分部工程为不合格。

③单位工程质量等级评定　所属各分部工程全部合格，则该单位工程评为合格；所属任一分部工程不合格，则该单位工程为不合格。

④合同段和建设项目质量等级评定　合同段和建设项目所含单位工程全部合格，其工程质量等级为合格；所属任一单位工程不合格，则合同段和建设项目为不合格。

(2)竣工验收的工程质量等级评定

竣工验收按交通部规定的《公路工程竣(交)工验收办法》对工程质量进行评分，并确定工程质量等级。

①竣工验收工程质量评分采取加权平均法计算，其中交工验收工程质量得分权值为0.2，质量监督机构工程质量鉴定得分权值为0.6，竣工验收委员会对工程质量评定得分权值为0.2。

工程质量评定得分大于等于90分为优良，小于90分且大于等于75分为合格，小于75分为不合格。

②竣工验收委员会按交通部规定的办法对参建单位的工作进行综合评价。评定得分大于等于90分且工程质量等级优良的为好，大于等于75分为中，小于75分为差。

③竣工验收建设项目综合评分采取加权平均法计算，其中竣工验收工程质量得分权值为0.7，参建单位工作评价得分权值为0.3(项目法人占0.15，设计、施工、监理各占0.05)。

④最后评定得分大于等于90分且工程质量等级优良的为优良，大于等于75分为合格，小于75分为不合格。

四、分包工程的质量管理

1. 选择合格的分包商

1)分包队伍的质量管理

工程合法分包是工程项目的一种经营方式，分包商的施工水平对工程质量的优劣起着很重要的作用。对分包队伍的质量管理应作为施工过程中十分重要的环节认真对待。

2)工程分包的有关规定

工程分包应按照交通部编制的《公路工程国内招标文件范本》合同通用条款中转包和分包的有关规定执行。工程主体结构或关键性工程不得分包，分包工程量不得超过总包合同的30%。

3)分包单位的选择

工程依法实行分包时,应当选择合格的分包单位。对拟进行分包的单位由项目经理组织有关人员进行考察,了解分包队伍的施工能力、技术力量、技术水平及资质等级、同类工程施工业绩。严禁将工程项目分包给近年业绩不佳、发生过质量、安全事故的单位。

4)分包队伍公开竞标

为了使分包队伍在公平、合理、平等的条件下承揽工程任务,对拟进行分包的单位采用公开竞标的方式进行招标。

(1)工程中标后,经营部门应编制出中标工程的标后预算。

(2)项目根据标后预算及工程实际情况,编制出所要实行承包工程的招标文件。该招标文件应对招标工程的工程概况、工程数量、施工图纸、工期、质量标准、投标期限、投标报价、开标、评标、合同授予及分包队的人员、设备、测量试验仪器、施工组织设计等方面作出详细的规定。

(3)项目在招标文件中应明确规定所要招标工程的工作量清单;分包队应按工程量清单中确定的工程的项目、数量,根据调查的实际情况分别报价,并进行汇总作为总的报价金额。分包队在报价的同时,还应提供承包该工程所用的主要人员、设备、测量、试验仪器的详细清单。

(4)编制的实施性施工组织设计文件,应符合分包工程招标文件的要求。

(5)定标方式:对投标价和施工能力(人员、设备、测量试验仪器)及施工组织设计三个方面进行综合打分,总分为100分。其中标价占50分、人员占5分、设备占20分、测量试验仪器占5分、施工组织设计占20分。以得分最高为最优标并取得中标资格。

选择分包商,除实行公开招标外,还要认真考察其实际能力,价格不是选择的唯一因素,要综合考虑各种因素。

(6)评标方法

①标价评分的方法,以标后预算为最高分50分,在此基础上每个有效的投标报价,每降低或增加一个百分点按递减2分计算出标价得分。

②人员、设备、测量试验仪器的评分,由项目管理层在开标前根据招标工程的实际需要,定出完成该工程任务所需要的人员、设备,测量试验仪器的数量、名称、型号、年限及其他方面要求的标准。开标后评标小组用各施工队投标文件中提供的人员、设备、测量试验仪器清单与之进行比较审核,达不到要求者发现一处扣0.5

分,并统计出人员、设备、测量试验仪器三个方面的最终得分。

③施工组织设计的评分方法,是根据各施工队投标文件提供的实施性施工组织设计文件,与投标规定的施工组织设计要求进行比较审核,按内容是否齐全、具体,表达是否明确和是否符合技术规范的要求进行打分,每发现一处有明显错误者扣0.5分,并统计出最终得分。

上述三项的得分合计即为总的评标得分。

标后预算和招标工程的人员、设备、测量试验仪器标准,在未开标前必须严格保密。

2. 分包合同的签订

(1)分包工程开工前必须依法签订工程分包合同,明确适用的施工技术规范、验收评定标准、质量等级等。

(2)严禁分包合同尚未签订,分包单位即盲目进场施工。

(3)签订分包合同应遵循以下原则:

①与业主签订的主合同是签订分包合同的前提,分包合同的制订不得违反主合同文件精神。

②分包合同的价格确定应以市场基价为基础,采取单价承包的方式,严禁以清单单价提取百分比的方式确定分包价格;单价所含工程内容必须明确而具体。

③分包合同应包括甲、乙双方名称、工程数量、合同金额、双方权利和义务、工程量计算方法、工期质量要求、变更索赔、结算与支付、违约责任等内容,分包合同中除应有质量保证条款和扣质保金外还应有履约保证条款,以保证工程进度目标顺利实现。分包方的履约保证金分为现金、银行保函、资产抵押三种形式。比例应为分包合同额的10%。各种保证金应明确返还条件和期限。

④分包合同中应有职业健康、安全和环保方面的条款。分包队伍进场的驾驶人员、特殊工种作业人员必须持证上岗。大型特种设备要有国家颁发的拆装和操作许可证,方可使用。

⑤分包合同中对分包队伍自购物资的管理,必须遵循广泛选择对象的原则,千万不能轻信小的分包商。

3. 对分包商的质量控制和考核

(1)分包单位应依据分包合同的约定,对所分包的工程质量向总承包单位负责。严禁再次违法分包或转包,对于分包单位进行二次分包的行为要严肃处理,一旦发现立即取消其分包资格。

(2)分包单位应在施工组织设计控制下，自行编制分项工程的施工方案，经项目经理部审核，报监理工程师批准后，监督执行。如需变更施工技术方案，分包单位应向项目经理部提交书面报告，项目经理部批准后方可实施。

(3)项目经理部应将对分包队伍的管理纳入项目的质量、安全管理体系，确保安全、优质高效地完成所承担的工程。分包队伍必须服从经理部的总体安排，按项目经理部批准的工期、施工技术方案、质量要求、安全措施进行施工，施工过程中工程质量要处于受控状态。在分包队伍中推行岗位质量责任制，做到质量责任层层落实，分包队伍每完成一道工序，都要由经理部质检工程师检查合格并经监理签认后方可进入下道工序的施工。

(4)所有施工项目质量管理的要求，均适用于对分包的管理。项目经理部要切实加强对分包工程的监控，将责任落实到人，严禁以包代管或包而不管。项目经理部要选配专门人员进行分包管理，监督分包商履行分包合同中的相关内容，严格执行质量检验、试验、验收制度和工程优劣奖罚制度。

(5)分包单位应参加设计交底和施工技术交底。施工前项目经理部应向分包队伍进行技术交底，未经交底或交底不清楚时不得盲目开工，重点工程部位的技术交底工作应由项目总工程师或工程部以书面形式签发并传达到有关分包队伍工班以上的负责人，再由工班负责人向具体操作人员进行二次交底。工程部要对二次交底情况进行检查、核实。

(6)要做好测量、试验把关工作。分包队伍施工过程中的测量和试验数据要经过项目经理部的检查和确认，对涉及结构安全的检查和试件与原材料的检验尤其要进行严格控制。特殊岗位作业人员要持证上岗。

(7)项目质量管理人员要明确分包队伍自购材料的名称、规格、材质标准、数量，应有合格材料供方的评价和考核资料。控制其进场材料的检验、试验程序，试验合格后方可入库使用，并妥善保存各类材料的质量证明和试验报告。对分包队伍的不合格工程或不合格材料不得擅自放行。

项目要监督分包单位必须按设计图纸和技术规范进行施工，不得偷工减料。要制订措施防止不合格材料用于工程实体中。

(8)项目应加强对分包工程的检查力度，对分包队伍施工过程中出现的质量问题，必须责令其限期改正，对不合格工程则必须进行返工或整修。

(9)项目经理部应随时对分包工程进行检查，对施工能力及施工质量不能满足要求的分包单位要采取有力措施直至取消分包资格。公司(处)每年将对分包单位进行考核，根据考核结果，建立合格分包商台账。

(10)分包工程实施完成后,项目对分包单位进行全面考核评价,提出建议,得出评价结论,确定是否仍可保留在“合格分包商台账”中,并保留评价记录。

五、质量事故的预防与处理

1. 施工质量事故的分析

施工项目由于具有产品固定,生产流动,品种多样,结构类型不一,露天作业多,自然条件(地质、水文、气象、地形等)多变,材料品种、规格不同,交叉施工,现场配合复杂,工艺要求不同,技术标准不一等特点,因此,对质量影响的因素较多,在施工过程中稍有疏忽,就极易引起系统性因素的质量变异,而产生质量问题或严重的工程质量事故。为此,必须采取有效措施,对常见的质量问题事先加以预防;对出现的质量事故应及时进行分析和处理。

1)施工质量问题的危害

(1)施工项目质量问题,轻者影响施工顺利进行、拖延工期、增加工程费用,重者给工程留下隐患,影响安全使用或不能使用,更严重的是引起建筑物倒塌,造成人民生命财产的巨大损失。

(2)许多工程质量问题,还将随着时间不断发展变化。如钢筋混凝土结构出现的裂缝将随着环境湿度、温度的变化而变化,或荷载的大小和持荷时间而变化。建筑物的稳定性,将随着附加弯矩的增加和地基的沉降而变化;甚至有的细微裂缝,也可以发展成构件断裂或结构物倒塌等重大事故。

2)施工质量问题产生的原因

工程质量问题的表现形式多种多样,原因各不相同,有违背施工程序造成的,有工程地质勘察不详造成的,也有设计原因造成的,但就施工和管理方面的原因分析,主要有:

(1)不熟悉图纸而盲目施工,图纸未经会审,仓促施工。未经监理、设计部门同意,擅自修改设计。

(2)原材料检验未按规定的取样方法、检验频率、取样数量等标准进行。

(3)不按有关施工规范与工艺标准施工,如混凝土施工不按规定的强度拆除模板,路基施工填方的分层厚度太大,超过规定等。

(4)不按有关操作规程施工。如插入式振捣器振捣混凝土时操作方法不当,致使混凝土振捣不实,整体性差,钢筋该焊接的改绑扎等。

(5)缺乏基本结构知识，施工中蛮干。如将钢筋混凝土预制梁倒放，预制构件吊点选择不合理，不了解结构受力和吊装受力的状态等，均将给质量和安全造成严重的后果。

(6)因环境、气候等自然因素的影响，造成工程产生水害、冻害、结构损坏或位移等问题。

(7) 施工管理紊乱，施工方案考虑不周，施工顺序错误。技术组织措施不当，技术交底不清，违章作业，不重视质量检查和验收工作等，都是导致质量问题的原因。

2. 施工质量事故的等级划分

1)公路工程质量事故的定义

工程质量事故，指由于施工、测量、试验检测等责任过失而使工程在下述时限内遭受损毁或产生不可弥补的本质缺陷，因构造物倒塌造成人身伤亡或财产损失以及需加固、补强、返工处理的事故。

(1)道路工程：现场监理签认至工程项目通车后两年内。

(2)结构工程：施工过程中和设计使用年限内。

2)公路工程质量事故的分类及其分级标准

公路工程质量事故分质量问题、一般质量事故及重大质量事故三类。

(1)质量问题　质量较差、造成直接经济损失(包括修复费用)在 20 万元以下。

(2)一般质量事故　质量低劣或达不到合格标准，需加固补强，直接经济损失(包括修复费用)在 20 万～300 万元之间的事故。一般质量事故分以下三个等级：

①一级一般质量事故：直接经济损失在 150 万～300 万元之间。

②二级一般质量事故：直接经济损失在 50 万～150 万元之间。

③三级一般质量事故：直接经济损失在 20 万～50 万元之间。

(3)重大质量事故　由于责任过失造成工程倒塌、报废和造成人身伤亡或重大经济损失的事故。重大质量事故分为以下三个等级：

①具备下列条件之一者为一级重大质量事故：

a. 死亡 30 人以上。

b. 直接经济损失 1 000 万元以上。

c. 特大型桥梁主体结构垮塌。

②具备下列条件之一者为二级重大质量事故：

a. 死亡 10 人以上，29 人以下。

b. 直接经济损失 500 万元以上，不满 1 000 万元。

c.大型桥梁主体结构垮塌。

③具备下列条件之一者为三级重大质量事故:

a.死亡1人以上,9人以下。

b.直接经济损失300万元以上,不满500万元。

c.中、小型桥梁主体结构垮塌。

3)工程质量事故(问题)的经济损失

工程质量事故或质量问题的经济损失,只计算由于施工原因而造成的直接经济损失。

3.施工质量事故的预防

在整个施工过程中都应贯彻"预防为主"的指导思想,不仅要强调事后检查把关,更重要的是进行事前控制,防患于未然,把质量隐患消灭在萌芽之中,不使上道工序的质量问题流向下道工序。质量事故(问题)的预防主要是在施工前和施工过程中严格控制质量。

1)施工前的质量预防

(1)建立质量保证体系　根据企业的质量保证体系和质量目标,结合工程的特点和施工现场情况,建立现场的质量管理制度和质量保证体系,完善计量及质量检测技术与手段,编制现场质量目标展开图,使施工现场质量目标和措施得到保证。

(2)制订质量控制计划　制订详细的质量控制计划,明确各工序控制的质量目标及控制方法、措施和负责人,资源的配备,关键和特殊工序控制措施,检测和监控的方法等。

(3)"4M1E"的控制　"4M1E"(人员、机器、物料、方法及环境的英文缩写)是对现场人(培训)、机(状态确认)、料(合格标志)、法(建立制度)、环(环境符合要求)实行质量管理。人、机、料、法、环是造成质量波动的五大因素,在施工准备阶段,要对其进行严格检查、审核,以保证"4M1E"处于受控状态。

2)施工过程中的质量预防措施

(1)认真进行技术交底,严格按操作规程施工　施工技术交底应按不同层次、不同要求,有针对性地进行,技术交底至少要做到二级交底,交底的内容要有技术、质量、安全、环保等内容。通过技术交底,可以使参与施工的全体人员熟悉和掌握所承担工程的特点、设计意图、质量标准、技术标准、方案、施工工艺、安全、环保、工期要求和施工中应注意的问题,明确交底方与被交底方之间的责任,严格按实施性施工组织设计规定的操作规程施工,从而达到保证工程质量、圆满履行合同的目的。

(2)明确质量检验标准,严格执行“三检”制　熟悉质量检验评定标准的内容,明确检验标准,在施工过程中每道工序执行“三检”制(自检、互检、交接检),上道工序不合格不能转入下道工序的施工,一环扣一环,环环不放松,整个施工质量就能得到有力保证。

(3)严格执行质量检查制度,发现隐患及时采取措施　除在工序进行过程中执行“三检”制外,对隐蔽工程的检查更要认真仔细,并做好相关记录。项目还要每月进行一次全面质量检查,以及时消除质量隐患,避免质量事故的发生。

(4)认真执行测量、试验管理制度　严格测量成果复核制度,认真做好测量原始记录,所有记录签字齐全,减少由于测量错误引起的质量事故。

严格执行试验管理制度,按规定的频率和方法进行试验;试验仪器定期检定,保证试验数据的准确性。

4. 施工质量事故的处理

1)质量事故报告

(1)质量事故报告的内容见表 4-3。

工程质量事故报告表　　表 4-3

填报单位:__________　　报告时间:__________

工程名称		设计单位		事故类别	
地点及桩号		施工单位		估计损失金额	万元
事故发生时间		项目负责人		实际损失金额	万元
事故发生情况及处理意见					
上级部门处理意见					
检查人	质量负责人:		施工负责人:		
	监理负责人:		技术负责人:		

(2)质量事故报告的程序

①无论发生何种工程质量事故，事发单位除积极按照业主、监理要求进行有关检测、事故原因分析、提出处理意见外，内部均应严格按照“四不放过”的原则进行处理，即事故原因不查清楚不放过，事故责任人和参与者没有受到教育不放过，没有总结经验教训不放过，没有制订预防纠正措施不放过，同时要按照规定上报。

②发生工程质量事故时，事故单位必须在事故发生(或发现)后 24h 内以书面形式汇报，并及时向有关领导汇报。

③发生质量事故的工程处理完毕并经业主、监理确认合格后，写出《工程质量事故处理报告》，报上级主管部门。

④事发单位应保留好有关原始资料备查。

2)质量事故的处理

(1)直接经济损失 20 万元以下的质量问题要及时报公司(处)，由公司(处)直接处理，但要在当月报局的《质量月报》中注明。

(2)直接经济损失 20 万～300 万元的一般质量事故，要在 2d 内报公司(处)，同时报局施工管理处，由施工管理处按规定处理和上报。

(3)直接经济损失 300 万元以上的重大质量事故，要在 12h 内报局。

(4)各单位都要建立质量事故台账。

3)特殊情况的处理

有以下情况之一，且经济损失达到相应标准者，可比照质量事故或质量问题，考虑具体情况和造成的影响进行处理。

(1)造成损失，但已投保，已经全额索赔的。

(2)被迫对设计进行修改，工程费用较原设计工程费用增大者。

(3)出现质量问题，自己推倒重来，造成返工损失金额达 10 万元以上。

4)质量事故的处罚

在生产、施工、经营、管理等工作中由于严重不负责任，造成工程质量事故的，对直接责任者按直接经济损失总额进行处罚。

(1)造成直接经济损失 10 万元以下的，赔偿 5%的经济损失，给予警告以上直至记大过处分。

(2)造成直接经济损失 10 万～50 万元的，赔偿 6%的经济损失，并给予记大过以上直至撤职处分。

(3)造成直接经济损失 50 万～100 万元的，赔偿 7%的经济损失，并给予撤职以上处分。

(4)造成直接经济损失 100 万元以上的，赔偿 7%的经济损失，给予开除处分。

对其他负有责任的人员按直接责任者赔偿金额的 20%～50%承担赔偿责任，并酌情给予纪律处分。

发生工程质量事故(质量问题)隐瞒不报、谎报或者拖延报告期限的，对直接负责人和其他责任人视情节轻重给予通报批评或依法给予行政处分。

六、工程交、竣工验收

公路工程验收分为交工验收和竣工验收两个阶段。

交工验收是检查施工合同的执行情况，评价工程质量是否符合技术标准及设计要求，是否可以移交下一阶段施工或是否满足通车要求，对各参建单位工作进行初步评价。交工验收由项目法人(即业主)负责。

竣工验收是综合评价工程建设成果，对工程质量、参建单位和建设项目进行综合评价。竣工验收由交通主管部门按项目管理权限范围进行：交通部负责国家、部重点公路工程项目中 100km 以上的高速公路、独立特大型桥梁和特长隧道工程的竣工验收工作；其他公路工程建设项目，由省级人民政府交通主管部门确定的相应管理部门负责竣工验收工作。

客观、真实地评价工程质量是交、竣工验收工作的核心内容。政府质量监督机构会按照《公路工程质量检验评定标准》(土建工程)(JTG F80/1—2004)的要求和《公路工程质量鉴定办法》规定的抽查项目，在交工验收前进行检测，竣工验收前对关键抽查项目进行复测，检测结果和复测结果共同作为竣工验收质量评定的依据。交、竣工验收是工程项目建设全过程的最后一道程序，是全面考核和检验工程施工质量的重要环节，各级技术管理部门均应予以高度重视。

加强与监理、业主的沟通，尽可能在单位工程(分部工程)完成后进行中间检查验收。中间检查验收主要由业主、监理工程师主持，为合同段的交工验收打下基础。中间检查验收的内容主要是内在质量抽检及质量缺陷的处理、外观质量检查与整修。

作为施工承包商，在交、竣工验收中一般要经过如下步骤：验收准备、自检合格 → 资料整理编制 → 交工验收(含交工缺陷修复)→ 缺陷责任期内的维护、缺陷修复 → 竣工验收(含竣工缺陷修复)。

1. 验收准备、自检

项目经理部应组织工程技术人员对已完工程进行交、竣工测量和工程质量的自检，对特大型工程和质量创优工程项目，自检合格后应报请公司和局有关主管部门参加工程验收。

工程基本完工后，项目应对所承建的工程，进行一次全面的自检，自检分内业、外业两部分，检查内容和项目完全按照交工验收标准进行。主要内容有：恢复重要的标志、测量控制桩点、加大频率进行内在质量抽检及质量缺陷的处理、进行外观质量检查与整修、竣工资料（内业资料）整理。

2. 交、竣工资料的整理编制

交、竣工文件是工程建设的真实记录，它反映了各种建筑物、隐蔽工程、构筑物等的工程状况，是工程竣工验收、日常维护的依据和凭证，也是工程改建、扩建时必须具备的技术资料。竣工资料是工程竣工投产、交付使用的必备条件。

项目经理部按合同和交通部《公路工程竣（交）工验收办法》中规定的内容和要求，组织有关人员及时编制交、竣工资料和文件，必要时可要求公司（处）技术管理部门进行指导和帮助。在工程交工验收后，按照局《公路工程竣工文件材料立卷归档管理办法》向公司（处）或局报送资料归档。由于各项工程大小与复杂程度不一，各地市的工程质量监督站要求不一样，其工程竣工验收的技术资料数量和内容要求也不一样。

竣工文件的编制应完整、规范、科学，竣工文件的主要内容按照交通部《关于贯彻执行公路工程竣（交）工验收办法有关事宜的通知》（交公路发[2004]446 号文）附件二中的“公路工程竣工档案目录”编写。

1）竣工资料编制工作管理上的要求

编制竣工资料是一项细致复杂、涉及面广的工作，做好这项工作要靠项目全体工程技术人员的辛勤劳动，靠各相关部门共同把关，只有如此，才能使竣工资料的编制工作顺利进行，使竣工资料质量真正达到齐全、完整、系统。

（1）竣工资料编制要纳入日常施工技术管理程序　编制竣工资料是施工技术管理的组成部分，应将编制竣工资料工作纳入日常管理程序中。一般建设单位会将编制竣工资料标准、归档范围、时间、要求、份数、制约措施等进行明确规定，项目必须遵循。在项目制订施工技术管理办法时，应明确规定编制竣工资料的方法，结合施工管理的各个阶段、编制竣工资料的内容和要求，使竣工资料的归档工作与工程同步进行。

在项目开工后，项目应积极与建设单位档案部门共同协商拟订一个竣工资料的编制细则，确定：

①各专业竣工资料的组成及内容。

②成套竣工资料的组成及保管单位（卷、册、盒）。

③竣工文件整理及质量标准。

④竣工资料的装订及案卷，封皮式样等。

有了这些细则，项目相关人员就知道怎样去编制竣工资料，同时为竣工验收奠定了基础。

(2)及时督促，掌握进度，注重积累　竣工文件资料的形成同工程一样，要靠项目在日常管理中形成文件材料。要使竣工资料做到完整、准确，应当从工程一开始就把工程发生的有保存价值的文件资料，按照交工文件的标准，在施工过程中一点一滴地积累起来。尤其是施工管理人员，应注重积累资料，以保证档案的齐全、完整。

最重要的是：各种竣工资料所需要的原始资料要及时完成，并及时请业主、监理签字。

(3)取得业主和上级部门对编制竣工资料的指导　项目从工程一开始、文件形成积累的时候，就应同业主积极联系，请建设单位档案部门进行指导，项目档案管理人员要同施工员一样深入现场，对各种检查报告、试验报告、合格证、说明书等进行检查，确认施工图纸是否按洽商记录及时修改过来，有无拖延情况，已形成的材料是否完整、准确，有无遗漏或与实物不符的地方；文件的形成、积累中是否遵守制度，有无专人负责收集、保管竣工资料；在工程进展中及时发现问题并及时解决，促使工程技术部从加强施工技术管理着手，重视竣工资料的编制工作，以保证竣工资料的质量。

2)竣工文件资料的编制

竣工文件资料由项目总工程师和技术主管组织相关专业人员进行编制。由于竣工文件是项目在工程施工过程中随时积累形成的，所以各工点技术负责人要按照竣工文件归档内容、时间和要求，随时做好收集积累工作，及时填写隐蔽工程记录。各项资料宜按专业、部位和结构等不同内容建立文件图纸保管档案盒等，分类保管。

施工技术资料的管理应按照国家和地方现有的文件、标准、规范、施工手册进行，达到既满足当地政府档案管理部门的要求，又适应业主管理的需要，适应“国优、鲁班奖”的资料积累要求；既适合业主、监理、设计方在工程管理阶段的运作需要，又有利于资料最终组卷和企业自己查寻需要。

竣工文件资料的整理应按下列要求进行：

(1)工程施工技术资料的整理应始于工程开工，终于工程竣工，真实记录施工全过程。

(2)工程质量保证资料的整理应按专业特点，根据工程的内在要求，进行分类组卷；工程质量检验评定资料的整理应按单位工程、分部工程、分项工程划分的顺序，进行分类组卷；竣工图的整理应区别情况按竣工验收的要求组卷，范围划分和分类合理准确。

(3)要确保施工资料的有效性，做到各种资料齐全完整、真实可靠、清晰整洁、法律手续完备。尤其是各种检查证、有关记录、会议纪要、试验报告、质量评定等资料，有关人员必须及时签字。

(4)文字记录和各类文件中的文字，各种表示方式均应书写工整、醒目、美观、正规，不得潦草和随意擦改，数字表示必须准确。

(5)综合整理的文件材料上各种符号清晰匀称、正规，整套材料上无污迹、破损、残缺等。

(6)归档资料的装订必须满足业主及当地档案管理的要求。

(7)记录和成图的方法程序必须正确。

(8)原始记录和综合汇总编辑记录必须一一对应。

3)竣工图编制

工程竣工图的编制，应做好以下几项工作：

(1)组织一个竣工图编制的专门班子，由总工程师直接领导，处理竣工图编制中的各种技术问题，根据竣工图工程量大小，配备足够的人员及现代化办公手段。

(2)做好图纸准备。由于工程设计变更多，出图版号多，各版号间又相互穿插，为避免错误，项目工程技术部应提前作出最终版号目录，作为编制竣工图的底图依据。

(3)做好竣工图绘制依据。将设计变更、洽商、图审记录，分专业按时间顺序列出索引，发给各绘制人员，修改量大的通过拷贝的底图软件在电脑上绘制，修改量小的在蓝图上手工绘制。

(4)特大型工程由于工作量大、标准高、分项工程多、还可能存在分包，因此，编制特大型工程竣工图要组织多个绘制组，分专业进行。

3. 交工验收

工程项目在完成全部施工内容、自检合格并具备交工验收所需的文件资料后，可向业主和监理单位正式提交报告，报请业主或监理单位组织交工验收。

对交工验收中，验收委员会提出的必须返工或局部未完的附属工程，项目经理部应组织人员在竣工验收前修复或完成。

配备相关人员，调试好用于质量检测的仪器工具，以配合交工验收小组工作、加快交工验收。

4. 维护、缺陷修复

在交工相关文件、证书上，验收单位一般会注明缺陷责任期的起止日期，在该期限内，项目应承担工程的维护工作与费用。

维护就是为保证工程正常使用功能、消除质量隐患而采取的工程技术措施与技术处理，如密切注意防护工程、排水工程的状态，要采取的管理手段宜通过业主进行。

在缺陷责任期内，由于车辆活载的反复作用及自然因素的影响，随着时间，可能会出现一些质量缺陷甚至质量问题。属于质量缺陷的，应进行整修，到达或者优于质量标准；属于质量问题的，应进行局部返工；属于设计问题的，应发文请业主、监理、设计单位共同研究处理方案，并按照业主或者监理的书面指令进行维修。

5. 竣工验收

项目经理部应按竣工验收的程序和要求，及时提供相应的文件和资料，并参加竣工验收工作。

工程竣工验收一般分为两步，第一步是初步验收，第二步是正式验收。

初步验收一般安排在正式验收之前一个星期左右，由建设单位和项目双方对整个工程逐项进行仔细检查，按照图纸和建设工程承包合同的要求，将遗留工程及其工作量以及不符合规范要求需返工处理的部分，全部做好记录，列入收尾工程计划，项目应在规定时间内完成。

正式验收由建设单位主持，项目负责人、施工管理人员、设计单位、质检单位等相关部门人员参加，对项目的施工情况进行全面评定，并召开工程竣工验收总结会。对于需要返工或继续完善的，项目应在期限内组织力量完成，以便尽快将工程项目移交给建设单位投入使用。

1）竣工验收准备

项目经理应全面负责工程交付竣工验收前的各项准备工作，成立竣工验收小组，编制项目竣工验收计划并限期完成。

项目经理和技术负责人应对竣工验收计划执行情况进行检查，重要部位要做好检查记录。

项目经理部在完成施工项目竣工验收计划后应提交有关部门进行验收。实行分包的项目，分包人应按质量验收标准的规定检验工程质量，并将验收结论及资料交承包人汇总。

2）现场验收

整个工程项目已按设计要求全部建设完成，符合规定的建设项目竣工验收标准，并经监理单位认可签署意见后，由项目向业主（总包方）提交"工程验收报告"，然后由业主（总包方）组织设计、施工、监理等单位对工程项目进行竣工验收，中间竣工已办理移交手续的单项工程，不再重复进行竣工验收。

3）办理交接手续

该阶段主要工作是：在预验的基础上接受正式验收，并填报"单位（子单位）工程质量竣工验收记录"、"单位工程质量保证资料核查表"、"单位工程质量综合评定表"、"工程竣工验收证书"、"工程竣工资料验收认可证明"、"工程档案归档移交审核、会签单"、"工程竣工实物交接清单"、"竣工资料交付清单"等资料。整理、移交竣工文件，进行财务结算，编制竣工总结报告，办理工程交付手续。

七、工程创优规划与实施

1.工程创优的意义

工程质量创优是企业创建精品工程、塑造企业品牌、实施品牌战略的必由之路。企业要坚持"质量兴业"方针，加强全员创优意识教育，提高全员的创优积极性。通过抓工程的创优工作，促进工程质量和施工技术的进步。

品牌是企业或产品在消费者头脑中形成的形象和标志，是企业和产品的象征和代表。只有连续、稳定地创建优质工程，使企业在市场中名声响亮，才能形成企业品牌。品牌是商标，是企业的门牌，在市场竞争中发挥着重要作用。

现代企业无论是从生存发展，还是社会责任来讲，为社会提供优质的产品和优良的服务，是企业的基本价值观、经营理念和行为准则。随着全球经济一体化进程加快，市场竞争日趋激烈，企业质量创优和质量管理工作停留在建造优质工程或精品工程的层面上，是远远不够的。要在原来的基础上，通过对工程创优规划流程的实施，进一步深化和升华创优工作，铸造企业品牌。

1)工程创优理念

过去很长一段时间内,企业和员工对创建优质工程的想法比较单纯,只提出“百年大计,质量第一”的口号,去争取评上一个优良工程。从现在来看,这样管理工程质量过于概念化,内涵过于简单,反映出企业在创优工作和发展上的局限性。许多成功企业的经验告诉我们,要想创优并创立企业品牌,首先要升华全体员工的创优理念。

一是市场理念,就是树立“今天的质量是明天的市场,企业的信誉是无形的市场,用户的满意是永恒的市场”的市场观念;建立“用户第一,客户至上,以诚取信,服务为荣”的经营理念;建立“精心策划,过程监控,阶段考核,持续发展”的项目管理理念等。

另一个是品牌理念,创建优质工程只是一种手段,还只是低层次的工作。而通过创优打造企业品牌并实施品牌战略,发挥品牌效应,才是企业发展的高品位、高境界。当然,品牌战略的实施又是非常重要和艰难的工作历程,要锲而不舍、坚定不移地推进才能达到预期目的。

2)创企业品牌

品牌是企业的一种重要资源,已经和资金、人才一起成为现代企业运行的三大基本要素。建筑业是完全竞争性行业,是服务加工型产业,缺少实体资源是建筑施工企业的明显特征,也是发展的障碍。所以,对建筑企业而言,品牌在某种意义上具有比人力资源、资本资源更加重要的意义,不仅能够吸引资本、开辟市场,而且还能凝聚人才。

企业经营的目的是什么?传统的观点认为,就是使企业利润最大化、把股东的利益放在第一位。但这显然是有局限性的,因为企业利润的最大化是阶段性的,是某一个时期的,它不是长远的。而现代观念则认为,经营企业的目的就是企业价值的最大化,也就是企业的品牌价值最大化,它体现着一个企业持续的盈利能力和发展能力。

任何一个企业或产品品牌创造出来后,不会终身不变永远是品牌。一旦品牌失去了人们和社会对它的认同,它就不再是品牌了。要维护企业的品牌,就要建立企业的创优机制。小名牌小市场,大名牌大市场,没有名牌就没有市场,要走在全国同行前列,要拓展国、内外建筑市场,就得有众多叫得响的精品工程。这种理念要体现到工程建设全过程,以加大创优力度,不断创出精品工程。

建筑产品是创立企业品牌的最佳载体,我们要全面提升企业的质量管理水平,建造较多体现企业特色的优质和精品工程,保持和发展企业的品牌。

2. 工程创优的规划

1)明确“创优”的目标

要搞好项目工程创优规划，首先要明确“创优”的目标。按目标的大小、级别高低的不同，创优目标分为国优、部优、省优、市优、局优工程及各地区的优质工程奖等，项目要根据业主和上级领导的要求，考虑工程的规模、特点、工期等综合因素，结合工程的实际情况，确定切实可行的创优目标。

(1)国家优质工程奖主要是中国五大建筑大奖，即鲁班奖、詹天佑奖、梁思成奖、华夏建设科学技术奖及绿色建筑创新奖。对项目经理部来说，主要是争创鲁班奖和詹天佑奖。

①鲁班奖　鲁班奖全称为“建筑工程鲁班奖”，是中国建筑业工程质量的最高荣誉。1987年由中国建筑业联合会设立，1993年移交中国建筑业协会。主要目的是为了鼓励建筑施工企业加强管理，搞好工程质量，争创一流工程，推动我国工程质量水平普遍提高。这个奖项由建设部、中国建筑业协会颁发。

1996年7月，根据建设部“两奖合一”的决定，将1981年政府设立并组织实施的“国家优质工程奖”与“建筑工程鲁班奖”合并，定名为“中国建筑工程鲁班奖”，每年评选一次，奖励数额为每年45个。

②詹天佑奖　1999年设立的詹天佑奖全称为“中国土木工程詹天佑大奖”，是中国土木工程的最大奖项。该奖由中国土木工程学会、詹天佑土木工程科技发展基金会联合设立，其主要目的是为了推动土木工程建设领域的科技创新活动，促进土木工程建设的科技进步，进一步激励土木工程界的科技与创新意识。因此，该奖又被称为建筑业的“科技创新工程奖”。

首届“詹天佑奖”颁发于新中国建国50周年之际，共有桥梁、隧道、房建、铁路、公路、港口、市政等21项工程获此殊荣，囊括了86个参建的设计、施工、科研单位。

③梁思成奖　“梁思成奖”是经国务院批准，以我国近代著名的建筑家、教育家梁思成先生命名的中国建筑设计国家奖。设立该奖是为了激励我国建筑师的创新精神，繁荣建筑设计创作，提高我国建筑设计水平，表彰、奖励在建筑设计创作中拥有重大成绩和贡献的杰出建筑师。2000年9月，首届“梁思成奖”授予了建国50年来在建筑设计创作中对我国建筑设计发展具有突出贡献的十名建筑师。自2001年起，该奖每两年评选一次，每次设梁思成建筑奖2名，梁思成建筑提名奖2～4名。每位获奖人员将得到10万元人民币奖励。

④华夏建设科学技术奖　“华夏建设科学技术奖”是建设系统以社会力量办奖

形式设立的建设行业科学技术奖。设奖机构为中国建筑设计研究院，承办机构为建设部科技发展促进中心，决策机构为建设行业有关单位组成的奖励委员会。作为建设行业科技工作的归口司局，建设部科学技术司将对这一奖项进行扶持、规范、协调和指导。华夏建设科学技术奖于2002年9月获得国家科学技术奖励办公室批准，2003年首次评选。

设立“华夏建设科学技术奖”的目的是实施“科教兴国”战略，加快建设科技创新，提升我国建设行业的综合技术水平。该奖的推荐范围为：城乡规划、村镇规划、工程建设、城市建设、村镇建设、建筑业、住宅房地产业、勘察设计咨询业、市政公用事业；表彰在新技术、新产品、新工艺、新方法、新材料、计算机软件等方面的建设科技成果；引进、消化、吸收、开发、应用国外先进技术与产品的成果以及为行业服务的标准、规范、科技信息、科技档案等科技基础性成果；与决策科学化、管理现代化相关的软科学研究成果；有组织、有计划大规模推广应用并取得显著效益的科技成果，采用新技术、新成果完成的有示范作用的项目。

⑤绿色建筑创新奖 “绿色建筑创新奖”于2004年10月由建设部设立，由建设部科学技术委员会负责实施，日常管理由建设部科学技术司负责。设立该奖的目的是，贯彻落实科学发展观，促进节约资源、保护环境和建设事业的可持续发展，加快推进我国绿色建筑及其技术的健康发展。

“绿色建筑创新奖”分工程类项目奖和技术与产品类项目奖。工程类项目奖包括绿色建筑创新综合奖项目、智能建筑创新专项奖项目和节能建筑创新专项奖项目。技术与产品类项目奖是指应用于绿色建筑工程中具有重大创新、效果突出的新技术、新产品、新工艺。

首届“绿色建筑创新奖”于2005年3月颁奖。

(2)省部级奖项主要有“三优”工程奖，即优秀勘察奖、优秀设计奖和公路交通优质工程奖。

根据交通部《关于委托组织公路工程“三优工程”奖评审工作的通知》(交公路发[2005]47号)，中国公路勘察设计协会、中国公路建设行业协会分别制订了《公路交通优秀勘察奖、优秀设计奖评选管理办法》和《公路交通优质工程奖评奖办法》。“三优”工程奖中，优质工程奖是项目经理部的创优目标。

(3)对于各地方的优质工程奖或其他奖项，如优良样板工程、安全生产和文明施工的“双优”工程等，项目经理部可根据各地方政府规定的评选办法和业主的要求制订自己的创优目标。

(4)局优质工程奖，是根据局内工程的大小与技术难度的不同，工程项目分为一般工程、创优工程和重点工程。每年在较重要的大型工程项目中确定十项重点工程和十项创优工程，称为“双十”工程。被定为“双十”工程的项目，创优目标已明确，必须制订好具体的创优规划。

“双十”以外的其他工程项目，也要根据局制订的“优质工程评审办法”及业主和上级的要求，确定切实可行的创优目标。

所有工程均可以申报优质工程奖。

2)制订工程创优规划

根据创优目标、有关评选办法的规定和上级文件要求，项目在工程开工前应制订切实可行的创优规划。创优规划应包括工程概况、创优目标、创优机构、实施步骤、实施方法、新技术应用等内容，从质量目标、质量管理体系、质量控制措施、质量管理执行的文件、标准规范、施工技术保证、成品保护、施工过程控制、奖罚措施等方面提出一个总体管理框架、实施办法、评比办法和奖惩制度。

(1)在整体创优规划的框架之下，制订每年的年度创优规划、各分项工程的详细创优规划、安全和环保创优规划等。

(2)进行实现质量目标的可行性分析和工程施工的难点分析，找出所存在的实际问题和要解决的主要矛盾，明确关键工序和技术难点，从而提出正确解决的措施和实施的方法步骤，为创优规划提供理论依据。

(3)制订分阶段目标计划，把质量目标层层分解，直到各分项工程。明确各分项工程的创优负责人、创优方法和步骤、应注意的问题。

(4)创优质工程的过程策划包括：编制施工组织设计、施工方案及作业指导书，规定施工过程中应遵守执行的规范和规定，列出施工过程中关键过程和特殊过程应采取的措施，预防和纠正施工过程中可能产生的问题。控制点要逐个写进交底书，使操作者一目了然，防止操作人员的误解或丢项，为创优提供技术保障。

规划方案中要有如何消除工程质量通病、如何将难点通过施工向质量亮点转化，如何监控质量缺陷防范点的策划，做到细化过程控制，精心安排施工。

(5)制订科技攻关和四新技术应用实施方案。创优工程一个最重要、最关键的标准就是看企业在施工过程中，运用了多少四新技术，解决了什么技术难题，就是看工程“有多少亮点”，亮点越多，实现创优目标的可能性就越大。

3. 工程创优规划的实施

(1)成立创优领导小组和创优管理机构，全面负责协调项目的创优工作。按照创优规划、评比办法和奖惩制度，实行全员、全方位、全过程的“三全”控制。同时，

层层建立创优体系，层层签订责任书，落实创优规划的各项工作，形成项目经理部、施工管理层、操作层的三级管理网络，把责任分解到每个班组、每个人，做到层层有责任，项项有落实，横向到边，纵向到底，提高全员的责任感，形成完整的"创优"责任体系。

(2)制订工程创优规划的各项管理制度，使创优工作有章可循。通过集中管理，分解细化，用制度来保证质量目标的实施。同时采用经济手段，将质量和安全指标的完成情况与职工的经济责任紧密挂钩，建立把职工的经济利益与质量安全挂钩的分配制度，做到"奖优罚劣"，形成质量目标管理与考核相结合的机制。

(3)落实技术措施，按照高起点、高标准、高质量的创优要求，不断优化施工方案，改进施工工艺，创新施工方法，在施工过程中努力采用现代管理方法和科技手段开展科技攻关，以确保创优目标的实现。

依靠科技进步，加快新技术、新工艺、新设备、新材料的推广应用，提高科技含量，深入开展 QC 小组活动，大力推行工艺改革，创建科技示范工程。

(4)加强过程控制，对分项工程及每个操作工艺过程进行策划、实施，使每一过程始终保持受控状态。落实施工中的技术交底、工序交接、操作示范、质量安全检查等工作，实行精细化施工。组织班组交流施工经验，研究解决施工中碰到的技术或质量难题。对每个职工做到班前技术交底，班后检查验收，使大家都能精心施工，精心操作，使各分项分部工程达到优良标准。

重视对分项分部工程的质量检查和监督，严格执行"三检制"，即自检、互检、交接检，发现问题及时整改。

(5)严把材料进场关。优质建筑材料是工程创优的先决条件。施工中严格按照 ISO 9001 标准，建立起材料采购、库存、领用过程中的审批、监督制度。

(6)施工现场是项目对外的窗口，也是项目管理水平的一个重要标志。加强现场管理，把创优工作的出发点和落脚点放在现场，按期组织现场工程质量评比及工程质量创优现场会，互相交流经验，观摩学习，取长补短，共同提高。评选样板工程，发挥样板工程的示范作用，将先进经验及时向全项目推广，使工程创优活动向更高层次推进。

(7)抓好综合管理。在生活工作环境创优上，始终坚持规范化、经常化、考核细则化。具体措施是提高住宿条件、改善食堂环境、增加文娱设施、做好现场环境卫生，使制度变成习惯，习惯变成规矩，为创优提供一个良好的作业环境。

第五章 信息化管理

一、工程项目信息化管理内容

工程项目信息化管理的内容有:信息化工作计划的制订与实施、信息化管理制度的制订与实施、计算机管理人员的任用和考核、全员信息化培训与考核、信息设备配置与管理、常用计算机软件与应用、软件与信息系统开发、信息系统的管理与维护、计算机网络的组建与管理、信息安全管理、数字文件管理、中交第一公路工程局有限公司三大信息系统的作用与应用、中交第一公路工程局有限公司有关信息化建设的文件。

二、信息化工作计划的制订与实施

1.信息化工作计划的作用

信息化建设是项目重要基础性工作之一,信息化工作计划是项目实施信息化建设的重要依据。每个工程项目在开工前都应按公司有关要求制订信息化工作计划。

2.信息化工作计划的编制依据

(1)招、投标文件要求。

(2)公司有关标准和要求。

(3)项目所在单位有关标准和要求。

(4)项目特殊要求。

3. 信息化工作计划的主要内容

1)硬件计划

包括服务器数量及规格、台式计算机数量及规格、笔记本电脑数量及规格、投影机数量及规格、打印机数量及规格、数码照相机数量及规格、数码摄像机数量及规格、扫描仪数量及规格、移动存储设备(U 盘、移动硬盘)数量及规格、光盘刻录设备数量及规格。

2)软件计划

包括操作系统版本及数量,办公软件版本及数量,安全软件版本及数量,施工管理版本及数量,财务软件版本及数量,招、投标软件版本及数量,其他软件版本及数量。

3)网络计划

包括上网计算机数、网络拓扑图、交换机数量及规格、路由器数量及规格、网络出口线路带宽。

4)上网信息计划

包括文本信息分类、图片信息分类、视频信息分类、重要桥梁和隧道工程是否设置实时视频监控系统、其他工程项目是否定期录像。

5)安全计划

(1)系统安全 包括系统升级、病毒防护、防恶意软件。

(2)网络安全 包括准备采用的网络安全策略。

(3)信息安全 包括信息分类及加密方法、保密策略、信息备份方式。

6)培训计划

包括安全教育内容及日程安排、基本技能教育内容及日程安排。

4. 信息化工作计划的编制方法

项目信息化工作计划可按公司公布的有关模式编制,一般项目的计划在实施前直接报分公司审批,重点项目的计划在实施前应报公司技术发展处信息中心审批。

5. 信息化工作计划的组织实施

1)实施工作的组织

信息化工作计划经上级有关部门批准后,应严格执行,项目总工应负责具体抓这项工作。

2)实施评估

信息化工作计划执行一段时间后,每隔几个月应作一次评估,看是否满足实际要求,如差距太大,应适当作出调整。

6. 信息化工作计划的调整

信息化工作计划可能会出现与实际相差较大的情况,这时应作出调整,调整后应按新计划对待,及时报批。

三、信息化管理制度的制订与实施

1. 信息化管理制度的作用

企业信息化建设管理制度要求企业所有成员在信息化建设过程中共同遵守某些办事规程和行动准则,从而为完成信息化建设任务或目标提供有力保证。

2. 信息化管理制度的编制依据

各工程项目应按公司有关要求制订各自的信息化管理制度。制订信息化管理制度的主要依据有以下几点:

1)招、投标文件要求

招、投标文件要求是制订项目信息化管理制度的重要依据,如与公司、分公司内有关文件有明显不同时,应将有关情况报上级管理部门。

2)公司、分公司内有关制度和要求

公司已经发布了有关管理制度,并已经明确要求各分公司也要制订各自的管理制度,这些文件已经成为项目制订管理制度的重要依据。

3)项目特殊要求

不同的项目有不同的具体要求,但在制订制度时,不能强调特殊,不能与上级的管理制度相抵触。

3. 信息化管理制度的主要内容

1)信息管理

信息管理是项目信息化建设的重要内容,信息资源是项目的重要资源之一,每个项目应有专人管理这些信息。

2)硬件维护

硬件是保证项目正常办公的重要基础设施,必须有专人管理。

3)网络管理

现代办公已经越来越离不开网络,保障网络正常连通,已经成为项目日常办公管理工作的一个重点和难点,必须有专人来负责管理这项工作。

4)安全管理

安全管理是信息管理和网络管理的重要基础和保障。安全管理越来越复杂,专业性也越来越强,必须有专人来负责管理这项工作。

5)专职人员的配备

项目信息化管理涉及以上几个方面,具有十分复杂和专业性越来越强的特点,大的工程项目应考虑配备专职人员来管这项工作。

6)兼职人员的配备

在比较小的项目或大型项目的部门应指定兼职人员管理信息化工作。

4. 信息化管理制度的编制方法

项目信息化管理制度可按公司公布的有关模式编制,一般项目的管理制度在实施前直接报分公司审批,重点项目的管理制度在实施前应报公司技术发展处信息中心审批。

5. 信息化管理制度的组织实施

信息化管理制度经上级有关部门批准后,应严格执行,项目总工程师应负责具体抓这项工作。

6. 信息化管理制度的补充和完善

信息化管理制度可能会出现与实际相差较大的情况,这时应作出调整,调整后应按新管理制度对待,及时报批。

四、计算机管理人员的任用和考核

1. 计算机管理人员的作用

项目计算机管理人员是项目重要业务人员之一，是项目信息化建设的主要骨干人员，肩负项目信息化建设技术指导、网络管理、重要信息系统日常维护等工作。

2. 计算机管理人员的素质要求和选拔

项目计算机管理人员必须既懂企业的主要业务，又要熟练掌握先进的信息技术，只有这样才能更好地发挥其应有的作用。一个合格的项目计算机管理人员应具备良好的职业道德、全面的知识结构、超常的学习能力、超常的沟通能力、良好的表达能力。

3. 计算机管理人员的日常主要工作

1）网络管理

项目网络管理主要内容有网络设备管理（路由器管理、交换机管理、MODEM管理）和网络资源的管理（如 IP 地址管理、磁盘资源、打印机共享等），主要目的就是保证项目计算机网络能正常、稳定运行。

2）系统维护

（1）硬件系统维护　硬件升级，日常清理。

（2）软件系统维护　系统升级，系统优化。

3）安全管理

（1）单机补丁管理　项目计算机管理人员应及时为项目网络内每一台计算机打好补丁，这是安全管理最重要的基础工作。

（2）防病毒　防病毒是一项重要安全管理内容，项目计算机管理人员应为每一台计算机安装好防病毒软件，并定期检查病毒库文件升级情况，安排定期全网查、杀计算机病毒。

（3）防恶意软件　防恶意软件的重要性已经超过防计算机病毒，项目计算机管理人员应为每一台计算机安装好防恶意软件的软件，并定期检查防恶意软件库文件升级情况，安排定期全网查、杀恶意软件。

（4）规范上网行为　员工上网行为是保证计算机安全的重要基础工作，由于国内相关法规跟不上变化，导致许多网站带有恶意软件，稍有不注意，就会导致计算机遭遇恶意软件，从而危及网络安全。

(5)防大规模下载 网内大规模下载是阻塞网络的重要因素，项目计算机管理人员应严格控制网内BT、电驴等下载行为，以确保网络畅通。

4)信息管理

(1)项目文本数字文件管理 文本数字文件应按公司有关要求进行分类、保密分级、网上发布。

(2)项目进度照片管理

①一般工程，应每周拍摄和收集一次。

②桥梁工程，应每周拍摄和收集一次，重要部位按实际进度拍摄和收集。

③隧道工程，应每周拍摄和收集一次，重要部位按实际进度拍摄和收集。

(3)项目视频文件管理 公司重点工程，每月拍摄和收集一次，重要部位按实际进度拍摄和收集。

5)相关培训

主要对新技术、新软件系统、新硬件系统的使用等方面进行培训。

4. 计算机管理人员的工作考核

1)考核作用

考核是对计算机管理人员工作的重要评价，应按公司和分公司的有关标准进行，宜每年进行一次。

2)考核内容

应包括公司和分公司的有关标准内容和项目自定的内容。

3)考核方法

应按公司和分公司的有关标准执行。

五、全员信息化培训与考核

1. 信息化培训工作的重要性

信息化培训工作是项目信息化建设的重要基础工作之一。由于信息技术更新速度很快，软件和硬件系统生命周期都很短，新知识不断出现，必须通过对员工的不断培训，才能确保工作的正常运转。

2. 信息化培训工作的主要内容

项目信息化培训工作的主要内容有安全常识、基本操作、个人信息管理方法、网络应用等。

3. 信息化培训工作的考核

信息化培训工作的考核是培训工作的重要环节，应按公司及分公司有关制度和标准进行。

六、信息设备配置与管理

1. 信息设备分类

1)计算机类

(1)PC 机　PC 机全称是个人计算机，也叫个人电脑。

①台式 PC 机　由单独的主机、显示器、键盘、鼠标部件组成的个人计算机叫做台式计算机。

②笔记本电脑　为携带方便，将主机、显示器、键盘、鼠标等部件做在一起的个人计算机叫做笔记本电脑。

(2)服务器

①PC 服务器　CPU 采用 X86 结构体系的服务器叫 PC 服务器。PC 服务器对磁盘技术、内存保护技术等有很高的要求。PC 服务器使用的 SCSI、SAS 等企业级磁盘技术，与 PC 常用的 SATA 技术相比更加可靠。在内存保护技术方面，品质优秀的 PC 服务器会采用 ChipKill、内存镜像、内存冗余等技术来保证数据的安全性。另外，PC 服务器一般都预装了业界流行的管理软件，以加强整个企业数据和应用的管理，而 PC 一般不具备类似功能。项目如需要安装网络版的软件，通常会用到此类服务器。

②其他服务器　此类服务器 CPU 不采用 X86 结构体系，主要用于大型网络和应用。因项目很难用到，这里不作介绍。

2)网络类

(1)路由器　是网络之间互联的核心设备，项目一般用于接入互联网。

(2)交换机　是计算机互联的核心设备，项目一般用于计算机、网络打印机等设备互联。

(3)MODEM　也叫调制解调器,用于两种不同信号的调制和解调,项目一般用 ADSL 接入互联网,与路由器配合使用,也有 2 合 1 的产品。

(4)硬件防火墙　是保证网络安全的设备,项目网络一般不用。

3)数码类

(1)数码照相机　拍摄的照片能直接存入电脑。

(2)数码摄像机　拍摄的视频能直接存入电脑。

(3)数码投影机　能将计算机上显示的内容投影到投影屏幕上的设备,主要用于报告演示。

4)输入

(1)扫描仪　能将纸质的资料输入电脑的设备。与 OCR 软件配合,可将纸质的资料转化为可编辑的数字文件。

(2)数字化仪　可用于将纸质的工程图纸输入电脑,一般用于设计院,工程项目几乎不用。

5)输出类

工程项目主要输出类设备是打印机,有激光打印机、喷墨打印机两大类。

2. 信息设备配置的依据和原则

1)依据

信息设备配置的主要依据有:招、投标文件的规定和要求,公司和分公司内有关要求,项目特殊要求等。

2)原则

信息设备更新换代快,配置信息设备应当坚持先进、实用、够用相结合的原则。

3)计算机配置

计算机是管理人员必备工具,有条件的应尽可能人手 1 台,条件差的也不能低于公司有关标准。

3. 信息设备的日常管理和维护

信息设备是项目的重要资产,应当特别爱惜,按其说明书进行维护,并有专人管理。

七、常用计算机软件与应用

1. 软件基本概念

软件是计算机系统的重要组成部分，计算机只有通过软件才能发挥作用。

2. 软件分类

1)操作系统

操作系统是电脑最核心的软件，其他软件必须通过操作系统才能发挥作用。操作系统有 Windows、Unix、Linux，我们常用的为 Windows。

(1)Windows XP　全称 MS Windows XP，美国微软公司出品，是目前最流行的操作系统，分家用版本和专业版本。

(2)Windows Vista　全称 MS Windows Vista，美国微软公司出品，刚刚发布的操作系统，分 Windows Starter 2007（初级版本）、Windows Vista Home Basic（初级家庭版）、Windows Vista Home Premium（增强家庭版）、Windows Vista Ultimate（终极版）、Windows Vista Small Business（小型商务版）、Windows Vista Business（商务版）、Windows Vista Enterprise（企业版）7 个版本。

2)管理软件

(1)财务管理软件　公司采用的财务管理软件为用友财务管理软件，目前版本为 8.52；财务报表软件为久其公司的报表管理软件，目前版本为 2006。

(2)工程管理软件　工程管理软件主要有 Primavera P3、MS Project、梦龙等，目前在我公司应用不多。

(3)招、投标软件　公司采用的招、投标软件为珠海同望 WCOST。

(4)人事管理软件。

3)图形处理软件

项目常用的图形处理软件有 PHOTOSHOP。

4)安全软件

(略)

5)防病毒软件

防病毒软件国内有金山毒霸、瑞星、江民等，国外有卡巴斯基、诺顿、趋势，项目一般可用金山毒霸、瑞星。但每台计算机只能装一家产品，多数厂家以年度为版本号。

6)工具软件

项目常用的工具软件有磁盘、光盘、系统工具。

7)工程制图

项目常用的工程制图软件有 Autodesk 公司的 AUTOCAD,目前版本为 AUTOCAD2007。

八、软件与信息系统开发

1. 软件与信息系统开发的基本原则

项目主要以应用为主,原则上不做开发,如要开发应坚持如下基本原则:可能就利用,必要才开发。

2. 软件与信息系统的生命周期

软件与信息系统从立项、开发、应用至报废全过程即为其生命周期,目前软件与信息系统生命周期主要受美国微软公司操纵,一般为 2～4 年。

3. 开发方式

常见的开发模式有二次开发、委托开发、自主开发,项目应根据实际情况选择开发,并严格执行公司和分公司的有关规定。

九、信息系统的管理与维护

1. 信息系统分类

工程项目常见的信息系统有财务管理、工程管理、人事管理、实时通信、电子邮件、协同办公系统等。

2. 信息系统安装

工程项目经常需要安装和维护的系统有财务管理系统、工程管理系统、人事管理系统。

(1)信息系统安装前,应认真看懂有关说明,确认支持的操作系统和补丁条件。

(2)安装过程中,应严格按要求设置有关参数,不得随意更改。

(3)安装后,重启计算机或服务器,启动安装好的系统,确认稳定后,再交付使用。

3. 信息系统升级

信息系统升级是保证系统稳定和安全运行的重要基础，尤其是补丁升级更为重要。

4. 信息系统备份与恢复

信息系统备份与恢复是保证系统安全的重要措施，备份是恢复的基础。工程项目应按公司和分公司的有关要求和标准做好信息系统的备份工作。

十、计算机网络的组建与管理

1. 计算机网络的基本概念

1)网络的定义

以能够相互共享资源的方式互联起来的计算机系统的集合。

2)网络的分类

(1)按连接方式

①总线型，见图 5-1，目前不多见。

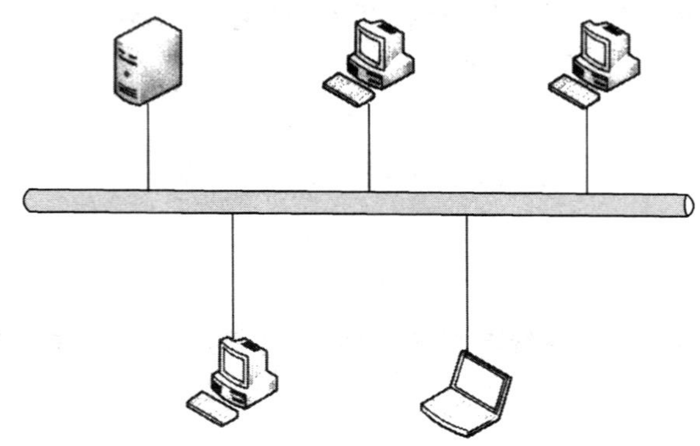

图 5-1　总线型网络连接图

②星型，见图 5-2，目前为常见类型。

③混合型，是总线型和星型混合连接的形式，为经常用到的方式。

3)按地理位置

(1)局域网　由两台或两台以上计算机组成的网络，叫局域网，英文标志为 LAN，一般位于同一楼内，或同一小院内。

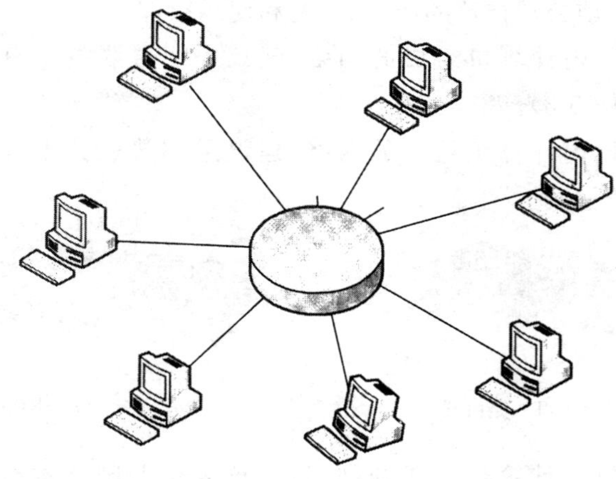

图 5-2 星形网络连接图

(2)广域网 由两个或两个以上计算机局域网组成的网络,叫广域网,英文标志为 WAN。

(3)因特网 因特网(Internet)又称国际计算机互联网,是目前世界上影响最大的国际性计算机网络。其准确的描述是:因特网是一个网络的网络(a network of network)。它以 TCP/IP 网络协议将各种不同类型、不同规模、位于不同地理位置的物理网络连接成一个整体。它也是一个国际性的通信网络集合体,融合了现代通信技术和现代计算机技术,集各个部门、领域的各种信息资源为一体,从而构成网上用户共享的信息资源网。它的出现是世界由工业化走向信息化的象征。

因特网最早来源于 1969 年美国国防部高级研究计划局(Defense Advanced Research Projects Agency,DARPA)的前身 ARPA 建立的 ARPAnet。最初的 ARPAnet 主要用于军事研究目的。1972 年,ARPAnet 首次与公众见面,由此成为现代计算机网络诞生的标志。ARPAnet 在技术上的另 一个重大贡献是 TCP/IP 协议簇的开发和使用。ARPAnet 试验并奠定了因特网存在和发展的基础,较好地解决了异种计算机网络之间互联的一系列理论和技术问题。

2. 网络的主要作用

项目网络的主要作用是信息共享、信息传递、文件共享、打印共享。

3. 计算机网络的主要组成部分

1)路由器

工程项目所用路由器是项目接入互联网最重要的网络设备,一定要按公司的有关标准配置。目前公司推荐的产品、规格和使用条件有：

(1)由 20 台以内计算机组成的网络，建议采用普联技术有限公司的 TL—R490T＋路由器(图 5-3)。

(2)由 30 台以内计算机组成的网络，建议采用普联技术有限公司的 TL—R4000 路由器(图 5-4)。

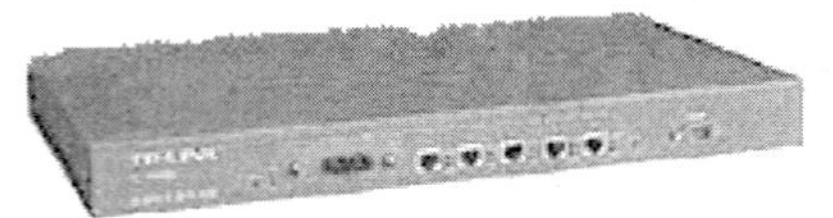

图 5-3　TL—R490T＋路由器

图 5-4　TL—R4000 路由器

(3)由 30 台以内计算机组成的网络，建议采用普联技术有限公司的 TL—R4000＋路由器(图 5-5)。

图 5-5　TL—R4000＋路由器

2)交换机

交换机是计算机和其他设备互联的重要网络设备，目前公司推荐的产品、规格和使用条件有：

(1)由 6 台以内计算机组成的网络，建议采用普联技术有限公司的 8 口交换机(图 5-6)。

(2)由 14 台以内计算机组成的网络，建议采用普联技术有限公司的 16 口交换机（图 5-7)。

图 5-6　8 口交换机

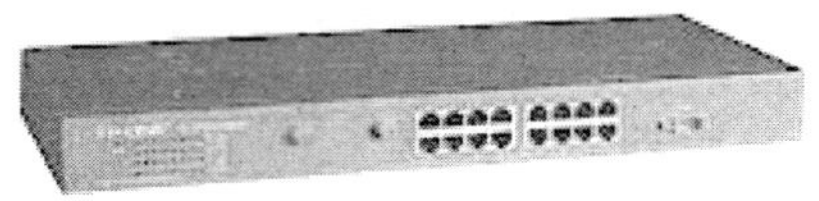

图 5-7　16 口交换机

(3)由 22 台以内计算机组成的网络，建议采用普联技术有限公司的 24 口交换机（图 5-8)。

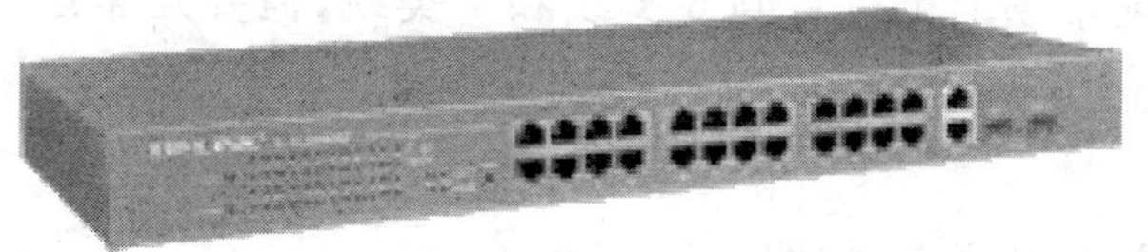

图 5-8　24 口交换机

(4)由 40 台以内计算机组成的网络,建议采用普联技术有限公司的 48 口交换机(图 5-9)。

图 5-9　48 口交换机

普联技术有限公司的产品性价比目前国内最高,公司每年公布一次推荐产品及型号。

3)服务器

服务器是网络内的重要设备,项目一般比较少用,只有在部署了网络软件的情况下才会用到。目前性价比最好的服务器为 IBM 所产的一系列产品。

目前公司推荐的产品、规格和使用条件有:

(1)小项目,供 5 个客户端使用的产品为 xSeries 226(图 5-10)。

(2)大项目,供 10 个客户端使用的产品为 xSeries 236(图 5-11)。

图 5-10　IBM Server xSeries 226

图 5-11　IBM Server xSeries 236

4)网线

网线是计算机与网络设备连接的介质,项目常用的网线有超 5 类,厂家有安普公司的产品,目前市场上也可见到6类线和7类线,但要几年以后才会用到。如图5-12所示为超5类线芯。

5)网卡

网络适配器,又名网卡,如图5-13所示。

图5-12 超5类网线线芯

图5-13 网络适配器(网卡)

(1)网卡分类 网卡一般有两种,独立网卡和集成在主板上的网卡。一般独立网卡的性能优于集成网卡。此外每种又分全双工和半双工,全双工明显优于半双工。

(2)网卡速率 网卡速率有:10Mbit/s、10/100Mbit/s自适应,100Mbit/s、100Mbit/s/1000Mbit/s自适应,并非越大越好,关键要与路由器和交换机相匹配。

6)光纤及设备

(1)光纤分类 光纤有单模和双模两种,距离远的用单模,距离近的用双模,工程项目联网一般不会用到光纤,只有在架设视频监控系统时,才会用到光纤。

(2)常用光纤设备 常用光纤设备有光纤转发器,如图5-14所示为单模光纤转发器。

光纤转发器必须成双购买和使用。

图5-14 单模光纤转发器

4.计算机网络的组建方法

1)确定上网设备数量

应包括服务器数量、计算机数量、网络打印机数量。

2)确定网络基本结构

确定网络连接方式、接入互联网方式、交换机级联方式等。

3)网络流量估算

根据上网计算机数量、服务器数量和业务类型确定接入互联网的流量。

4)出口专线选型

根据业务类型确定出口专线类型,一般业务采用一根ADSL或两根ADSL即可,如做视频监控项目,则选用光纤专线接入。

5)几个重要指标

(1)网线长度限制　单根网线最好不要超过 100m。

(2)交换机级联数限制　交换机级联数最好不要超过 4 个设备。

5. 计算机网络管理

1)防病毒

防病毒是项目计算机网络管理的最重要内容之一。

(1)计算机病毒的基本概念　计算机病毒是一个程序或一段可执行码。就像生物病毒一样,计算机病毒有独特的复制能力。计算机病毒可以很快地蔓延,又常常难以根除。它们能把自身附着在各种类型的文件上。当文件被复制或从一个用户传送到另一个用户时,它们就随同文件一起蔓延开来。

(2)计算机病毒的特征

①传染性　传染性是计算机病毒的基本特征。在生物界,传染病毒从一个生物体扩散到另一个生物体。在适当的条件下,它可得到大量繁殖,并使被感染的生物体表现出病症甚至死亡。同样,计算机病毒也会通过各种渠道从已被感染的计算机扩散到未被感染的计算机,在某些情况下造成被感染的计算机工作失常甚至瘫痪。与生物病毒不同的是,计算机病毒是一段人为编制的计算机程序代码,这段程序代码一旦进入计算机并得以执行,它会搜寻其他符合其传染条件的程序或存储介质,确定目标后再将自身代码插入其中,达到自我繁殖的目的。只要有一台计算机染毒,如不及时处理,那么病毒会在这台机子上迅速扩散,其中的大量文件(一般是可执行文件)会被感染。而被感染的文件又成了新的传染源,再与其他机器进行数据交换或通过网络接触,病毒会继续进行传染。

正常的计算机程序一般是不会将自身的代码强行连接到其他程序之上的,而病毒却能使自身的代码强行传染到一切符合其传染条件的未受到传染的程序之上。计算机病毒可通过各种可能的渠道,如软盘、计算机网络去传染其他的计算机。当你在一台机器上发现了病毒时,往往曾在这台计算机上用过的软盘已感染上了病毒,而与这台机器相联网的其他计算机也许已被该病毒侵染上了。是否具有传染性是判别一个程序是否为计算机病毒的最重要条件,而且病毒程序未经授权而执行。一般正常的程序是由用户调用,再由系统分配资源,完成用户交给的任务,其目的对用户是可见的、透明的。而病毒具有正常程序的一切特性,它隐藏在正常程序中,当用户调用正常程序时,它窃取到系统的控制权,先于正常程序执行。病毒的动作、目的对用户是未知的,是未经用户允许的。

②隐蔽性　病毒一般是具有很高编程技巧、短小精悍的程序，通常附在正常程序中或磁盘较隐蔽的地方，也有个别的以隐含文件的形式出现。目的是不让用户发现它的存在。如果不经过代码分析，病毒程序与正常程序是不容易区别开来的。一般在没有防护措施的情况下，计算机病毒程序取得系统控制权后，可以在很短的时间里传染大量程序。而且受到传染后，计算机系统通常仍能正常运行，使用户不会感到任何异常。试想，如果病毒在传染到计算机上之后，机器马上无法正常运行，那么它本身便无法继续进行传染了。正是由于隐蔽性，计算机病毒得以在用户没有察觉的情况下扩散到上百万台计算机中。

③潜伏性　大部分的病毒感染系统之后一般不会马上发作，它可长期隐藏在系统中，只有在满足其特定条件时才启动其表现(破坏)模块。只有这样它才可进行广泛地传播。如“PETER—2”在每年 2 月 27 日会提三个问题，答错后会将硬盘加密。著名的“黑色星期五”在逢 13 号的星期五发作。国内的“上海一号”会在每年 3、6、9 月的 13 日发作。当然，最令人难忘的便是 26 日发作的 CIH。这些病毒在平时会隐藏得很好，只有在发作日才会露出本来面目。

④破坏性　任何病毒只要侵入系统，都会对系统及应用程序产生程度不同的影响。轻者会降低计算机工作效率，占用系统资源，重者可导致系统崩溃。由此特性可将病毒分为良性病毒与恶性病毒。良性病毒可能只显示些画面或出点音乐、无聊的语句，或者根本没有任何破坏动作，但会占用系统资源。这类病毒较多，如：GENP、小球、W—BOOT 等。恶性病毒则有明确的目的，破坏数据、删除文件或加密磁盘、格式化磁盘，有的对数据造成不可挽回的破坏。这也反映出病毒编制者的险恶用心。

⑤不可预见性　从对病毒的检测方面来看，病毒还有不可预见性。不同种类的病毒，它们的代码千差万别，但有些操作是共有的(如驻内存，改中断)。有些人利用病毒的这种共性，制作了声称可查杀所有病毒的程序。这种程序的确可查出一些新病毒，但由于目前的软件种类极其丰富，且某些正常程序也使用了类似病毒的操作甚至借鉴了某些病毒的技术，使用这种方法对病毒进行检测势必会造成较多的误报情况。而且病毒的制作技术也在不断地提高，病毒对反病毒软件永远是超前的。

(3)计算机病毒的分类

①按破坏性可分为：

a. 良性病毒　仅仅显示信息、奏乐、发出声响，进行自我复制。除了传染时减少磁盘的可用空间外，对系统没有其他影响。

b. 恶性病毒　封锁、干扰、中断输入输出、使用户无法打印等正常工作，甚至电脑中止运行。这类病毒在计算机系统操作中造成严重的错误。

c.极恶性病毒　死机、系统崩溃、删除普通程序或系统文件，破坏系统配置导致系统死机、崩溃、无法重启。这些病毒对系统造成的危害，并不是本身的算法中存在危险的调用，而是当它们传染时会引起无法预料的和灾难性的破坏。

d.灾难性病毒　破坏分区表信息、主引导信息、FAT，删除数据文件，甚至格式化硬盘等。

②按传染方式分为：

a.源码型病毒　较为少见，亦难以编写。因为它要攻击高级语言编写的源程序，在源程序编译之前插入其中，并随源程序一起编译、连接成可执行文件。此时刚刚生成的可执行文件便已经带毒了。

b.入侵型病毒　可用自身代替正常程序中的部分模块或堆栈区。因此这类病毒只攻击某些特定程序，针对性强，一般情况下难以被发现，清除起来也较困难。

c.操作系统型病毒　可用其自身部分加入或替代操作系统的部分功能。因其直接感染操作系统，这类病毒的危害性较大。

d.外壳型病毒　将自身附在正常程序的开头或结尾，相当于给正常程序加了个外壳。大部分的文件型病毒都属于这一类。

③根据病毒特有的算法可以划分为：

a."伴随"型病毒　这一类病毒并不改变文件本身，它们根据算法产生 EXE 文件的伴随体，具有同样的名字和不同的扩展名(COM)，例如：XCOPY. EXE 的伴随体是 XCOPY. COM。病毒把自身写入 COM 文件并不改变 EXE 文件，当 DOS 加载文件时，伴随体优先被执行到，再由伴随体加载执行原来的 EXE 文件。

b."蠕虫"型病毒　通过计算机网络传播，不改变文件和资料信息，利用网络从一台机器的内存传播到其他机器的内存，计算网络地址，将自身的病毒通过网络发送。有时它们在系统存在，一般除了内存不占用其他资源。

c.寄生型病毒　除了"伴随"和"蠕虫"型病毒，其他病毒均可称为寄生型病毒，它们依附在系统的引导扇区或文件中，通过系统的功能进行传播。

d.练习型病毒　病毒自身包含错误，不能进行很好的传播，例如一些病毒在调试阶段。

e.诡秘型病毒　它们一般不直接修改 DOS 中断和扇区数据，而是通过设备技术和文件缓冲区等进行 DOS 内部修改，不易看到资源，使用比较高级的技术，利用 DOS 空闲的数据区进行工作。

(4)防病毒基础工作

防病毒基础工作有：定期做好重要文件和重要系统的备份工作，定期升级每一台计算机操作系统补丁，安装防病毒软件并定期升级库文件，定期全网查病毒。

2)防恶意软件

恶意软件是指在未明确提示用户或未经用户许可的情况下，在用户计算机或其他终端上安装运行，侵害用户合法权益的软件，但不包含我国法律、法规规定的计算机病毒。

具有下列特征之一的软件可以被认为是恶意软件：

(1)强制安装　指在未明确提示用户或未经用户许可的情况下，在用户计算机或其他终端上安装软件的行为。

(2)难以卸载　指未提供通用的卸载方式，或在不受其他软件影响、人为破坏的情况下，卸载后仍然有活动程序的行为。

(3)浏览器劫持　指未经用户许可，修改用户浏览器或其他相关设置，迫使用户访问特定网站或导致用户无法正常上网的行为。

(4)广告弹出　指未明确提示用户或未经用户许可的情况下，利用安装在用户计算机或其他终端上的软件弹出广告的行为。

(5)恶意收集用户信息　指未明确提示用户或未经用户许可，恶意收集用户信息的行为。

(6)恶意卸载　指未明确提示用户、未经用户许可，或误导、欺骗用户卸载非恶意软件的行为。

(7)恶意捆绑　指在软件中捆绑已被认定为恶意软件的行为。

(8)其他侵犯用户知情权、选择权的恶意行为。

恶意软件的危害已经超过计算机病毒，防恶意软件是项目计算机网络管理又一重要内容。接入项目网络的每台计算机都应安装防恶意软件的软件，同时计算机操作人员要注意上网行为，要做到不应该去的地方或没必要去的地方坚决不去。

3)流量管理

工程项目网络流量管理的主要任务是控制大规模下载。

6. 项目常见组网方式

1)方式 1

通过 ADSL 与电信公司或网络公司相连接，服务器和网络打印机可有可无(图 5-15)。

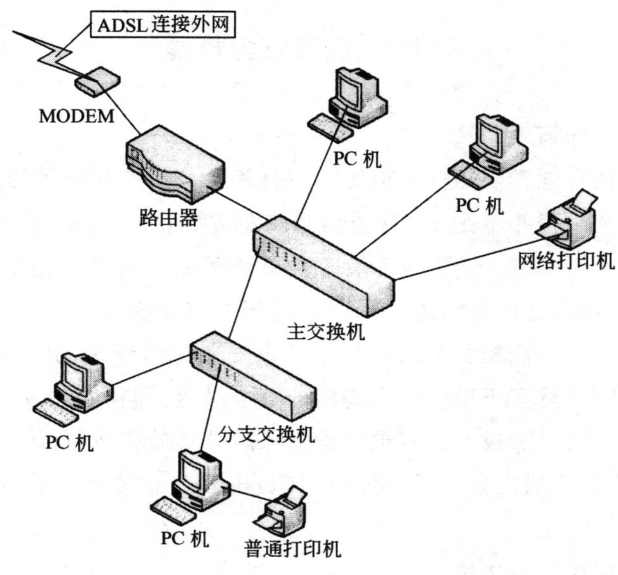

图 5-15 ADSL 连接方式

2)方式 2

用于与电信或网络公司的宽带连接,服务器和网络打印机可有可无(图 5-16)。

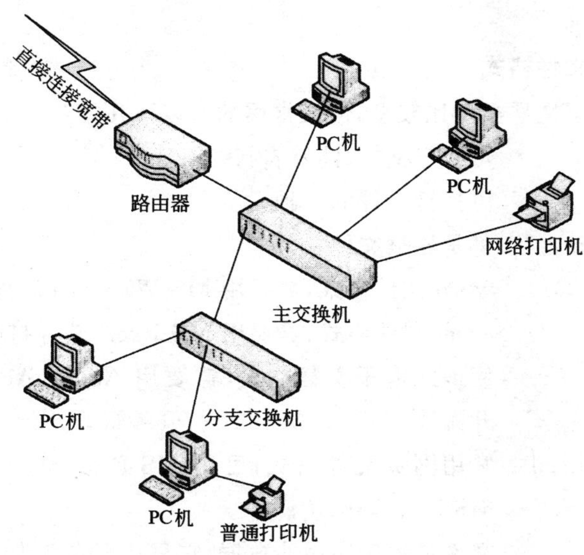

图 5-16 宽带连接方式

十一、信息安全管理

1. 安全风险评估

风险管理是管理者权衡保护措施的运行和经济成本与获得的收益之间关系的一个过程。这个过程并不是IT行业所独有的,实际上它遍及我们日常生活中需要作出决定的任何事情。进行风险管理的最终目的就是要在这种平衡关系下,将风险最小化,这也是在信息系统生命周期过程中需要实施信息安全风险管理的根本原因。所有与安全性相关的活动都是信息安全风险管理的组成部分。可以说,信息安全风险管理贯穿于系统生命周期的整个过程,即初始阶段、开发/获取阶段、实施阶段、运行/维护阶段。工程项目安全风险评估处在运行/维护阶段,是一个重要阶段,这一工作一般由公司或分公司组织,按公司有关标准进行,项目管理人员应积极配合。

2. 安全管理措施与实施

在公司或分公司有关部门指导下,制订合理可行的安全管理措施,并组织实施,有关情况应及时报上级部门。

十二、数字文件管理

1. 常用数字文件格式

目前常用数字文件类型比较多,但最常用的有以下几类:

*.exe:　可执行文件,能够自行打开。

*.com:　可执行文件的一种。

.rar、.zip:　都是压缩文件。

*.doc:　word 文件格式,需要用 MS Winword 软件打开、编辑。

*.xls:　excel 文件格式,需要用 MS Excel 软件打开、编辑。

*.pdf:　便携式电子文档格式,需要用 Adobe Acrabat Reader 打开阅读、Adobe Acrabat 打开编辑。

.htm、.html:　常用网页文件格式,可用 MS Frontpage 打开编辑,可用 MS IE 打开阅读。

*.dat:　文件是程序使用的数据,它只是开发者为了表达文件的意思而自己定义的,也可以命名成别的扩展名。你可以用任

何编辑工具新建文件，将其命名为.dat。所以，.dat 文件的打开工具也不一样，比如，有些其实是文本文件，只是将扩展名改写成.dat，就可以用文本编辑工具打开；最常见的还有 VCD 影音文件。一般来说，这些文件不是由用户直接使用的。DAT 并不是一种标准文件。许多软件都使用这个扩展名，但文件含义不同。比如 VCD 文件为.DAT，而许多数据分析软件也用这个扩展名保存数据。所以这要看具体的软件情况来定。

注：* 代表任意数字、字母、下划线、字符组合。

2. 数字文件格式转换

两种文件格式之间互相转换，如 *.doc ⟶ *.xls，*.doc ⟶ *.htm。

3. 数字文件备份方式

1）磁盘备份

文件比较小可用此方式，最大单一文件不超过 1.44M。

2）磁带备份

一般用于对服务器数据进行备份。

3）光盘备份

目前常用的一种文件备份方式，一般用于图片和视频文件备份，常见容量有两种，即 650M(CD)、4.7G(DVD)。

4）网络备份

将文件备份在网络上，如将文件上传至公司协同办公系统上，最大单一文件不超过 25M。

第六章 项目的工程技术成果

一、施工技术总结

1. 施工技术总结的概念

施工技术总结是对项目施工技术、工艺和技术管理成功与失败的经验总结，是一种编写形式多样化的文件。它主要针对工程实例中某项施工技术和工艺、“四新”技术的应用、技术管理、质量整改等问题进行归纳、分析、总结，作为企业自身施工管理经验的积累和交流。因此，施工技术总结一般只在内部交流使用。

在编写上，施工技术总结分为不同的类型。按内容分，有综合性的施工总结、专题技术总结和单项总结。按时间分，有年度、月度工作总结等。对项目经理部来说，要编写综合性的施工技术总结，对工程进行全面的总结。施工技术人员的个人总结，则依据各人所干具体工作的不同，编写单项的技术总结，如质量检查技术总结、试验工作技术总结等。

施工技术总结与竣工资料要求的“施工总结”不同，只作为项目总工程师向公司工程科提交的材料，不对外。施工技术总结中不含经营、生产管理方面的内容，一般应包括以下内容：

(1)施工方案的安全性、适宜性、经济性总结。

(2)对执行标准、规范、规程的某些条款过程中所遇到的一些问题的探讨。

(3)执行局技术、质量、施工管理制度的总结。

(4)推进技术创新(如“四新”技术应用),有关工程技术、质量管理的经验总结。

(5)能缩短工期、增加效益、提高质量、确保安全的施工方法或工艺的实践经验和体会。

(6)质量事故分析。

项目的施工技术总结可在项目施工技术人员个人总结和汇总的基础上由项目总工程师自己编写。技术人员的个人总结也应围绕上述6个主题来编写。

2. 施工技术总结的编写

工程竣工时,项目总工要组织有关人员编写施工技术总结,把工程中成熟的施工技术、成功的工艺、施工经验体会、应吸取的教训等总结归纳,对施工技术要点和存在问题进行深入分析,编写成总结资料,留存下来以便在今后的工作中推广应用。技术总结是一种技术积累,总结中的施工技术经验和疑难问题的解决方法可以使企业的技术不断得到提高,有利于企业自身的技术发展与创新。

对于技术复杂或应用“四新”技术的项目,应编写专题技术总结。

要写好技术总结,在工程开始时就要注意积累资料,包括设计文件、施工原始记录、来往技术文件、有关会议资料及质量、安全环保、进度检查资料等。

项目施工技术总结的主要编写内容如下:

1)工程概况

总体介绍工程建设的重要意义,工程的开、竣工日期,业主、设计与施工单位,工程大体情况,主要设计参数,主要工程数量,工程标价与最终造价等。

2)各分项工程的施工技术、工艺、方法与技术管理的详细论述

各分项工程的工程概况,主要的施工方法和技术措施,施工成果的质量、工期、效益的评价情况。

3)工程的成功经验总结与存在的问题分析

就施工中所取得的成功经验作总结分析,要突出本工程的特点。对施工中出现的问题,着重分析问题发生的原因,介绍解决的办法,以便在日后的施工中采取预防措施。

总结成功经验和分析存在的问题,也可按施工管理、技术与质量管理、安全与环保管理、工期与效益管理等专题分类,从不同角度来写。

4)体会与结论

从工程总体上说明本工程的成功经验与不足之处,特别要多找出施工中失败

的教训，在技术层面上分析其原因，以提高自己的施工技术水平。

最后，对所总结的内容作整体概括。

3. 编写施工技术总结应注意的事项

(1)精心选择好总结题材，凡是有成功经验、有技术创新、有问题和教训的事情，如技术复杂、施工难度大、有突出特点的工程项目，“四新”技术应用项目，容易出质量和技术问题的项目等，都值得总结。

(2)深入收集好素材，全面掌握素材的基本内容。例如，要编写某一分项工程的技术总结，就要写清楚该分项工程在整体中的作用，是如何施工的，走了哪些弯路，碰到哪些问题，是如何克服的等，并写清其主要的技术、经济指标。

(3)目的明确，重点突出，不能把总结写成流水账。写总结的目的是总结经验教训，指导今后的工作，只有重点突出才能写得深入。

(4)实事求是，准确可靠。对总结的内容，所用的数据、资料等，要求真实、准确、可靠，避免虚构情节、文过饰非、夸大其词的现象。

(5)遵守有关技术保密的规定，不涉及保密方面的内容。

(6)编写工作总结要及时，不能等到工程交工以后才进行。

(7)介绍正、反两方面经验要将背景、前提交代清楚，将施工方案或工艺的适应条件交代清楚，附上必要的照片、施工方案图。

二、技术论文

1. 技术论文的概念及其作用

技术论文是在施工实践及研究、实验的基础上，对专业技术领域里的某些现象或问题进行专题研究，分析和阐述，揭示出这些现象和问题的本质及其规律性而撰写成的文章。也就是说，凡是运用概念、判断、推理、论证和反驳等逻辑思维手段，来分析和阐明其科学原理、规律和各种问题的文章，均属技术论文的范畴。

为推动各项专业技术工作的系统总结，促进企业技术进步和创新，提高经营管理水平，项目经理部的施工技术人员可结合自己的实际工作，撰写相关技术论文。撰写技术论文不仅可作为今后工作的借鉴，也是对自身技术水平的认真回顾与总结，同时，有助于自身施工技术水平的提高，有利于汲取经验教训，少走弯路。

2. 技术论文的特点

1)科学性

这是技术论文在方法论上的特征,使它与一切文学性的文章区别开来。它不仅仅描述的是涉及科学和技术领域的命题,更重要的是论述的内容具有科学可信性,技术论文不能凭主观臆断或个人好恶随意地取舍素材或得出结论,它必须根据足够的施工实践和可靠的实验数据或现象观察作为立论基础。所谓"可靠的"是指整个过程是可以复核验证的。

2)首创性

首创性是技术论文的灵魂,是有别于其他文献的特征所在。它要求文章所揭示的事物现象、属性、特点及事物运动时所遵循的规律,或者这些规律的运用必须是前所未见的、首创的或部分首创的,必须有所发现,有所发明,有所创造,有所进步,而不是对前人工作的复述、模仿或解释。

3)逻辑性

这是文章的结构特点。它要求论文脉络清晰、结构严谨、前提完备、演算正确、符号规范,文字通顺、图表精确、推断合理、前呼后应、自成系统。不论文章所涉及的专题大小如何,都应该有自己的前提或假说、论证素材和推断结论。通过推理、分析,使文章提高到理论的高度,不应该出现无中生有的结论或一堆无序数据。

3. 技术论文的分类

从不同的角度分析,技术论文有不同的分类结果。

1)按专业范围分

(1)土木技术论文　包括施工技术、勘测设计、工程监理、技术质量管理、安全与环保管理、"四新"技术应用、工程测量与试验、标准规范、信息技术等。

(2)机械技术论文　包括机械加工、机械化施工、设备维修与改造、设备管理、"四新"应用、信息技术等。

(3)企业经营管理论文　包括企业发展战略、体制改革探索、工程项目管理、施工经营管理、财务管理、业务开发等。

2)按内容特点分

(1)论证型　论证型是对技术命题的论述与证明的文件。如对应用性技术的原理或假设的建立、论证及其适用范围,使用条件的讨论。

(2)科技报告型　属记述型文章。许多专业技术、工程方案和研究计划的可行性论证文章,亦可列入本类型。这样的文章一般应该提供所研究项目的充分信息,原始资料应准确与齐备,包括正反两方面的结果和经验,往往使它成为进一步研究的依据与基础。科技报告型论文占现代科技文献的多数。

(3)发现、发明型 叙述被发现事物或事件的背景、现象、本质、特性及其运动变化规律,阐述被发明的装备、系统、工具、材料、工艺、配方形式或施工方法的功效、性能、特点、原理及使用条件等的文章。

(4)计算型 提出或讨论不同类型(包括不同的边值和初始条件)数学物理方程或公式的数值计算方法,施工质量和试验数据的稳定性、精度分析等。

(5)综述型 这是一种比较特殊的技术论文,与一般技术论文的主要区别在于它不要求在研究内容上具有首创性,尽管一篇好的综述文章也常常包括有某些先前未曾发表过的新资料和新思想,但它要求撰稿人在综合分析和评价已有资料的基础上,提出在特定时期内有关专业课题的演变规律和趋势。

综述文章的题目一般较笼统,篇幅允许稍长,它的写法通常有两类:一类以汇集文献资料为主,辅以注释,客观而少评述。另一类则着重评述,通过回顾、观察和展望,提出合乎逻辑的,具有启迪性的看法和建议。这类文章的撰写要求较高,具有权威性。往往能对所讨论问题的进一步发展起到引导作用。

4. 技术论文的编写要求

1)题名

题名是科技论文的必要组成部分,要求用最简明、确切、恰当的词语反映文章的特定内容,把论文的主题明白无误地告诉读者。一般情况下,题名中应包括文章的主要关键词,避免使用非公知公用的缩写词、字符、代号,尽量不出现数学式和化学式。

2)摘要

摘要是以提供文献内容梗概为目的,不加评论和补充解释,简明确切地记述文献重要内容的短文。论文都应有摘要,其内容包括研究的目的、方法、结果和结论,应具有独立性和自明性,不分段,字数应控制在100～300字。

3)关键词

关键词是所选取的能反映论文主题概念的词或词组,一般每篇文章标注3～8个。

4)引言

引言的内容可包括研究的目的、意义、主要方法、范围和背景等。应开门见山,

言简意赅，不要与摘要雷同或成为摘要的注释，避免公式推导和一般性的方法介绍。

5）论文的正文部分

论文的正文部分系指引言之后，结论之前的部分，是论文的核心。

正文是技术论文的核心组成部分，主要回答“怎么研究”这个问题。正文应充分阐明论文的观点、原理、方法及具体达到预期目标的整个过程，并且突出一个“新”字，以反映论文具有的首创性。根据需要，论文可以分层深入，逐层剖析，按层设分层标题。

对技术论文，要求思路清晰，合乎逻辑，语言简洁准确、明快流畅；内容务求客观、科学、完备，要尽量用事实和数据说话。

（1）论文内容涉及的几个方面

①技术攻关、技术改造、技术推广与应用。

②新技术、新工艺、新材料、新设备（“四新”技术）的研究与应用。

③引进、消化、吸收和应用国外、内的先进技术项目。

④一个较为完整的工程项目的施工技术。

⑤工程设计与实施。

⑥工程项目的管理方法。

（2）对论文的要求

①内容应针对性强，论点明确，论据充分可靠，所引用的数据真实，具有先进性和实用性，对类似工程有较好的参考和指导价值。

②在理论上或应用领域有关键性创新突破，属新发明、新发现或新创造。

③论点明确，论据可靠，论证充分，论文的层次清晰，文字精练。

④在技术或工艺上具有较高的理论水平和实践意义。

⑤论文选题应直接来源于生产实际或具有明确的工程背景，其研究成果要有实际推广应用价值，论文拟解决的问题要有一定的技术难度和工作量，论文要具有一定的理论深度和先进性。

⑥综合运用基础理论、科学方法、专业知识和技术手段对所解决的工程实际问题进行分析研究，并能在某方面提出独到见解。

6）结论

结论是文章的主要结果、论点的提炼与概括，应准确、简明、完整、有条理。如果不能导出结论，也可以没有结论，而进行必要的讨论，可以在结论或讨论中提出建议或待解决的问题。

总之,技术论文应选择那些在理论上或应用领域有关键性创新突破,属新发明、新发现或新创造的素材来写;论文要求论点明确,数据可靠,论证充分,论文的层次清晰,文字精练;在技术或工艺上具有较高的理论水平和实践意义;在局内有较高的推广应用价值,并具有显著的经济效益或社会效益。

5. 中交公路一局局优秀专业技术论文评选

按中交公路一局局《优秀专业技术论文评选管理办法》的规定,局级优秀专业技术论文的评选每年举行一次。论文的征集、评选等组织管理工作由局技术发展处负责,并由局专家委员会对论文的质量、水平等进行审查和评价,评定获奖等级。共有一、二、三等三个等级,其中一等奖获得者可申报局级奖励。

论文评选结束后,由局技术发展处将评选出的有参考价值的优秀论文按专业分类汇编,编辑成《技术论文集》,每年出版一次。

三、施 工 工 法

1. 工法的定义

工法一词来自日本,与我国的施工技术、施工方法一样,是专有名词,习惯叫法。日本的《国语大辞典》把工法解释为"工艺方法和工程方法",日本的建筑大字典中工法的含义是"建造建筑物(构筑物)的施工方法或建造方法"。

工法在英、美称为 Construction Method(施工方法)和 System(体系),法国则称为 Technological(工艺),其他国家也有用 Technical(技术)的,各国间称呼虽然不尽相同,但含义差别不大。

我国新颁布的《工程建设工法管理办法》中,对工法赋予了严格、科学的定义,即"以工程为对象,工艺为核心,运用系统工程原理,把先进技术和科学管理结合起来,经过一定的工程实践所形成的综合配套的施工方法"。

工法是一种具有指导企业施工和管理的规范化文件,是经过工程实践形成的综合配套技术的应用方法。由于工法具有技术先进、提高工效、降低成本、保证工程质量、加快施工进度、保证施工安全等特点,经过各级专家评审成为国家级工法、集团级工法和局级工法,因此,工法又具有一定的权威性、实用性、适用性。

2. 我国实行工法管理制度的由来

我国推行工程建设工法是 1987 年在学习贯彻云南鲁布革水电站的工程管理

经验时提出来的。鲁布革工程是我国第一个利用世行贷款实行国际招标的大型工程项目，日本大成建设公司以低于标底43%的超低价中标，工程在1984年11月开工，1988年12月竣工。工程施工以精干的组织、科学的管理、先进适用的技术和大成公司特有的工法，达到了工程质量好、用工用料省、工程造价低、施工水平国际一流的显著效果，在我国形成了强大的“鲁布革冲击”，学习鲁布革工程管理经验与日本先进的工法也应运而生。

鲁布革工程的成功经验说明，企业要善于总结施工实践经验，多积累本企业宝贵的技术财富，以形成有自己特色的综合配套的成熟技术和工法。

1988年，建设部对国内外的工程建设、施工企业技术管理状况进行了调查，并深入了解日本工法的内涵，在此基础上草拟了我国试行工法制度的征求意见稿。

1989年春，建设部印发了《关于在推广鲁布革工程管理经验试点企业试行工法制度有关事项的通知》，在18家试点企业中先行一步，以便取得编制工法与工法管理的实际经验。同时，组织编印了《土木建筑工法实例选编》，作为施工企业了解工法和试编写工法的参考。

为提高企业的技术素质和管理水平，促进企业进行技术积累和技术发展，调动广大职工研究开发和推广应用施工新技术的积极性，使科技成果迅速转化为生产力，逐步形成施工技术管理新机制，建设部于1989年11月印发了《施工企业实行工法制度的试行管理办法》，1990年开始在全国试行。

之后，全国各地纷纷举办研讨班、学习班，进一步学习工法的含义、编制方法，讨论贯彻工法管理办法的实施步骤。1991年以后，工法的编制与应用工作在国内已全面推广，工法管理工作走向正轨。

3. 工法的特征

(1)工法的主要服务对象是工程建设的施工，它来自工程实践，是从施工实践中总结出来的先进适用的施工方法，又回到施工实践中去应用，为工程建设服务。工法只能产生于施工实践之后，是对先进的施工技术的总结与提高，是经施工实践验证过的成熟的技术。

(2)工法的核心是工艺，而不是材料、设备，也不是组织管理。采用什么机械设备，如何组织施工，以及保证质量、安全与环保的措施等，都是为了保证工艺这个核心顺利实施的必要手段。

(3)工法是用系统工程的原理和方法对施工规律性的认识和总结，具有较强的系统性、科学性和实用性。工法的对象有针对建筑群或单位工程的，也有针对分部或分项工程的，虽说有大小之分，但所有的工法都是用系统工程原理和方法总结出来的施工经验，是一个完整的系统，是技术和管理相结合的、整体综合配套的施工方法。

(4)工法必须符合国家工程建设的方针、政策和标准、规范，必须具有先进性、科学性、实用性，保证达到工程质量和安全、提高施工效率、降低工程成本、节约资源、保护环境等方面的要求。

(5)工法是企业标准的重要组成部分，是企业积累施工技术经验后编制的通用性文件。

(6)工法要具有时效性。工法要反映企业施工技术水平的先进性，使其科技成果具有推广意义，了解目前掌握的施工技术在同行业中的先进程度是十分重要的。已在各施工企业中广泛应用的成熟技术不是一个好的工法，工法编制选题应具有新颖性、时效性。

4. 工法与工艺标准、施工方案等的区别

1)工法与工艺标准的区别

工法和工艺标准、操作规程都属于企业标准范畴，但服务层次却完全不同。工艺标准、操作规程主要是强调操作者必须遵守的工艺程序、作业要点与质量标准，是技术员(工长)向工人班组进行技术交底的内容。而工法是针对单位工程，分部或分项工程的含有工艺技术、机具设备、质量标准以及技术经济指标等整体的综合配套的施工方法，是项目总工用作技术管理的内容。

工法的编制要以规范、规程和工艺标准为依据，工法中采用的数据也要与之统一。如有足够根据与规范、规程和工艺标准不一致时，需经有关主管部门核准或在评审时通过。

工法与工艺标准的主要区别如下：

(1)服务层次不同　工法是企业的高层次标准，为技术管理和经营管理者服务；而工艺标准与操作规程为较低层次的标准，为施工操作者服务。

(2)内容不同　两者虽然在工艺操作方法、质量标准、安全环保措施方面内容相似，但工法强调要有经济效益分析、工法形成过程与关键技术鉴定及获奖情况的内容，且要有工法的应用实例情况介绍，工艺标准没有这些内容。

(3)编写格式不同　两者都有自己固定的格式，如目前局工艺标准为八项条目，局工法则有十一项条目。

2)工法与施工方案的区别

工法是工程实践的经验总结，是施工规律性的综合体现，在施工之后形成。

施工方案来自过去工程的实践经验，一般产生在新的工程施工之前。工法与施工方案都是针对施工中的技术问题，提出解决问题的具体方法，但工法强调经济效益和社会效益的施工规律性。施工方案经过工程实践之后，也可以总结形成工法。

3)工法与施工组织设计的区别

两者的概念截然不同。工法是企业标准的一个组成部分，是企业为积累施工技术经验编制的通用性文件，施工组织设计则是针对某项具体工程的施工管理编制的指导性文件。施工组织设计中的进度计划、设备与劳动力调配计划及施工总平面图是工法文件所没有的。

工法可作为施工组织设计的标准模块，即施工组织设计中主要工程项目的施工方案可采用已有的工法成果，但两者不可直接取代。

4)工法与施工方法的区别

工法与施工方法是同义词，但含义上有明显区别，不能混淆。平常所说的施工方法只是对施工工艺、施工技术的操作方法的一种泛指，而工法要求技术与管理相结合，强调的是经过工程实践形成的综合配套的施工方法，是对施工规律性的认识和总结，是作为一种企业标准的特定的施工方法。

5. 施工工法的编制要求

工法是施工企业宝贵的技术财富。在整理传统技术编写新工法时，考虑每项工法自身的特点，需注意以下问题：

(1)工法都必须经过工程实践，并证明是属于技术先进、效益显著、经济适用的项目。对于未经工程应用的研究开发的新科技成果，不能称为工法。

(2)编写工法的选题要恰当。每项工法都是一个系统，系统有大有小，但都是一个完整的系统。

(3)编写工法不同于写工程施工总结。施工总结大多是工程的写实，而工法是对施工规律性的剖析与总结，要把工艺特点(或原理)放在前面，最后引用一些典型工程实例加以说明。在内容安排上，两者的顺序相反。

(4)整理和编写工法的目的是要在工程实践中得到应用，要有良好的适用性和指导性。

(5)随着数字化的发展，工法编制工作也进入了新的阶段。传统的书面文字、表格、图片已不再是工法表达的唯一方式，也可运用声像技术、多媒体技术、声像文字混合技术提高工法的表达效果，使其更直观、更真实、更易懂。

6. 施工工法的编写内容

按照局工法的管理办法,工法编写的格式和内容有具体要求。工法的编写内容与注意事项如下所述:

1)前言

简述工法概况、形成过程、推广应用情况、技术鉴定或技术可靠性证明情况和有关获奖情况。

工法的前言是概述,因此,用语要准确规范,文字要言简意赅,切忌词语冗长,更不能将工程概况写入前言。

2)工法特点

说明本工法与传统施工方法的区别,与同类工法相比较,着重说明在工期、质量、安全、造价等技术、经济效益方面的先进性和新颖性。

3)适用范围

说明针对不同的设计要求、施工环境、工期、质量、造价等条件,适宜采用本工法的工程对象。

4)工艺原理

从理论上阐述本工法施工工艺及管理的基本原理,着重说明关键技术形成的理论基础。

工艺原理是说明工法工艺核心部分的原理。通过工法中涉及的材料、构件的物理性能和化学性能说明本工法技术先进性的真正成因。

5)施工工艺流程及操作要点

说明本工法的施工程序要点、施工方法、与关键新技术相应的施工机具操作方法,同时说明所采用的施工管理方法和措施,显示本工法的先进性和创新点。必要时,应附图表说明。对工法中的专利技术或诀窍技术属保密范畴的,编写时可说明其代号并作简要描述。

工艺流程是施工操作的顺序,在工法编制中用简单网络图表示,操作要点一定要对应网络图中施工顺序进行详细的阐释。不能网络图中提到的施工步骤在操作要点中没有解释,也不能操作要点中说明的问题在网络图中没有反映。

6)材料与设备

说明主要材料的质量标准要求,主要施工机械、设备、工具、仪器的名称、规格、

型号、数量、使用性能和管理方法等。

为保证工法具有广泛的适用性，工法中涉及的有关“材料”的指标数据一定要严谨、准确。除介绍本工法使用新型材料的规格、主要技术指标、外观要求等，还应注明材料来源的生产厂家，因为不同厂家生产出的同类材料在规格、性能上可能有细微差别。此外，还应强调该材料在操作要点中起到的作用，以证明该材料在工法技术实现中是必不可少的。

7）质量控制

说明本工法应执行的工程质量标准和达到工程质量标准应采用的技术措施和管理措施。

一般工法的质量要求可依据现行国家、地区、行业的标准、规范规定执行，有些工法由于采用的是新技术、新材料、新工艺，在国家现行的标准、规范中未规定质量要求，因此在这类工法中质量要求应注明依据的是国际通用标准、国外标准、还是某科研机构、某生产厂家的试行标准，使工法应用单位明确本工法的质量要求，使质量控制有参照依据。

8）安全措施

说明遵照有关安全法规，结合本工法具体情况的安全注意事项和应采取的相应措施。

9）环保措施

说明本工法中采用了哪些有效的环保措施。

10）经济效益分析

说明本工法与同类工程采用常规施工方法相比较，具有哪些优越性，通过有关技术经济指标的分析对比，对工法取得的经济效益和社会效益作出客观评价。

工法之所以要推广是因为它技术先进，有可观的经济效益和社会效益。但在工法的效益分析中，人们往往只注意成本效益的分析而忽略了工期效益、质量效益的分析。实际上有些工法要推广的前期成本投入并不低，然而它带来的工期效益、质量效益、安全效益、环保效益等综合效益却很高。

11）工程应用实例

列举本工法在有代表性的工程中实际应用的情况、取得的实际效果和存在的问题，一般要求有两个以上的项目。

四、QC小组活动及成果

1. QC小组概述

1)QC小组的概念

QC小组是在生产或工作岗位上从事各种劳动的职工围绕企业的经营战略、方针目标和现场存在的问题,以改进质量、降低消耗、提高人的素质和经济效益为目的组织起来的,运用质量管理的理论和方法开展活动的小组。

这个概念包含了以下四层意思:

(1)参加QC小组的人员是企业的全体职工,不管是高层领导,还是管理者、技术人员、工人、服务人员,都可以组织QC小组。

(2)QC小组活动选择课题是广泛的,可以围绕企业的经营战略、方针目标和现场存在的问题来选题。

(3)小组活动的目的是提高人的素质,发挥人的积极性和创造性,改进质量,降低消耗,提高经济效益。

(4)小组活动强调运用质量管理的理论和方法开展活动,突出其科学性。

2)QC小组的特点

(1)明显的自主性　QC小组以职工自愿参加为基础,实行自主管理,自我教育,互相启发,共同提高,充分发挥小组成员的聪明才智和积极性、创造性。

(2)广泛的群众性　QC小组是吸引广大职工群众积极参与质量管理的有效组织形式,不仅包括领导人员、技术人员、管理人员,而且更注重吸引在生产、服务工作第一线的操作人员参加。广大职工群众在QC小组活动中学技术,学管理,群策群力分析问题,解决问题。

(3)高度的民主性　QC小组的组长可以是民主推选的,也可由小组成员轮流担任课题小组长,以发现和培养管理人才。在QC小组内部讨论问题,解决问题时,小组成员间是平等的,不分职位与技术等级高低,高度发扬民主,各抒己见,互相启发,集思广益,以保证既定目标的实现。

(4)严密的科学性　QC小组在活动中遵循科学的工作程序,步步深入地分析问题,解决问题;在活动中坚持用事实来说明问题,用科学的方法来分析与解决问题,而不是凭“想当然”或个人经验。

3)QC 小组的分类

按照 QC 小组参加的人员与活动课题的特点，QC 小组分为“现场型”、“服务型”、“攻关型”、“管理型”四种类型。

(1)现场型 QC 小组　它是以班组和工序现场的操作工人为主体组织，以稳定工序流程、改进产品质量，降低消耗，改善生产环境为目的，开展质量攻关活动的范围主要是在生产现场。这类小组一般选择的活动课题较小，难度不大，是小组成员所能及的，活动周期也较短，比较容易出成果，但经济效益不一定大。

(2)服务型 QC 小组　它是由专门从事服务工作的职工群众组成的，以推动服务工作标准化、程序化、科学化，提高服务质量和经济、社会效益为目的，活动范围主要是在服务现场。这类小组一般活动课题较小，围绕身边存在的问题进行改善，活动时间不长，见效较快。虽然这类成果经济效益不一定大，但社会效益往往比较明显，甚至会影响社会风气的改善。

(3)攻关型 QC 小组　它通常由领导干部、技术人员和操作人员三结合组成，它以解决技术关键为目的，课题难度较大，活动周期较长，需投入较多的资源，通常技术经济效果显著。

(4)管理型 QC 小组　它是由管理人员组成的，以提高业务工作质量，解决管理中存在的问题，提高管理水平为目的。这类小组的选题有大有小，课题难度也不相同，效果也差别较大。

4)QC 小组活动的宗旨

QC 小组活动的宗旨，即 QC 小组活动的目的和意义可以概括为以下三个方面：

(1)提高职工素质，激发职工的积极性和创造性。

(2)改进质量，降低消耗，提高人的素质和企业的经济效益。

(3)建立文明的、心情舒畅的生产、服务、工作现场。

5)QC 小组活动的作用

在开展 QC 小组活动中，只要坚持以上宗旨，就可以起到以下几个方面的作用：

(1)有利于开发智力资源，发掘人的潜能，提高人的素质。

(2)有利于预防质量问题和改进质量。

(3)有利于实现全员参与管理。

(4)有利于改善人与人之间的关系，增强人的团结协作精神。

(5)有利于改善和加强管理工作，提高管理水平。

(6)有利于提高职工的科学思维能力、组织协调能力、分析与解决问题的能力，从而使职工成为全面人才。

2. QC 小组的组建

1)QC 小组的组建原则

组建 QC 小组一般应遵循“自愿参加，上下结合”与“实事求是，灵活多样”的原则。

2)QC 小组组建程序与注册登记

(1)QC 小组组建程序

①自下而上的组建程序　由同一班组的几个人，根据想要选择的课题内容，推举一位组长，共同商定组成一个 QC 小组，给小组取个名字，确定研究课题名称，然后进行注册登记，该 QC 小组就组建完成。

这种组建程序，适用于由同一班组内的部分成员组成的现场型、服务型，包括一些管理型的 QC 小组。他们所选的课题一般都是自己身边的、力所能及的较小的问题，这样组建的 QC 小组，成员的活动积极性、主动性很高，QC 小组的开展比较顺利。

②自上而下的组建程序　由企业主管 QC 小组活动的部门，根据企业实际情况，提出企业开展 QC 小组活动的设想方案，然后与班组领导协商，达成共识后，提出组长人选，进而物色 QC 小组所需的组员，选定课题内容，然后进行注册登记，该 QC 小组就组建完成。

这种组建程序普遍被“三结合”技术攻关型 QC 小组采用。这类 QC 小组所选择的课题往往都是企业或班组急需解决的、有较大难度、牵涉面较广的技术、设备、工艺问题，需要企业为 QC 小组活动提供一定的技术、资金条件。这样组建的 QC 小组，容易紧密结合企业的方针目标，抓住关键课题，对企业和 QC 小组成员会带来直接效益。

③上下结合的组建程序　这是介于上面两种之间的一种，由上级推荐课题范围，经下级讨论认可，上下协商来组建。主要涉及组长和组员人选的确定，课题内容的初步选择等问题，其他程序与前两种相同。这样组建的 QC 小组，可取前两种所长，避其所短，值得提倡。

(2)QC 小组的人数

为便于自主地开展活动，小组人数一般以 3～10 人为宜。每个 QC 小组成员具体应该多少，应根据所选课题涉及的范围、难度等因素确定。

(3)QC 小组的注册登记

为了便于管理，组建 QC 小组应认真做好注册登记工作。注册登记是 QC 小组组建的最后一步工作。QC 小组注册登记后，就被纳入企业年度 QC 小组活动管理计划之中，在随后开展的小组活动中，便于得到各级领导和有关部门的支持和服务，并可参加各级优秀 QC 小组的评选。

3. QC 小组活动

1）QC 小组活动的基本条件

QC 小组是实现全员参与质量改进的有效形式，QC 小组活动应是企业的自觉行为。要在企业内开展好 QC 小组活动，还需要创造较好的内部环境，主要应具备以下几个基本条件：

(1)领导对 QC 小组活动思想上重视，行动上支持。

(2)职工对 QC 小组活动有认识，有要求。

(3)培养一批 QC 小组活动的骨干。

(4)建立健全 QC 小组活动的规章制度。

2）QC 小组活动的程序

为解决本企业存在的问题，不断地进行质量改进是 QC 小组活动的基本特征。要解决所存在的问题，QC 小组所涉及的管理技术主要有以下三个方面：

(1)遵循 PDCA 循环。解决一个问题或进行一项活动都要按照 PDCA 的活动规律进行。P(Plan)表示计划，D(Do)表示执行，C(Check)表示检查，A(Action)表示处理。

(2)以事实为依据，用数据说话。

(3)应用统计方法。现在可供选用的统计方法很多，有“老七种工具”，分别是排列图、因果图、直方图、控制图、散布图、调查表、分层图；有“新七种工具”，分别是关联图、系统图（也称树图）、亲和图、PDPC 法（也称过程决策程序图法）、矩阵图、矩阵数据分析法、矢线图；还有一些简易图表（包括柱状图、饼分图、折线图、带状图、雷达图等）。

总之，应遵循 PDCA 循环，结合自身的特点来开展 QC 小组活动。QC 小组活动的具体程序如图 6-1 所示。

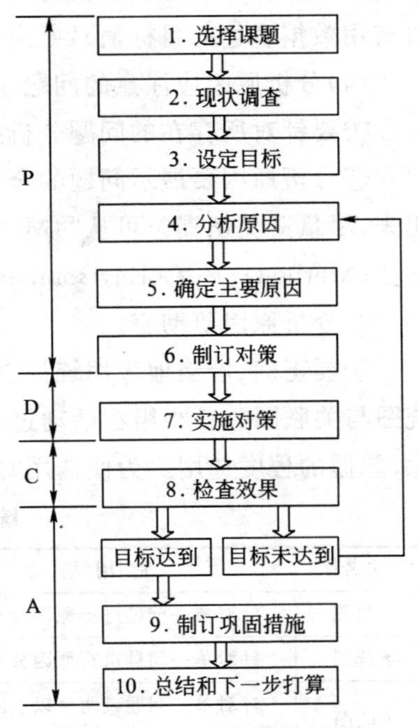

图 6-1　QC 小组活动的具体程序

(1)选择课题应注意的问题

①课题宜小不宜大。做小课题有四个方面的好处：

a. 小课题易于取得成果，活动周期短，能更好地鼓舞小组成员的士气。

b. 小课题短小精干，大部分对策都能由本小组成员自己来实施，更能发挥本组成员的创造性。

c. 小课题大部分是在本小组的生产现场，是自己身边存在的问题，通过自己的努力得到改进，取得的成果也是自己受益，能更好地调动小组成员的积极性。

d. 小课题容易总结成果，在发表成果规定的时间里，能把小组活动时所动的脑筋，所下的功夫充分表达出来，因此可以发表得很生动、很精彩。

②课题的名称应一目了然地看出是要解决什么问题，不可抽象。

③关于选题理由，应直接写出选此课题的目的和必要性，不要长篇大论地陈述背景。

(2)现状调查应注意的问题

①用数据说话。

②对现状调查取得的数据要整理、分类，进行分层分析，以找到问题的症结所在。

③不仅要收集已有记录的数据，更需要亲自到现场去观察、去测量、去跟踪，直接掌握第一手资料，以掌握问题的实质。

(3)设定目标

设定目标要注意目标要与问题相对应，目标要明确表示(所谓明确表示，就是要有用数据表达的目标值)，要说明制订目标的依据。

(4)分析原因应注意的问题

①要针对所存在的问题分析原因。

②分析原因要展示问题的全貌。分析原因要从各种角度把有影响的原因都找出来，尽量避免遗漏。可从“4M1E”即人(Man)、机械(Machine)、材料(Material)、方法(Method)、环境(Environment)这几个角度展开分析。

③分析原因要彻底。

④要正确、恰当地应用统计方法进行分析。分析原因常用的方法有因果图、系统图与关联图。各小组在活动过程中，可根据所存在问题的情况以及对方法的熟悉、掌握的程度选用。为使选用时不至于用错，现将其主要特点列于表 6-1。

统计方法的主要特点 表 6-1

方法名称	适用场合	原因之间的关系	展开层次
因果图	针对单一问题进行原因分析	原因之间没有交叉影响	一般不超过四层
系统图	针对单一问题进行原因分析	原因之间没有交叉影响	没有限制
关联图	针对单一问题或两个以上问题进行原因分析	原因之间有交叉影响	没有限制

(5)确定主要原因的步骤

①把因果图、系统图或关联图中的末端因素收集起来,因为末端因素是问题的根源,所以主要原因要在末端因素中选取。

②在末端因素中看看是否有不可抗拒的因素。

③对末端因素逐条确认,以找出真正影响问题的主要原因。

(6)制订对策的步骤

①提出对策。

②研究、确定所采取的对策。

③制订对策表。对策表是整修改进措施的计划,是下一步实施对策的依据,必须做到对策清楚、目标明确、责任落实。可按"5W1H"(即:What 对策、Why 目标、Who 负责人、Where 地点、When 时间、How 措施)的原则制订对策表,表中项目依次为:序号,要因,对策,目标,措施,地点,时间,负责人。

(7)实施对策

对策制订完毕,小组成员就可以严格按照对策表列出的改进措施加以实施。每条对策实施完毕,要再次收集数据,与对策表中所定的目标比较,以检查对策是否已彻底实施并达到了要求。

在实施过程中应做好活动记录,把每条对策的具体实施时间、参加人员、活动地点与具体怎么做的,遇到什么,如何解决的都加以记录,以便为最后整理成果报告提供依据。

(8)检查效果

把对策实施后的数据与对策实施前的现状以及小组制订的目标比较,看是否达到了预定的目标。可能会出现两种情况,一种是达到了小组制订的目标,说明问题已得到解决,就可进入下一步骤,巩固取得的成果,防止问题的再发生。另一种情况是未达到小组制订的目标,说明问题没有彻底解决,可能是主要原因尚未完全找到,也可能是对策制订得不妥,不能有效地解决问题,所以就要回到第四步骤,重新分析原因,再往下进行直至达到目标。解决了问题,取得了成果,就可以计算解决这个问题能为企业带来多少经济效益。

(9)制订巩固措施

取得效果后,就要把效果维持下去,并防止问题的再发生,为此要制订巩固措施。把对策表中通过实施已证明有效的措施初步纳入有关标准,报有关主管部门批准,至少要纳入班组作业指导书和班组管理办法、制度。

(10)总结和下一步打算

没有总结，就没有提高。成果完成后，小组成员要围绕以下内容认真进行总结：

①通过此次活动，除了解决本课题外还解决了哪些相关问题，还有哪些问题没有解决。

②检查在活动程序方面，在以事实为依据用数据说话方面，在方法的应用方面，明确哪些方面是成功的，哪些方面还尚有不足需要改进，还有哪些心得体会。

③认真总结此次活动所取得的无形效果。可从“四个意识(质量意识、问题意识、改进意识、参与意识)”的提高、个人能力的提高、QC 知识的掌握、解决问题的信心、团队精神的增强等方面来总结，这些效果虽不能直接产生经济效益，但却是非常宝贵的精神财富。

④在以上基础上提出下一次活动要解决的课题，把 QC 小组活动持续开展下去。

QC 小组活动程序中每一步骤常用的方法见表 6-2。

QC 小组活动程序的步骤　　表 6-2

序号	方法 / 程序	老 QC 七种工具							新 QC 七种工具							其他方法					
		分层图	调查表	排列图	因果图	直方图	控制图	散布图	系统图	关联图	亲和图	矩阵图	矢线图	PDPC法	矩阵数据分析法	简易图表	正交试验设计法	优选法	水平对比法	头脑风暴法	流程图
1	选择课题	▲	▲	▲		△	△				△					▲			△	▲	
2	现状调查	▲	▲	▲		△	△	△								▲			△		△
3	设定目标		△													▲			△		
4	分析原因				▲				▲	▲										▲	
5	确定主要原因		△					△								▲					
6	制订对策		△				△					△	△			△	△	△		▲	△
7	实施对策		△				△					△	△			△	△	△		▲	△
8	检查效果		△	△		△	△	△								▲			△		
9	制订巩固措施		△				△									▲					△
10	总结和下一步打算															▲					

注：①▲表示特别有效；△表示有效。

②简易图表包括折线图、柱状图、饼分图、甘特图、雷达图。

4. QC 小组活动成果

1)QC 小组活动成果报告

QC 小组活动取得了成果，就应认真总结，整理出成果报告。成果报告是 QC 小组活动全过程的局面表现形式，是在小组活动的原始记录的基础上，经过小组成员共同讨论总结整理出来的。

(1)整理成果报告的一般步骤

①由 QC 小组组长召集小组全体成员开会，认真回顾本课题活动的全过程，总结分析活动的经验教训。

②按照小组成员分工，收集和整理小组活动的原始记录和资料。

③由成果报告执笔人在掌握上述资料和总结会上大家谈的意见的基础上，按照 QC 小组活动的基本程序整理成果报告初稿。

④将执笔人整理出的成果报告初稿提交小组成员全体会议，由全体成员认真讨论、修改、补充、完善，最后由执笔人集中大家意见，修改完成成果报告。

(2)总结、整理成果报告要注意的问题

①严格按活动程序进行总结。

②把在活动中所下的功夫、努力克服困难、进行科学判断的情况总结到成果报告中去。

③成果报告要以图、表、数据为主，配以少量的文字说明来表达，尽量做到标题化、图表化、数据化，以使成果报告清晰、醒目。

④不要用专业技术性太强的名词术语，在不可避免时(特别是在发表时)，要用通俗易懂的语言进行必要的解释。

⑤在成果报告内容的前面，可简要介绍 QC 小组的组成情况，必要时还要对与小组活动课题有关的企业情况，甚至生产过程作简单介绍，用以说明本课题是哪一部分发生的问题。

2)QC 小组活动成果发表

(1)成果发表的作用

①交流经验，相互启发，共同提高。

②鼓舞士气，满足小组成员自我实现的需要。

③现身说法，吸引更多职工参加 QC 小组活动。

④使评选优秀 QC 小组和优秀成果具有广泛的群众基础。

⑤提高 QC 小组成员科学总结成果的能力。

(2)QC 小组发表成果应注意的问题

①做好发表前的准备工作。为了使发表取得好的效果,应认真研究,选择恰当的发表形式,发表形式不必一个模式,可灵活多样,生动活泼,不拘一格。

②发表前先作自我介绍,让听众知道你是本小组的主要成员,而不是外请的"演员"。

③现场发表时要声音洪亮,语言简明,吐字清楚,语速有节奏,让人听起来你是在讲自己做过的事,而不是在"背书"。

④仪态要自然大方,不要过于拘谨和紧张,即使发表中出现了错、漏处也不要紧,道声"对不起",加以纠正和补充即可。

⑤在本企业或同行业以外发表成果时,要尽量避免使用专业性很强的技术术语,必须使用时应略作解释,以使听众能明白。

⑥在成果发表完毕后的提问答疑时,态度要谦虚;对提问者要有礼貌,回答提问要简洁明了;提问较多时要有耐心,没听清楚的提问,可请提问者再重复一次;实属技术保密问题,要婉言谢绝。

5. QC 小组活动成果的评审

1)评审的目的

QC 小组活动取得成果之后,为了肯定取得的成绩,总结成功的经验,指出不足,以不断提高 QC 小组活动水平,同时为表彰先进、落实奖励,使 QC 小组活动扎扎实实地开展下去,就需要对 QC 小组活动成果进行客观的评价与审核。

2)评审的原则

(1)从大处着眼,找主要问题　主要问题也就是评审的重点,主要有三点:第一,成果所展示的活动全过程是否符合 PDCA 的活动程序;第二,各个环节是否做到以客观事实为依据,用数据"说话",以及所用数据是否完整、正确、有效;第三,统计方法的运用是否正确、恰当。

(2)要客观并有依据。

(3)避免在专业技术上钻牛角尖。

(4)不要单纯以经济效益为依据评选优秀 QC 小组。

3)评审的标准

评审标准由现场评审和发表评审两个部分组成。

(1)现场评审　QC 小组活动开展得如何,最真实的体现是活动现场。因此对现场的评审是 QC 小组活动成果评审的重要方面,评审的项目及内容见表 6-3。

QC小组成果现场评审表　　表6-3

小组名称：＿＿＿＿＿＿＿＿　课题名称：＿＿＿＿＿＿＿＿

序号	评审项目	评审内容	配分	得分
1	选题	(1)要按有关规定进行小组登记和课题登记； (2)小组活动时，小组成员的出勤情况； (3)小组成员参与分担组内工作的情况	7～15分	
2	原因分析	(1)活动过程需按QC小组活动程序进行； (2)取得数据的各项原始记录要妥善保存； (3)活动记录要完整、真实，并能反映活动的全过程； (4)每一阶段的活动能否按计划完成； (5)活动记录的内容与发表资料的一致性	20～40分	
3	对策与实施	(1)对成果内容进行核实和确认，并已达到所制订的目标； (2)取得的经济效益已得到财务部门的认可； (3)改进的有效措施已纳入有关标准； (4)现场已按新的标准作业，并把成果巩固在较好的水准上	15～30分	
4	效果	(1)QC小组成员对QC小组活动程序的了解情况； (2)QC小组成员对方法、工具的了解情况	7～15分	
总体评价			总得分	
公司意见			最终得分	

现场评审人员：＿＿＿＿＿＿

公司质管部门负责人：＿＿＿＿＿＿

(2)发表评审　在QC小组活动成果发表时，为了互相启发、学习交流、肯定成绩、指出不足以及评选优秀QC小组，还要对成果进行发表评审，发表评审的项目及内容见表6-4。

QC小组成果发表评审表　　表6-4

小组名称：＿＿＿＿＿＿＿＿　课题名称：＿＿＿＿＿＿＿＿

序号	评审项目	评审内容	配分	得分
1	选题	(1)所选课题应与上级方针目标相结合，或是本小组现场急需解决的问题； (2)简洁明确地直接针对所存在的问题； (3)现状已清楚掌握，数据充分，并通过分析已明确问题的症结所在； (4)现状已为制订目标提供了依据； (5)目标设定不要过多，需有量化的目标值和一定依据	8～15分	

续上表

序号	评审项目	评 审 内 容	配分	得分
2	原因分析	(1)应针对问题的症结来分析原因，因果关系要明确、清楚； (2)原因要分析透彻，一直分析到可直接采取对策的程度； (3)主要原因要从末端因素中选取； (4)应对所有末端因素都进行要因确认，并且是用数据、事实客观地证明什么是主要原因； (5)工具运用正确、适宜	13～20 分	
3	对策与实施	(1)应针对所确定的主要原因，逐条制订对策； (2)对策应按 5W1H 的原则制订，每条对策在实施后都能检查是否已完成(达到目标)及有无效果； (3)要按对策表逐条实施，且实施后的结果都有所交待； (4)大部分的对策是由本组成员来实施的，遇到困难能努力克服； (5)工具运用正确、适宜	13～20 分	
4	效果	(1)取得效果后与原状比较，确认其改进的有效性，与所制订的目标比较，看其是否已达到； (2)取得经济效益的计算实事求是、无夸大； (3)已注意对无形效果的评价； (4)改进后的有效方法和措施已纳入有关标准，并按新标准实施； (5)改进后的效果能维持、巩固在良好的水准，并用图表表示出巩固期的数据	13～20 分	
5	发表	(1)发表资料要系统分明，前后连续，逻辑性好； (2)发表资料应以图、表、数据为主，避免通篇文字照本宣读； (3)发表资料要通俗易懂，不用专业性特强的词句和内容，在不可避免时作深入浅出的解释； (4)发表时要大方、不做作，口齿清楚而有礼貌地讲成果； (5)回答提问时诚恳、简要、不强辩	13～20 分	
6	特点	(1)课题具体务实； (2)活动过程(包括发表)生动活泼、有新意，具有启发性	0～5 分	
总体评价			总得分	

评委：__________________

4)评审的方法

(1)公司对 QC 小组成果的评审　公司对 QC 小组成果的评审要进行现场评审和发表评审。

①现场评审　QC 小组取得成果后,向公司主管部门申报,公司组织有关人员组成评审组,到 QC 小组活动现场,面向 QC 小组全体成员,了解 QC 小组活动的详细情况。现场评审一般在小组取得成果后两个月左右,评审组成员最好不少于5人,评审组按照表 6-3"QC 小组成果现场评审表"的内容进行评审。

②发表评审　每年年底公司主管部门收集各项目上报的 QC 成果,组织不少于5人的评审组,召开优秀成果发表会,严格按表 6-4"QC 小组成果发表评审表"的内容进行评审。把现场评审和发表评审两项综合起来,就是对该 QC 小组活动成果评审的总成绩。

(2)局对 QC 成果的评审　各公司评审后推荐优秀成果参与评选局级优秀 QC 小组,并填写表 6-5"优秀 QC 小组申报表"。

优秀 QC 小组申报表　　表 6-5

单位名称:＿＿＿＿＿＿

<table>
<tr><td>小组名称</td><td colspan="3"></td></tr>
<tr><td>课题名称</td><td colspan="3"></td></tr>
<tr><td>小组类型</td><td></td><td>小组人数</td><td></td></tr>
<tr><td colspan="4">小组简介:</td></tr>
<tr><td colspan="4">选题理由:</td></tr>
<tr><td colspan="4">活动情况:</td></tr>
<tr><td colspan="4">取得成果(包括在部门评选中获得名次):</td></tr>
<tr><td colspan="4">取得经济效益:

财务(审计)部门确认</td></tr>
<tr><td colspan="4">部门推荐意见:

(公章)</td></tr>
</table>

单位负责人:　　　　　　　　　　　　　　　　　　　日期:

局级优秀 QC 小组一般只对成果进行评审，由局专家委员会按表 6-6“QC 小组成果评分表”的内容进行打分评选。

QC 小组成果评分表 表 6-6

单位：______________ 课题名称：______________

序号	评定项(分)	评 分 依 据	配分	得分
一	小组概况 (5)	小组基本情况(组建时间、人员等)：连续组龄已达三年，人员相对稳定	3	
		小组活动自觉、经常、持久、扎实、有效	2	
二	选题理由 (10)	符合本部门的方针目标和管理点	4	
		有充分理由或数据作依据	3	
		课题具体、目标明确	3	
三	课题现状 (10)	与课题有关的情况(工程概况等)介绍	2	
		能从实际出发，调查掌握的数据(测取方法正确有可比性)符合事实	4	
		工具图表运用恰当正确	4	
四	问题原因 (8)	对因素(如人、机、料、法、环)分类清楚，诸因素间因果关系正确	4	
		因素分析结合实际，符合专业管理技术	4	
五	主要原因 (7)	清楚明确	2	
		有令人信服的理由及掌握影响的程度	5	
六	对策措施 (15)	对策与主要原因相对应	5	
		对策合理，具体可行	10	
七	实施情况 (8)	对策的实施情况介绍清楚，时间、遇到的问题等情况介绍得清楚	8	
八	检查 (7)	对实际情况、实施结果的检查方法正确，所用的检查工具合适	4	
		能正确地运用质量管理工具，把实施结果用数据、图表表现出来	3	
九	效果 (25)	课题的程度及目标水平	8	
		质量和经济效益评定标准(高低)及达到的水平	13	
		主管部门确认，用户评价好，效果巩固	4	

续上表

序号	评定项(分)	评 分 依 据	配分	得分
十	处理 (5)	对一些有效的经济措施和管理手段进行了标准化的制订或制订了有效的巩固措施	3	
		对遗留问题进行了下一次 PDCA 循环或选了新课题、新目标	2	
十一	其他	对质量管理的观点和方法的运用,有创新或有其他突出之处	+5	
		PDCA 循环层次不清,观点手法概念含糊,数据来源不明	−5	
		图文脱节或超过发表时限等问题		
十二	总体评价		总得分	

评委:________________　　日期:________________

被评为局级优秀 QC 小组的,由局根据上级有关要求再推荐上报。

第七章 三位一体管理体系

一、三位一体管理体系简介

ISO 9001 质量管理体系、ISO 14001 环境管理体系和 OHSAS 18001 职业健康与安全管理体系，这三种体系是集产品质量、环境保护与职业健康安全为一体的管理体系，故称为三位一体管理体系。

三种体系均有一套基础标准。ISO 9001 标准是由国际标准化组织（ISO）质量管理委员会颁布的一套国际质量管理体系标准，要求企业建立一整套全面的质量管理保证模式。ISO 14000 标准是国际标准化组织环境管理委员会颁布的一套国际环境管理体系标准，其中 ISO 14001 是龙头标准，也是唯一可用于第三方认证的标准，它要求企业在生产全过程中有效地控制污染，节约资源与能源，减少各项环境费用。OHSAS 18000 职业健康与安全管理标准是继 ISO 9000 与 ISO 14000 之后的又一世界通用的管理标准，要求企业通过建立、完善职业安全卫生管理体系，达到对工伤事故及职业病的有效控制，保护员工及相关人员的安全与健康。

1. 国际标准化组织（ISO）

国际标准化组织（International Organization for Standardization）简称 ISO，是目前世界上最大、最有权威性的非政府性国际标准化专门机构，是国际标准化领域中一个十分重要的组织。ISO 成立于 1946 年，当时来自 25 个国家（中、英、美、法、苏等）的 64 名代表在伦敦召开会议，决定成立一个新的国际组织，以促进国际间的

合作和工业标准的统一。于是,ISO这一新组织于1947年2月23日正式成立,总部设在瑞士的日内瓦。ISO的工作语言是英语、法语和俄语,现有成员138个。ISO于1951年发布了第一个标准——工业长度测量用标准参考温度,截至2000年12月底,ISO已制订了13 025个国际标准。

ISO的组织机构包括全体大会、主要官员、成员团体、通信成员、捐助成员、政策发展委员会、理事会、ISO中央秘书处、特别咨询组、技术管理局、标样委员会、技术咨询组、技术委员会等。

ISO技术工作是高度分散的,分别由187个技术委员会(TC)、552个分技术委员会(SC)和工作组(WG)承担。在这些委员会中,世界范围内的工业界代表、研究机构、政府权威、消费团体和国际组织都作为对等合作者共同讨论全球的标准化问题。管理一个技术委员会的主要责任由一个ISO成员团体(诸如AFNOR、ANSI、BSI、CSBTS、DIN、SIS等)担任,该成员团体负责日常秘书工作。与ISO有联系的国际组织、政府或非政府组织都可参与工作。

1978年9月1日,我国以中国标准化协会(CAS)的名义重新进入ISO。1988年起改为以国家技术监督局的名义参加,后改为以中国国家标准化管理局的名义参加ISO的工作。中国现在是ISO 145个技术委员会和356个分委员会的积极(P)成员,是49个技术委员会和238个分委员会的观察(O)成员。

ISO是联合国经社理事会的甲级咨询组织和贸发理事会综合级(即最高级)咨询组织。此外,ISO还与600多个国际组织保持着协作关系。

国际标准化组织的目的和宗旨是:"在全世界范围内促进标准化工作的发展,以便于国际物资交流和服务,并扩大在知识、科学、技术和经济方面的合作"。其主要活动是制订国际标准,协调世界范围的标准化工作,组织各成员国和技术委员会进行情报交流,以及与其他国际组织进行合作,共同研究有关标准化问题。

国际标准由技术委员会(TC)和分技术委员会(SC)经过6个阶段形成:申请阶段,预备阶段,委员会阶段,审查阶段,批准阶段,发布阶段。

随着国际贸易的发展,对国际标准的要求日益提高,ISO的作用也日趋扩大,全世界各国对ISO也越加重视。

2. ISO 9001质量管理体系

科学技术的进步和社会的发展,使客户需要把自己的安全、健康、日常生活置于质量保护之下,企业为避免因产品质量问题引起的巨额赔款,也要建立质量管理与质量保证体系来提高信誉和市场竞争力。世界贸易的发展迅速,不同国家、企业之间在技术合作、经验交流和贸易往来上要求有共同的语言、统一的认识和共同遵守的规范。现代企业内部协作的规模日益庞大，使程序化管理成为生产力发展本身的要求。这些共同原因使 ISO 9000 标准的产生成为必然。

1）ISO 9000 族标准的产生过程

1979 年 ISO 组织成立质量管理和质量保证技术委员会 TC 176，专门负责制订质量管理和质量保证的标准。

1979 年英国标准协会 BSI 向 ISO 组织提交了一份建议，倡议研究质量保证技术和管理经验的国际标准化问题。同年 ISO 批准成立质量管理和质量保证技术委员会 TC 176，专门负责制订质量管理和质量保证标准。TC 176 主要参照了英国 BS 5750 标准和加拿大 CASZ 299 标准，从一开始就注意使其制订的标准与许多国家的标准相衔接。

在各国专家努力的基础上，国际标准化组织在 1987 年正式颁布了 ISO 9000 系列标准（9000～9004）的第一版。ISO 9000 标准很快在工业界得到广泛的承认，被各国标准化机构所采用并成为 ISO 标准中在国际上销路最好的一个。截至 1994 年底已被 70 多个国家一字不漏地采用，其中包括所有的欧洲联盟和欧洲自由贸易联盟国家、日本和美国。有 50 多个国家建立了国家质量体系认证/注册机构，开展了第三方认证和注册工作。有些国家，等待注册的公司队伍如此之长，要等上几个月甚至 1 年才能得到认证。ISO 9000 标准被欧洲测试与认证组织 EOTC 作为开展本组织工作的基本模式。欧洲联盟在某些领域如医疗器械的立法中引用 ISO 9000 标准，供应商在某些领域必须取得 ISO 9000 注册。许多公司得出的结论是，要想与统一起来的欧洲市场做生意，取得 ISO 9000 注册是绝对有好处的。

ISO 9000 标准自国际标准化组织于 1987 年制订后，经过不断修改完善而成为系列标准，称为 ISO 9000 族标准。目前已有 90 多个国家和地区将此标准等同转化为国家标准，我国等同采用 ISO 9000 族标准的国家标准是 GB/T 19000 族标准。该标准是国际标准化组织承认的中文标准。

2）ISO 9000 族标准的定义

ISO 9000 族标准并不是产品的技术标准，而是针对企业的组织管理结构、人员和技术能力、各项规章制度和技术文件、内部监督机制等一系列体现企业保证产品及服务质量的管理措施的标准。

ISO 9000 族质量标准是世界先进工业国家质量管理经验的结晶，是与市场经济相适应的一种质量管理和质量保证模式。通常企业活动由三个方面组成：经营、

管理和开发。在管理上又主要表现为行政管理、财务管理、质量管理。ISO 9000族标准主要针对质量管理部分，同时涵盖了部分行政管理和财务管理的范畴。

3)ISO 9000与ISO 9001、ISO 9002、ISO 9003的区别

ISO 9000是一个族的通称，其中ISO 9001、ISO 9002及ISO 9003三个标准是第三方认证的依据。三个标准的不同点在于：ISO 9001对组织的设计开发到生产、安装及服务等全过程提出了要求。ISO 9002对于不进行设计和开发工作的组织来说是最适宜的认证标准，因为该标准中并不包括ISO 9001中所提及的设计控制要求。对于生产过程中不包括设计控制、过程控制及采购或服务，而只包括为保证最终产品和服务符合规定要求的检验和测试的组织应采用ISO 9003标准进行认证。因此，ISO 9001、ISO 9002、ISO 9003三个标准并无高低之分，没有质量等级上的差别。应根据其欲通过认证所覆盖的产品特点，对照ISO 9001、ISO 9002或ISO 9003的要求选择其质量体系认证的标准。

3. 环境管理体系和职业健康安全管理体系

1)ISO 14001环境管理体系

ISO 14000是国际标准化组织继ISO 9000系列标准后推出的第二个环境管理系列标准，内容包括五大部分，17个要素。ISO 14001环境管理体系标准作为ISO 14000系列标准的核心，是企业建立环境管理体系并开展审核认证的根本准则。目前，国内外进行的ISO 14000认证即指ISO 14001环境管理体系认证。

ISO 14000系列标准的基本组成是一个环境管理系列标准，共有100个标准号，其主要组成如下：

ISO 14001～ISO 14009　环境管理体系EMS；

ISO 14010～ISO 14019　环境审核EA；

ISO 14020～ISO 14029　环境标志EL；

ISO 14030～ISO 14039　环境行为评价EPE；

ISO 14040～ISO 14049　生命周期评估LCA；

ISO 14050～ISO 14059　术语和定义T&D；

ISO 14060　产品标准中的环境因素EAPS；

ISO 14061～ISO 14100　预留号。

ISO 14000系列标准已有11个标准分别于1996年至1999年4月由国际标准化组织正式颁布，其中下列五个标准已于1997年4月1日等效转化为国家标准：

ISO 14001　环境管理体系—规范及使用指南(2005年已更新)；

ISO 14004　环境管理体系—原理、体系和支撑技术通用指南；

ISO 14010　环境审核指南—通用原则；

ISO 14011　环境管理审核—审核程序—环境管理体系审核；

ISO 14012　环境管理审核指南—环境管理审核员的资格要求。

这一系列标准中的其他标准目前还处于制订的不同阶段，将会在以后陆续颁布。

2)GB/T 28001 职业健康安全管理体系

OHSAS 18000 全名为 Occupational Health and Safety Assessment Series 18000，是一国际性安全及卫生管理系统验证标准。OHSAS 之所以发展，主要为解决客户群在面对诸多验证机构自行开发的安卫管理系统验证标准时，如何取舍的问题，以及取代知名度较高的 BS 8800(仅为指导纲要，而非验证标准)而成为可正式验证的国际标准。客户常因上述症结未能理清，而采观望态度。故安全卫生管理系统的建置乃刻不容缓之事，与其他系统相比，虽少了生意导向的诱因，却多了尊重员工生命财产的形象。为解决上述症结，各大验证机构(如 SGS，BSI，NSAI，Standards Australia，BVQI，LRQA 等)参考既有安卫管理系统标准(如 ISA 2000，BS 8800，NSAI SR 320，AS/NZ 4801，SafetyCert，OHSMS，LRQASMS 8800 等)，共同发展出 OHSAS 18000。其中 OHSAS 18001 为规范，其架构与 ISO 14001 一致，亦按 PDCA 持续改善模式设计，而 OHSAS 18002 实施指导纲要的内容则多参考 ISA 2000。

(1)职业健康安全管理体系的产生　职业健康安全管理体系是 20 世纪 80 年代后期在国际上兴起的现代安全生产管理模式，它与 ISO 9000 和 ISO 14000 等一样被称为后工业化时代的管理方法，其产生的一个主要原因是企业自身发展的要求。随着企业的发展壮大，企业必须采取更为现代化的管理模式，将包括质量管理、职业健康安全管理在内的所有生产经营活动科学化、标准化和法律化。国际上的一些著名的大企业在大力加强质量管理工作的同时，已经建立了自律性的和比较完善的职业健康安全管理体系，较好地提升了自身的社会形象并极大地控制和减少了职业伤害给企业所带来的损失。职业健康安全管理体系产生的另一个重要原因是国际一体化进程的加速进行而引起的，由于与生产过程密切相关的职业健康安全问题正日益受到国际社会的关注和重视，与此相关的立法更加严格，相关的经济政策和措施也不断出台和完善。

职业健康安全管理体系最早由国际标准化组织(ISO)第 207 技术委员会(TC 207，环境管理技术委员会)于 1994 年 5 月在澳大利亚全会上提出。起初，ISO/TC

207 提出职业健康安全管理体系，是由于 ISO/TC 207 在推行环境管理体系(ISO 14000)的过程中涉及许多相关的职业健康安全管理问题。为此，ISO/TC 207 希望采用类似质量管理体系(ISO 9000)和环境管理体系(ISO 14000)的办法有效解决组织的职业健康安全问题，以便进一步强化组织的综合管理水平。

随后，ISO 就开始进行有关职业健康安全管理体系的研究与讨论。为此，ISO 专门成立了由中国、美国、英国、法国、德国、日本、澳大利亚、加拿大、瑞士、瑞典、国际劳工组织以及世界卫生组织的代表组成的特别工作组进行专门研究。一些发达国家率先研究和实施职业健康安全管理体系活动，其中，英国在 1996 年颁布了 BS 8800《职业安全卫生管理体系指南》，此后，美国、澳大利亚、日本、挪威的一些组织也制订了相关的指导性文件。1999 年英国标准协会、挪威船级社等 13 个组织提出了职业健康安全评价系列(OHSAS)标准，即 OHSAS 18001《职业健康安全管理体系—规范》、OHSAS 18002《职业健康安全管理体系—OHSAS 18001 实施指南》。尽管国际标准组织(ISO)决定暂不颁布这类标准，但许多国家和国际组织继续进行相关的研究和实践，并使之成为继 ISO 9000、ISO 14000 之后又一个受国际关注的标准。

目前颁布的职业健康安全管理体系—规范(Occupational health and safety management systems-specification，即 OHSMS 18001)和职业健康安全管理体系 OHSMS 18001 应用指南(Occupational health and safety management systems-guideline for the implementation of OHSMS 18001)虽不作为某一国家或某一国际组织的正式颁布标准，但已被广泛采纳，最具权威性。

(2)我国的 GB/T 28001 职业健康与安全管理体系　我国作为 ISO 的正式成员国，对职业健康安全管理十分重视，特别是近年来我国发生的一些重大事故表明，建立职业健康安全管理体系标准已迫在眉睫。标准的实施可以避免发生许多可能出现的伤亡及事故，其实际及潜在的效益是巨大的。

1996 年 3 月，我国成立了由原国家技术监督局和原劳动部组成的"职业健康安全管理标准化协调小组"，并于 1996 年 6 月召开了职业健康安全管理体系问题的国内研讨会。同时，中国标准研究中心立项并完成了科研课题"职业健康安全管理标准化"、"职业健康安全管理体系国家标准的前期研究"。

中国合格评定国家认可中心和中国国家进出口企业认可机构认可委员会一直跟踪国内外职业健康安全标准化认证工作的发展情况，组织人员研究并翻译了 OHSAS 18001：1999《职业健康安全管理体系—规范》。

1998 年中国有关机构参照 OHSAS 18001 起草了中国试行标准 OHSMS

18001。

1999 年底国家经贸委发布新的试行标准和通告，鼓励企业按此标准建立、实施和认证 OHSMS 18001 体系。

2001 年，由中国标准研究中心、中国合格评定国家认可中心和中国国家进出口企业认证机构认可委员会共同制定了 GB/T 28001—2001《职业健康安全管理体系规范》。

GB/T 28001 是我国职业健康安全管理体系规范，是在 OHSAS 18001：1999 基础上制定的。该标准考虑了与 GB/T 24001、GB/T 19001 标准间的相容性，便于组织将职业健康安全、环境和质量管理体系相结合，规范企业的职业健康安全管理行为。企业建立 GB/T 28001 职业健康安全管理体系，可预防、控制事故的发生，保障企业劳动者和相关方的安全与健康，提高企业职业健康安全管理水平，降低健康安全风险因素及相关损失，降低生产成本，并使企业管理模式符合国际通行的惯例，促进国际贸易及提高我国企业的综合形象，加强其市场竞争力。

4. 三大体系的比较与整合

1)ISO 9001、ISO 14001 与 OHSAS 18001 三大体系的比较

(1)关注的内容不同。三者都遵循共同的管理原则和指导思想，但三个管理体系中各个要素的应用会因目的不同和相关方不同存在差异。ISO 9000 质量管理体系针对的是顾客的需要，ISO 14001 环境管理体系所关注的主要是企业运行过程中对环境的影响，OHSMS 18001 关注的是运行过程中对职工身心健康状态的影响。

(2)三项标准之间相互联系的特点：

①承诺、方针、目标的相容性。

②基本程序的多用性。

③强调过程控制和生产现场。

④都是通过 PDCA 管理模式实现可持续改进。

(3)三项标准的相同点：

①都是推荐采用的管理性质标准。

②遵循相同的管理原理、依据标准建立文件、依靠文件实施管理。

③框架结构和要素内容相似。

(4)三项标准的不同点(表 7-1)：

OHSMS 18001 与 ISO 9001、ISO 14001 差异对比　　表 7-1

内　容	ISO 9000	ISO 14001	OHSMS 18001
目标	产品质量——针对顾客	生产过程和产品对环境之影响——服务于众多相关方	生产过程和环境对人的直接影响——侧重组织内各相关方
供需关系	一对一的经济利益或服务的直接关系	多方面相关方组织之间间接、直接关系	同 ISO 14001
承诺持续改进	不必须	必须	同 ISO 14001
强制性要求	少数	多数	大多数
组织覆盖内容	指定产品或服务有关的生产阶段	组织所有部门和活动	组织所有部门和活动并分解到每个生产岗位
与外部联系	没有特殊要求	必须征求外部相关方意见	同 ISO 14001
特殊要素	质量控制、质量保证	环境因素	危害识别、危险评价和危险控制计划

2)三大体系的整合

OHSMS 18001 和 ISO 14001 在标准的结构和内容上基本相同,与 ISO 9001 标准 2000 版也有相融之处,它们均遵守质量管理的原则,在体系策划和建立的过程中应用过程模式方法、系统的管理方法、以事实及数据为根据的决策方法。实施三大体系的整合,可以更好地发挥领导的作用,有利于员工的参与,做到最大化的资源共享,降低资源、能源的消耗,大幅降低管理成本。

二、三位一体管理体系的建立与运行

1. 三大体系的建立与运行

1)质量管理体系

建立质量管理体系和保障质量管理体系有效运行,主要有以下几点:

(1)单位领导要特别重视　单位领导必须对质量管理体系工作重视,否则就无法在政策与制度上得到保证,员工对建立体系工作积极性就不高。

(2)制订详细的总体计划与阶段性目标　要结合科研单位针对性强的特点，质量管理体系整体运行过程中始终贯彻 PDCA(策划、执行、检查、整改提高)原则，只有阶段目标得以实现，总体目标才能实现。在实现总体目标过程中，对存在的问题进行整改，使体系不断得到完善与提高。

(3)机构健全，制度到位　成立相应的认证管理部门，同时制订相应的奖惩制度。必须做到专人负责，分工明确，责任落实到人；定期检查与追踪，定期召开例会，及时了解体系运行情况以及存在的问题，并及时制订相关的整改措施，保障体系的有效运行。

(4)进行有效的、针对性强的员工培训　对全体员工进行标准知识以及体系文件的培训至关重要，如果员工不能很好地掌握与理解标准的条款以及体系精神，必然缺乏积极性，也就不会对质量管理体系工作有深刻的认识，也就很难保证体系的有效运行。

(5)聘请专业人员进行指导　在体系建立过程中最好聘请相关的专家给予指导，同时与认证单位做好相应的沟通工作。有相关的专家给予指导，可以在体系建立与运行过程中少走弯路。与认证单位做好沟通，使之知道并了解本单位的实际情况。

2)环境管理体系

企业建立环境管理体系，应考虑如下几个方面和步骤：

(1)最高管理者重视并支持　环境管理体系的建立和实施需要组织人、财、物等资源，因此，必须首先得到最高管理者的明确承诺和支持，同时，由最高管理者任命环境管理者代表，授权其负责建立和维护体系。

(2)建立完整的组织机构　企业应在原有组织机构的基础上，组建一个由各有关职能和生产部门负责人组成的领导班子对此项工作进行协调和管理，此外以某个部门(如负责环保工作的部门)为主体，其他有关部门的有关人员参加，组成一个工作组，承担具体工作。明确各个部门的职责，形成一个完整的组织机构，以保证该工作的顺利开展。

(3)人员培训　对企业有关人员如内审员和与建立体系有关的人员进行环境意识、标准等方面的培训，如初始环境评审和文件编写方法和要求等多方面的培训，使企业人员了解并有能力从事环境管理体系的建立实施与维护工作。

(4)初始环境评审　是对企业环境现状的初始调查，包括正确识别企业活动、产品、服务中产生的环境因素，并判别出具有和可能具有重大影响的重要环境因素，识别企业应遵守的法律和其他要求，评审企业的现行管理体系和制度，如环境

管理、质量管理、行政管理等,以及如何与 ISO 14001 标准相结合。

(5)体系策划 在初始环境评审的基础上,对环境管理体系的建立进行策划,以确保环境管理体系的建立有明确要求。

(6)文件编写 同 ISO 9000 一样,ISO 14001 环境管理体系要求文件化,可分为手册、程序文件、作业指导书等层次。企业应根据 ISO 14001 标准的要求,结合自身的特点和基础编制出一套适合的体系文件,满足体系有效运行的要求。

(7)体系试运行 体系文件完稿并正式颁布,该体系按文件的要求开始试运行。其目的是通过体系实际运行,发现文件和实际实施中存在的问题,并加以整改,使体系逐步达到适用性、有效性和充分性。

(8)企业内部审核 根据 ISO 14001 标准的要求,企业应对体系的运行情况进行审核。由经过培训的内审员通过企业的活动、服务和产品对标准各要素的执行情况进行审核、发现问题,及时纠正。

(9)管理评审 根据标准的要求,在内审的基础上,由最高管理者组织有关人员对环境管理体系从宏观上进行评审,以把握体系的持续适用性、有效性和充分性。

至此,企业的环境管理体系完成了一轮 PDCA 循环,环境管理体系建立起来了。

3)职业健康安全管理体系

建立并运行职业健康安全管理体系,要做到以下几点:

(1)明确基本要求 明确建立该体系的组织要有合法的法律地位和遵守国家有关的法律、法规。

(2)进行人员技术培训 对有关人员进行技术培训时,要有针对性。对管理层的培训着重是职业健康安全管理方针、高层意识;对特殊层培训的要求是了解岗位基本职业健康安全处理技术;对员工层培训的要求是具有一定的职业健康安全意识。

(3)进行初始评审 包括对企业现有管理制度、各种职业健康安全影响的确定和遵守有关法律、法规的情况等进行评审。

(4)方针 制订职业健康安全管理体系方针,确定职业健康安全管理体系的建立和保持的目标和承诺。

(5)策划 策划主要包括危险源识别、风险评估和风险控制策划,法律、法规和其他要求,目标、管理方案。进行策划时,要求具有组织管理特色和反映企业文化。

(6)实施和运行 根据策划结果实施风险控制的活动,实施职业健康安全管理方案并保留各种运行证据。

(7)检查和纠正措施 包括检查日常运行情况、实施内审和管理评审,纠正、预防不合格行为。

2. 三位一体管理体系认证

1)三位一体管理体系概况

“一体化管理体系”(又被称为“综合管理体系”、“整合型管理体系”等)是指将两个或两个以上的管理体系在一个企业内联合建立并运行,同时符合两个或三个管理体系标准的要求。企业将 ISO 9000 标准、ISO 14000 标准、OHSAS 18000 标准体系三位合一并贯彻实施,则称为“三位一体管理体系”。

为适应市场需要,提高产品质量、保障职工健康安全和维护环境,通过引入国际标准化管理的思想和方法,强化企业基础管理,提高企业管理水平,提高业主满意度和企业信誉,达到有效提升企业绩效管理的目的,2003 年中交公路一局决定在进行GB/T 19001—2000 idt ISO 9001:2000 质量管理体系标准换版复评的同时,进行 GB/T 24001—1996(ISO 14001:1996)环境管理体系、GB/T 28001—2001(OHSAS 18000)职业健康安全管理体系即“三位一体”综合管理体系的贯标、认证工作,把职业健康安全管理体系和环境管理体系纳入统一管理中,组成质量、职业健康安全、环境管理体系三位合一的局三位一体管理体系。中交公路一局三位一体管理体系覆盖局机关和一、三、五公司,天津、厦门、江浙工程处,南宁分公司,华祥公司和隧道公司。管理体系覆盖的产品范围是公路工程(含桥梁、隧道)、市政工程及场站等土木工程的施工与管理。

2)三位一体管理体系认证

(1)体系认证的重要意义 管理体系认证审核是指独立的、具有一定资格并经一定程序认可的第三方审核机构对企业的管理体系进行的审核。

通过管理体系的认证,有利于加快企业管理创新,提升核心竞争力。面对日益激烈的市场竞争环境,企业只有规范管理、追求质量、提高服务水平和工作质量,才能成为具有国际竞争力的企业。有利于企业“走出去”战略的实施。企业要想进入国际市场,就必须按国际惯例规范自身的管理,提高竞争力。而获得三大管理体系认证证书,企业就有了三张走向国际市场的通行证。有利于企业实现可持续发展。有利于企业统筹开展管理性要求一致的活动,提高效率,降低管理及审核成本。

(2)中交公路一局三位一体管理体系的认证情况 1997 年下半年,天津工程处首先通过了 ISO 9002 质量体系认证,这是公路施工行业的第一家。到 1998 年底,当时局所属一、二、三、四、五、六公司和北京路桥机械厂 7 个单位,先后都通过了 ISO 9002 质量体系认证。经过质量体系的建立、运行及多次的内部审核、改进,建立起比较有效的、适应市场竞争需要的质量管理模式和自我改进、自我完善的企业管理机制。

2000年9月27日中交公路一局机关通过中国船级社质量认证公司的审核，取得GB/T 19002—1994 idt ISO 9002—1994认证证书。截至2000年，全局共有11个单位取得ISO 9002认证证书。

2003年在中交公路一局的统一协调下，局机关及5个子公司、2个分公司进行了GB/T 19001—2000 idt ISO 9001：2000质量管理体系标准换版和职业健康安全、环境管理体系的宣贯、培训和认证工作。管理体系的认证从多家认证公司统一到"中国船级社质量认证公司"认证，并于2003年12月12日顺利通过了中国船级社质量认证公司对中交公路一局质量、职业健康安全、环境管理体系的认证审核。

截至2004年1月，中交公路一局及下属10个单位已取得GB/T 19001—2000 idt ISO 9001—2000认证证书。2004年1月，局机关(含2个分公司)及5个子公司取得GB/T 24001—1996 idt ISO 14001：1996以及OHSAS 18001、GB/T 28001—2001认证证书。

由于GB/T 24001—2004/ISO 14001：2004《环境管理体系要求及使用指南》标准于2005年5月15日开始实施，同时GB/T 24001—1996 idt ISO 14001：1996标准废止，1996版的环境管理体系证书也要进行换版审核。2005年结合年度监督审核，局机关及5个子公司通过了中国船级社质量认证公司认证审核，并于2006年2月取得了GB/T 24001—2004/ISO 14001：2004环境管理体系认证证书。

3.三位一体管理体系的文件

1)中交公路一局三位一体管理体系文件

中交公路一局三位一体管理体系的文件，分为三个层次。

(1)第一层次文件：管理手册。

管理手册对内是局体系运行的规范性文件，对外是体系审核认证的证实性文件。适用范围是局机关的12个职能处室和一、三、五公司，天津、厦门、江浙工程处、南宁分公司、华祥公司和隧道公司。

管理手册分为两大类，即质量管理手册、职业健康安全和环境管理手册。

①质量管理手册，其主要内容包括以下几个方面：

a.局质量方针和目标。

质量方针：科技兴企重质量，管理创新塑精品，业主满意创品牌，持续改进求发展。

质量目标：单位工程合格率100%，单位工程交、竣工优良品率90%以上。

b.引用标准,共引用6个国标体系标准。

c.术语和定义,介绍手册中采用的术语和定义。

d.质量管理体系,规定质量管理体系文件和体系运行的要求。

e.管理职责,内容包括局最高管理者的管理承诺,对局质量方针和目标的具体解释,局体系组织机构中各部门的职责与权限以及管理评审的要求。

f.资源管理,包括人力资源、基础设施和工作环境的管理。

g.产品实现,规定策划、产品实现过程、采购过程控制、施工过程控制、监视与测量装置的控制的管理办法。

h.测量、分析和改进,包括对体系运行过程和工程质量的监视和测量,通过数据分析以及内部、外部审核所做的持续改进、纠正与预防措施来完成这项工作。

②职业健康安全和环境管理手册,其主要内容包括以下几个方面:

a.职业健康安全和环境方针目标。

职业健康安全和环境方针:保障职工健康安全,预防污染、节能降耗,遵纪守法、减少风险,不断完善、持续改进。

职业健康安全和环境管理目标:

a)职工死亡率0.84人/万人;

b)职工重伤率0.45‰;

c)职工轻伤率12‰;

d)原材料、能源的使用实现资源化、合理化;

e)废水、废气排放达到国家和地方的规定和要求;

f)生产过程产生的废物、废气实现有效控制,并不断提高控制能力;

g)法律、诉讼控制点为0;

h)新发职业病0人。

b.适用标准,共引用3个国标体系标准。

c.术语和定义,介绍手册中采用的术语和定义。

d.环境、职业健康安全管理体系。

规定其体系文件和体系运行的要求,内容包括总体要求,针对方针和目标的策划,体系的实施和运行,组织结构中各部门的职责,检查和纠正措施,内部审核与管理评审。

质量管理手册、职业健康安全管理手册可以合起来写成一本。

(2)第二层次文件:程序文件。

三位一体管理体系的程序文件共包括体系管理的23个控制程序。

(3)第三层次文件:支持性文件。

这部分文件是三位一体管理体系的基础文件,包括以下内容:

①外来政策性文件(包括国家、地方的法律、法规、标准、规范、规程、相关政策与规定等)

②为确保体系运行过程的有效策划、运行和控制所需的行政文件(包括业主及上级来文)。

③为确保体系运行的支持性文件(包括各种规章制度、管理办法及与体系有关的文件)。

④为体系有效运行提供证据的记录。

⑤其他有关的文件和资料。

2)各公司体系文件与局体系文件的关系

各公司(处)体系文件的编制以局体系文件为依据,根据各公司(处)的具体情况分解细化,制订出适合本单位特点的体系文件。

体系文件仅指:管理手册、程序文件、危险源和环境因素辨识表、法律、法规及其他要求清单和记录。

有效文件指所有在执行的文件,包括法律、法规、标准、规范、单位编制的规章制度、体系文件等。

3)可供中交公路一局全局使用的有关文件

(1)路桥集团第一公路工程局规章制度汇编(合订本)。

(2)规范项目管理有关办法(23 个办法,由一公局企字[2002]69 号文发布)。

(3)已辨识的环境因素及危险源(由局安全处编制,是各公司与项目经理部进行环境与职业健康安全管理的重要参考资料)。

(4)适用的法律、法规及其他要求获取的登记表。

该表由中交公路一局安全处编制,可从公路一局网站上查阅。

查阅步骤是:局网站→局机关办公网络→安全处→法律、法规(左侧"管理文档")→法律、法规清单→2005 年的清单→法律、法规及其他要求获取的登记表(共三项)。

4. 中交公路一局三位一体管理体系的内审与外审

1)局体系的内部审核

内部审核称为第一方审核,是指企业内部对自身的管理体系进行的审核。

内审的目的是企业根据标准的要求自行评价管理体系的符合性和有效性,重点是转变管理的思路(策划),督促制度和岗位职责的落实,推动企业内部管理的改进。内审的结论是,企业是否有效地实施了各项管理规定。局内审由企规处主持组织和实施,一般情况下每年进行一次,并在外审之前进行。

内审的内容是对局机关职能部门、公司机关和项目经理部的体系运行情况和规章制度执行情况进行检查或抽查,检查结果经局体系管理者代表批准后,反馈给被检查的单位和部门,并提交局管理评审。

被检查的单位和部门按内审检查报告对检查出的不合格因素进行纠正后,由内审员会同职能部门人员去验证纠正措施的完成情况,并签字确认。未完成纠正措施的单位和部门将受到严肃处理。

2)局体系的外部审核

外部审核称为第三方审核,是指独立的、具有一定资格并经一定程序认可的第三方审核机构对企业的管理体系进行的审核。

中交公路一局外部审核机构是中国船级社质量认证公司。

外审的目的是第三方审核机构确定受审核方(企业)的管理体系是否符合标准要求、是否符合管理体系和满足注册的要求,并提供符合要求的认证注册。外审的结论是,是否能够注册。在一定程度上,通过外部审核可以有效地促进企业管理水平的提高,达到持续改进的目的。

外审的主要内容是对企业过去一年三个体系运行情况的有效性、符合性进行评价,并提出审核结论。

不论是内审还是外审都是推动企业进步、提高企业管理水平的重要手段。只要我们认真地按规定做,就能促进企业不断持续改进,使企业的管理水平不断提高。

三、三位一体管理体系在项目经理部的推行实施

1.项目推行三位一体管理体系的宗旨

项目经理部是局三位一体管理体系实施和运行的基本单位,必须不折不扣地贯彻执行公司(处)的管理体系文件和局、公司的规章制度,接受公司(处)和局的监督,并保持过程控制中的联系畅通和信息反馈及时。

管理体系的宗旨是以客户(业主)满意为最高要求,所以,当局、公司(处)三位一体管理体系文件要求与业主的要求有不一致之处时,须以业主的要求为准。

2. 项目推行三位一体管理体系的具体要求

1)项目经理部应收集、保存的与体系有关的文件资料

(1)各种政策性文件(包括法律、法规、标准、设计施工规范和规程,上级来文)。

(2)局内和项目内部的各种规章制度和管理办法。

(3)设计文件资料与施工图纸,实施性施工组织设计,工程变更资料,工程项目的环境评价报告,与业主、监理的往来文件。

(4)施工合同、承包合同与劳动合同,人员、机械设备及财产的保险合同、机械租赁合同、材料供应合同。

(5)施工过程各项原始记录。

(6)测量、试验及机械设备的计量检定证书、地方技术监督局对特种设备的检测证书。

(7)有关人员的培训证、上岗证、操作证。

(8)本项目已辨识的危险源和环境因素表、重大危险源和重要环境因素清单。

(9)其他有关资料。

2)项目经理部三位一体管理体系的实施与运行

管理体系的贯标、认证是为企业搭建了一个管理工作的平台。为有效地提升项目经理部的管理水平,项目经理部在推行三位一体管理体系时应将管理体系工作与项目的各项管理工作结合起来。

(1)开工前需对职工进行国家、地方政府有关质量、安全、环保方面的法律、法规以及施工规范、技术标准、业主的规定和要求等方面的培训,定期组织经理部全体职工学习管理体系标准或公司(处)体系文件以及局、公司的规章制度,进行管理体系的宣贯。

(2)建立相应的管理机构,编制经理部各部门、各岗位的岗位职责,将质量、职业健康安全、环境的管理职责分解、落实到各个岗位。

(3)按照 ISO 9001 标准 PDCA 循环管理的思路,围绕公司(处)的年度工作目标,以及质量、职业健康安全、环境目标,根据本项目的实际工作,每年初制订经理部各部门的年度工作目标(工作计划),目标分解到各岗位,尽可能量化,年底进行考核,找出存在问题,持续改进。

(4)建立质量、健康安全、环境保证体系,各项工作责任落实到人。收集地方政府环保方面的法规以及施工规范、技术标准、工程项目的环境评价报告、业主的合同要求。

(5)组织各个部门辨识本部门业务工作的危险源和环境因素，由安保部门汇总形成项目经理部的危险源和环境因素，并由工程部门和安保部门共同评价识别本工程的重大危险源和重要环境因素。

(6)编写实施性施工组织设计及重要工程的施工方案，施工方案应体现出本工程的重大危险源和重要环境因素，制订出具体的健康安全和环保控制措施或控制方案。通过技术手段、施工方案的改进和优化去控制风险。严格按施工组织设计、施工方案、工法及工艺标准组织施工。

(7)设立专职的质量检查员、内部监理、计量员、安全员，控制工程施工的全过程。

(8)实行二次技术、安全、环保交底制度，特别是班组对个人的交底要严格执行，交底要保留相关的记录。组织必要的岗位培训，结合作业指导书、现场指导等形式进行。

(9)建立对紧急突发事件的应急和响应预备方案、公共卫生突发事件应急预案和群体性食物中毒应急预案。经理部应配备急救药箱、急救器材，包括常用药、绷带、止血带、颈托、担架等急救用品。

(10)根据2004版环境管理体系标准的要求，项目经理部还需做好以下几项工作：

①新标准的适用范围已扩大，覆盖分包队伍、材料供应商、机械设备出租方等。因此，分包队伍、材料供应商、机械设备出租方的选择至关重要。

首先，要合法分包，即分包队要有资质，要具备法律资格。分包合同尽量和挂靠单位签订，避免与个人签订。其次，分包队伍、材料供应商、机械设备出租方的选择、评价资料要齐全。

②要签订书面的分包、供应、租赁合同。合同内要明确双方在质量、健康安全、环境方面的职责以及违约的处罚。

③对分包队伍进行入场教育，包括三级安全教育、三级环保教育。经理部的培训要扩大到分包队。

三级教育是指公司、项目经理部、施工班组三级。

④根据公司(处)的规定和安排，做好施工过程污染物排放指标的自测工作，定期对场界噪声、污水排放(酸碱度、悬浮物)、扬尘、建筑垃圾等环境因素进行检测。

⑤根据局、公司(处)的规定和安排做好重要环境因素合规性评价的工作，并按时上报公司(处)。

⑥严格执行局、公司有关健康安全和环境保护的规章制度，做好施工过程的安全防范、环境保护(噪声、水土污染、扬尘、建筑垃圾、植被保护、节约资源等)的工作。

⑦执行“职业病防治措施”制度，做好职业病的防治工作。由于现在职业病高发工种都在分包队，因此，对职业病的防治重点应放在分包队。

a. 明确本工程职业病高发工种的名目。

b. 明确并及时配备职业病高发工种的劳动保护、防护用品。

c. 定期对职业病高发工种从业人员进行职业病体检。

⑧根据本工程实际，对储油的油罐、化学溶剂存放地都应采用水泥混凝土地面以防渗漏；市政工程和靠近城区施工的项目，盥洗室、浴室的下水管线应设过滤网，尽量与市政污水管线连接，食堂应设隔油网或隔油池，厕所化粪池应做抗渗处理(可建水泥池)；山区施工的项目，生活污水以不污染水源为原则。

从以上可以看出，局质量、职业健康安全、环境管理体系运行的有效与否，主要在于项目经理部的落实情况，在于项目经理部对分包队伍的管理。

由于管理体系的内容很多，请项目总工程师务必抽出时间学习公司(处)编制的程序文件和局、公司(处)制订的规章制度，加深理解，严格执行，力求与实际工作紧密联系起来。

第八章 其他方面

一、技术革新与合理化建议

1. 定义

合理化建议是指任何员工个人或集体提出的有关改进和完善企业的生产技术和经营管理方面的办法和措施。

2. 开展合理化建议活动的目的和意义

合理化建议首要的基础就是全员参与，只有调动了所有员工的积极性，合理化建议才能有生存空间，不管是一线员工还是现场管理人员，都是合理化建议的主力军。开展合理化建议的第二要点就是立足本岗位，不断发现问题，解决问题，并有所创新。虽然立足本岗位表面上看是使合理化建议范围有所限制，但范围的限制提高了建议的质量和专业性，这一点也为合理化建议的提出者增加了方向性。当然立足本岗位并不是让你只关注本岗位，非本岗位的合理化建议也值得提倡。

开展合理化建议活动，是激发广大职工主人翁精神与现代科学技术相结合的好形式，是广大职工当家作主参与管理的有效途径，也为广大职工施展聪明才智搭建了舞台。这项活动需要领导重视，只有得到了领导的支持，比如说荣誉奖励、物质奖励或资金的支持，才能使员工有兴趣不断提出建议。

通过开展合理化建议活动，不仅在降低成本、提高效率、保证质量等方面有显著效果，同时也是企业实现可持续发展的方式之一。另外，增加了员工对企业的认同感。在以人为本的今天，合理化建议也提高了企业的无形效益。

合理化建议的推行和推广也很重要，只有坚持实行合理化建议规范化、程序化，才能为企业不断产生经济和社会效益，企业才能从中获利，而合理化建议所涉及技术的推广更能使效益最大化，使整个局及公司获利。

3. 项目合理化建议的主要内容

(1)节约增效型建议　围绕公路、桥梁、隧道等工程施工，经营管理、技术方案等方面，以降本增效、增收节支、加强资金管理为目的，为项目创造效益。

(2)安全环保型建议　围绕企业管理和生产经营，开展以安全施工、保护环境为主攻方向的金点子活动，开创安全环保管理新局面，建设安全环保型工程项目。

(3)创新型建议　提出管理创新和技术革新的合理化建议，打造项目的学习型班组，形成项目钻研业务、不断创新的良好风气。

(4)开发型建议　挖掘市场开发领域，在经营开发方面出谋划策。

(5)质量型建议　在如何整合施工技术力量，如何保证工程质量方面献计献策。

4. 组织机构和活动方式

(1)各级合理化建议技术协作委员会(简称“技协”)，负责相应级别的合理化建议活动。

(2)各级“技协”组织办公室设在工会办公室，负责处理日常工作。项目经理部由工会小组具体负责合理化建议活动。

(3)项目经理部对职工提出的合理化建议、技术革新、技术协作等项目及建议、意见，要做到及时登记整理，不论采纳与否，均应建立个人技术档案，经筛选提交“技协”委员会进行评审，经鉴定有应用价值的项目要及时推广。

(4)项目工会小组应随时向公司“技协”汇报合理化建议活动的开展情况、成果材料以及活动经验。

5. 技术革新与合理化建议的评审鉴定

(1)项目职工提出的合理化建议、技术革新和技术协作的项目或措施，由项目工会小组收集并整理成成果材料，上报公司“技协”。公司“技协”委员会组织评审鉴定，提出处理意见，并对实施后的成果负责技术鉴定，计算其经济效益。

(2)对评审鉴定未采纳的项目，必须及时地向建议人说明原因，并根据有关规定给予鼓励。

(3)对评审鉴定有采纳价值而暂无实施条件的项目，除及时向建议人说明情况外，应向上级“技协”报告。

6. 技术革新与合理化建议的奖励

合理化建议、技术革新和技术协作的项目或措施，必须经过试验和实际应用，并在施工生产或工作中取得成效，根据创造的经济效益多少和工作效率的高低，按照“科学技术进步奖评审奖励办法”规定的奖励条款进行奖励，并按“职工奖励办法”申请相关奖励。

7. 成果发布

(1)项目经理部应每1～2年组织一次合理化建议成果发布会，以交流情况，总结经验。

(2)成果发布材料(文字说明、实物、模型或图表等)可按照上级单位成果发布会的通知要求办理。

(3)优秀成果评选，由上级“技协”委员会负责。

二、“四新”技术应用

1. 关于“四新”技术

“四新”技术指新技术、新工艺、新材料和新设备。

新技术和新工艺有两方面的解释，一是指新发明的，以前未曾出现过的技术或工艺，二是别处已应用过但本企业或本项目以往没有采用过的技术或工艺。对于工程施工企业来说，主要是指后一种情况，从外面引进并在施工中应用，但也有许多是企业自己开发的。不论是哪种新技术、新工艺，在应用过程中都必须结合自身工程的特点，经过消化吸收，才能取到技术进步和提高经济效益的效果。

新材料是指新近发明创造的或正在发展的、具有优异性能的结构材料或有特殊作用的功能材料。新材料是“四新”技术的核心之一，是其他“四新”技术的基础，它的发展与新技术、新工艺密切相关。

按指定性能设计和研究新材料，是材料科技的发展方向。近年来随着市场对节约能源和环境保护的要求提高，大批节能、降耗、环保的新材料也随之出现。

新设备是指相对于原有设备来说技术性能更先进、功能更全面、操作更方便的机械设备，而并非新购置的设备。在工程施工中采用新设备，往往可提高施工效率、确保工程质量。

2. 推广应用“四新”技术的意义

技术创新是对一个新产品或新工艺经过研究、开发，进行工程化、商业化生产，再到市场应用的完整过程的一系列活动的总和。而"四新"技术的应用属于技术创新的范畴，是技术创新活动的一个组成部分。

美国学者曼斯菲尔德认为，"一项发明，当它被首次应用时，可以称之为技术创新。"工程项目中，"四新"技术被首次应用后，在以后的类似工程中还将多次应用并发展。所以，"四新"技术第一次应用是技术创新，之后的使用过程属于推广应用，两者有所区别，但也不能完全割裂开，因为推广应用过程仍伴随着发展创新。

一段时间以来，我国建筑业仍处于增长方式粗放、效益较低的发展阶段，一些企业缺乏主动采用新材料、新工艺、新技术和新设备的动力，众多工程仍在使用落后的工艺和技术，一些老观念、老思想、老体制、老传统仍在起作用。在许多方面，我们处在一个技术锁定的状态中。即使周围不断有许多"四新"技术涌现出来，但我们设计与施工的思路还是按老一套，十几年不变，甘于现状，怕担风险，什么新技术、新工艺通通排斥在外。技术锁定在工程设计与施工行业是很明显的，那么多新的、好的"四新"技术，遭到强大的习惯思维、传统体制、僵化观念等的排斥力量，产生了技术"锁定"的效应。

而市场经济发展的现状是，新技术革命变化迅速，如信息技术、生物工程、新材料、新能源、航天科技、仿生学以及环保技术等，纷纷涌现。现在一年中涌现的新技术、新产品、新材料，相当于过去的十几年甚至几十年所涌现的新技术、新产品、新材料的总和；二十世纪技术革命成果相当于前十几个世纪的累积。知识加速发展，信息爆炸性膨胀，在未来的短时期内，新技术革命将对人类的生活带来根本性的革命。而建筑行业与新技术革命是息息相关的，新材料、新结构、新工艺和信息化技术的应用，都为企业未来的发展创造了无限的空间。

科技进步是建筑业企业实力的重要标志，也是改善建筑企业产业结构，增强企业竞争力的决定因素。作为施工企业履行工程承包合同的独立经济实体，项目经理部更要重视"四新"技术的推广应用。为使项目取得良好的经济效益，提高工程质量，施工更安全环保，就必须突破技术锁定状态，跳出习惯思维的圈子，积极推广应用"四新"技术，以促进项目经济增长方式的转变，提高整体施工技术水平和承包经营管理水平。

工程项目采用常规的施工技术、材料和工艺，难以实现工程项目的综合目标，只有通过新技术、新工艺、新材料、新设备的推广应用和技术创新，才能优质高效、安全环保地完成项目，有效地降低工程造价、加快工程进度、保证工程质量。

3."四新"技术应用的具体措施

面对"四新"技术不断涌现和建设行业的勃勃生机，项目经理部要抓住机遇，大力应用推广“四新”技术，以加强自身的市场竞争力，取得更好的经济和社会效益。

科技是第一生产力。要依靠科技进步，加快“四新”技术的科技成果转化，把自主创新与借鉴吸收国内外科技新成果结合起来，并结合具体的工程项目，组织科技攻关，进一步提高工程产品的科技含量。在工程施工中，应积极引进先进施工技术和现代化的生产设备组织施工。众多“四新”技术的推广应用和发展创新，将有效地解决许多施工难题，确保工程质量，节约资金，加快工程施工进度，从而取得显著的经济和社会效益。

项目经理部推广应用“四新”技术的主要具体措施有：

(1)重视信息工作，及时收集和发布“四新”技术成果的推广应用目录和有关信息。

了解和掌握“四新”技术的发展动态，结合工程项目的具体情况对信息进行筛选处理，及时发布符合项目实际的“四新”技术目录和信息，以便项目因地制宜地推广应用好这些新工艺、新技术、新材料、新设备。

(2)建立分项工程试点或示范工点，加大推广力度。

对于高新技术含量高、工期与质量有特殊要求、施工难度大及地形地质特殊的分项工程，按常规方法难以完成施工任务，可设立试点或示范工点，以应用推广“四新”技术。

让有关班组及协作队伍了解并掌握新技术、新工艺、新材料、新设备的使用方法，让他们感到应用这些“四新”技术有利可图，在承包经营中能得到许多实惠。思想上接受之后，才能按步骤有效地完成推广应用工作。

(3)了解、熟悉并掌握与“四新”技术配套的施工技术标准和规范、规程。

在市场需求的促进下，新型建筑材料、科技新产品非常多，但真正能大规模推广、系列化应用的寥寥无几，关键就在于新产品的开发与工程应用相互脱节，没有相应的施工标准和规范。任何一项“四新”技术成果的推广，都必须有配套的施工图及技术标准、规范等，以构成产品应用的系列。所以，要依托院校、科研机构和企业上级机关，把“四新”技术应用的技术标准规范工作做在前面。

微软公司的创始人比尔·盖茨就说过，三流的企业家是低成本生产，二流的企业家生产高技术产品，一流的企业家则制定标准规范。得标准规范者得“天下”，技术标准、规范和操作规程很重要，绝不能轻视。

(4)运用召开现场会、研讨会、技术交底和做试验段等形式，加强“四新”成果的推广应用工作。

比较单一、简单的“四新”技术，可以用召开现场会或用技术交底的形式，使有关人员了解和掌握“四新”技术的要点、操作方法与规程，要执行的技术标准和规范等，从而顺利地应用推广。对较复杂的、成套的“四新”技术，则要以办培训班、开研讨会的形式，深入细致地了解各个环节、技术要领及施工步骤，以获得系统的应用知识。对缺乏相应技术标准、规范的“四新”技术，要通过做试验段的形式，取得相关数据，以便编制适合具体工程的技术标准、规范，报业主及上级管理部门批准后执行。

(5)重视施工设备的更新换代。

随着科学技术水平的不断进步和环保要求的提高，一些机械效率低、耗油量大、尾气污染严重的老设备已不适应现代化施工的需要，必须淘汰更新，代之以性能先进、功能齐全、操作方便、节能环保的新设备。项目资金有困难，暂时不能整体更新的，也应进行必要的维修、改造、部分更新，以提高现有设备的技术素质。

4. 应用“四新”技术应注意的问题

“四新”技术应用是推动企业技术进步、促进企业发展创新的重要措施，但作为一种技术尝试，利益和风险并存。所以，项目在应用“四新”技术的同时，要充分考虑可能出现的不利因素，采取各种预防措施，确保“四新”技术的应用能顺利进行。

(1)事先调查研究　对所要采用的“四新”技术，要事先了解其应用条件、使用范围及所需配套技术，分析研究其技术特性和优缺点，调查同样的“四新”技术在其他单位应用所取得的成功经验或应用失败的原因，做到“心中有数”。

(2)加强培训工作　对有关人员进行全面的技术培训，使其了解和掌握“四新”技术的要点、操作方法、各个环节的技术要领及工艺流程，以获得可靠的应用技术。

(3)充分考虑应用“四新”技术对安全和环保的影响　通过对“四新”技术的调查研究，分析在应用过程中在安全和环保方面将产生的不利因素，并预先制订相应的预防措施和有效的解决方案。

(4)根据项目的具体情况，量力而行　初次应用“四新”技术，在技术准备、人员培训等方面要耗费大量的人力、物力，前期投入较大，且对施工效率和工期有一定影响，不能操之过急，要遵循“循序渐进”的原则，有计划、有步骤地进行。

(5)做好技术总结　“四新”技术成功应用后，要及时将前期准备工作、应用过程、各环节技术细节及注意事项等问题进行归纳、分析、总结，整理出完整的资料，为以后应用的顺利进行提供可靠的参考资料，并为编写工法及工艺标准积累素材。

附录一　实施性施工组织设计编制指南

1. 概述

实施性施工组织设计是工程施工全过程中技术、经济和组织等活动的综合性文件，同时是使施工能按连续性、均衡性、节奏性、协调性和经济性进行的指导性文件，也是对施工实行科学管理的重要手段。

实施性施工组织设计是根据业主对工程的各项要求、设计图纸和编制施工组织设计的基本原则，在充分研究工程合同文件、现场环境的客观情况和施工特点的基础上，从协调施工全过程中的人力、物力和空间三个要素着手而制订的。实施性施工组织设计规划和部署了工程全部的施工生产活动，是对施工全过程实行科学管理的重要手段。有了施工组织设计，就可以按事先设计好的程序组织生产活动，建立正常、有效的施工秩序；可使项目领导和作业班组对施工活动做到心中有数，预计到施工过程中可能发生的各种情况，事先做好准备；主动调整施工中的薄弱环节，及时处理出现的问题，保证施工的顺利进行；可为工程施工的节奏性、均衡性和连续性提供最优方案，从而使施工以最低的成本取得最大的技术经济效果。

1.1　编制实施性施工组织设计的目的

编制实施性施工组织设计的目的在于对工程进行全面、合理、有计划地组织施工，使设计意图变为现实，按质、按量、如期完成施工任务。

1.2　实施性施工组织设计的内容

1.2.1　编制说明。

1.2.2　编制依据。

1.2.3　工程概况。

1.2.4　施工准备工作计划。

1.2.5　工程施工的总体部署。

1.2.6　大型临时工程。

1.2.7　主要工程项目的施工方案。

1.2.8 施工进度计划。

1.2.9 施工总平面图设计。

1.2.10 各项资源需要量及进场计划。

1.2.11 资金需要量计划。

1.2.12 季节性施工的技术组织保证措施。

1.2.13 施工进度保证措施。

1.2.14 降低成本措施。

1.2.15 质量管理与质量控制的组织保证措施。

1.2.16 安全施工的组织保证措施。

1.2.17 文明施工和环境保护的措施。

1.2.18 技术经济指标评价。

1.2.19 本工程需研究的关键技术课题及需进行总结的技术专题。

1.2.20 其他应说明的事项。

1.3 编制实施性施工组织设计的基本原则

1.3.1 必须严格执行基本建设的程序。

1.3.2 科学安排施工顺序，重点突出控制工期的工程项目，保证重点，统筹安排。

1.3.3 尽可能采用流水施工方法和网络计划技术，制订最合理的施工组织方案，进行有节奏、均衡、连续的施工。

1.3.4 落实季节性施工的措施，科学安排冬雨季施工项目。

1.3.5 在条件允许的前提下，尽量采用先进的施工技术和设备。

1.3.6 提出确保工程质量的技术措施和施工安全措施，尤其在采用新技术、新工艺时更需注意。

1.3.7 在满足施工需要的前提下，尽量减少临时设施，合理储备物资，减少物资的重复运输；合理布置施工平面图，减少用地，节约基建费用，降低工程成本。

1.3.8 遵循国家环境保护的有关法规，制订必要的措施，做到文明施工，减轻或降低施工中对环境的污染。

1.4 实施性施工组织设计的编制要求

1.4.1 项目经理部负责人应组织有关施工技术人员、物资装备管理人员、工程质检人员学习、熟悉合同文件和设计文件，将编制任务分工落实，限时完成并应有考核措施。

1.4.2 施工组织设计应有目录,并应注明各部分的编制者。

1.4.3 尽量采用图表和示意图,图文并茂,文字简练,表达清晰,易于理解。

1.4.4 应附缩小比例的工程主要结构物的平面图和立面图。

1.4.5 若工程地质情况复杂,可附上必要的地质资料(图、岩土力学性能试验报告)。

1.4.6 多人合作编制的施工组织设计,必须由工程技术主管统一审核,以免重复叙述或遗漏等。

1.4.7 如果选择的施工方案与投标时的施工方案有较大差异,应将选择的施工方案征得监理工程师和业主的认可。

1.4.8 一般工程的施工组织设计应在收齐图纸后一个月内完成,重大工程项目在两个月内完成或按监理工程师要求的时间完成。

1.4.9 编制完成的施工组织设计应规范、整洁,并装订成册,签认明确。

1.5 编制实施性施工组织设计的步骤和程序

1.5.1 编制步骤

(1)研究、分析合同文件和设计文件,进行必要的调查研究,做好编制前的各项准备工作。

(2)对设计文件进行核对,复核计算工程数量。

(3)结合工程实际选择施工方案,确定施工方法。

(4)编制施工进度计划。

(5)计算人工、材料、机具及试验检测设备等各项资源的需要量,计算资金需要量,制订供应计划。

(6)确定临时工程、供水、供电和供热计划。

(7)工地运输组织。

(8)施工总平面图设计。

(9)确定施工组织管理机构。

(10)编制技术措施计划。

(11)编制质量、安全、进度、环保和文明施工措施计划。

(12)计算主要技术经济指标。

(13)编写说明书。

1.5.2 编制程序

编制实施性施工组织设计的一般程序如附录图 1-1。

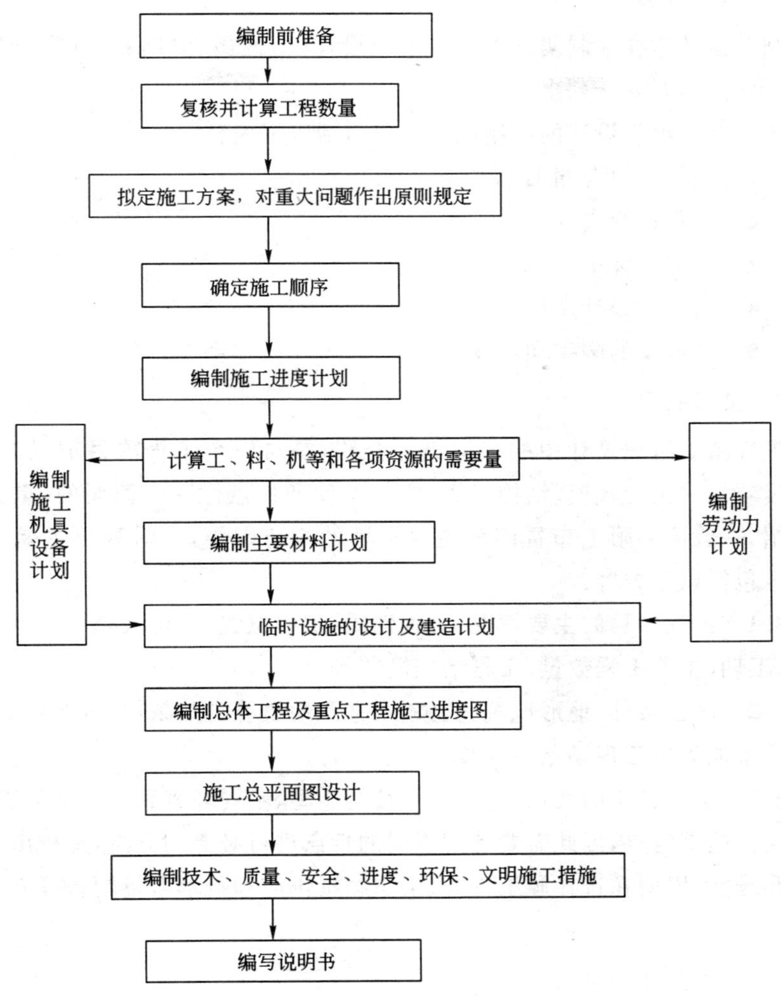

附录图 1-1 编制实施性施工组织设计的一般程序

2. 实施性施工组织设计的编制方法

2.1 编制说明

实施性施工组织设计的编制说明，亦可称为前言，是对所编制的施工组织设计的简略、概要的说明，其作用是使审批者和使用者能在很短的时间内迅速了解该施工组织设计的概貌。在说明中一般还应列出参与编制的人员名单。

2.2 编制依据

编制依据是指在编制实施性施工组织设计时，遵循、引用和参照了哪些文件、资料、技术规范，要一一列出。

实施性施工组织设计的编制依据一般包括以下内容：

2.2.1 施工承包合同书。

2.2.2 工程招标文件。

2.2.3 工程投标书。

2.2.4 施工图设计文件。

2.2.5 所涉及的国家和行业的有关标准、规范和规程的名称(包括编号)。

2.3 工程概况

实施性施工组织设计中的工程概况介绍，是对整个工程项目情况的总说明。要对建设项目的工程规模、结构形式、施工条件和特点做一个简明的、重点突出的文字介绍，一般还要附上布置图和主要工程的构造图等，同时列出主要工程数量表。通常包括以下内容：

2.3.1 工程项目的主要情况：工程性质、工程位置、工程规模、结构形式、技术标准、总工期、主要工程数量、工程结构简图等。

2.3.2 施工条件：地形地貌、气象、水文和地质等自然条件；资源供应情况、交通运输及水电等施工现场条件和技术经济条件。

2.3.3 工程施工的特点分析：不同结构类型、不同环境和条件下的工程施工，有着不同的施工特点，因此需要针对不同的特点进行必要的分析，并指出工程施工的重点和难点，以便在选择施工方案、组织物资供应和技术力量配备等方面采取相应措施。

2.4 施工总体部署

施工总体部署是对整体工程项目施工的全局所做的统筹规划和全面安排，目的是解决影响全部施工活动的重大战略问题。施工总体部署的主要内容有：建立施工管理机构、划分施工任务及组织安排，确定施工顺序。

2.4.1 施工管理机构

施工管理机构是为组织、计划、协调和控制全部施工活动而设立的现场指挥决策机关，具体形式为项目经理部。在进行施工的总体部署时，建立一个精干、高效的施工管理机构对于全面实现施工的预期目标是非常重要的。施工管理机构的主要内容包括：施工管理机构说明、施工管理组织机构图。

建立施工管理机构应遵循组织设计的原则,既要有明确的目的性、能保证决策指挥的统一,又要创造人尽其才的环境以及有利于全过程和全局的控制。

施工管理机构要根据施工现场的客观需要来设置。为了进行项目的各项管理和技术工作,在项目经理部之下应设置一定的职能部门(管理层),分别处理有关的职能事务,向项目经理部提供信息和有关决策的参考意见。至于管理层应设置哪些部门,要根据工程项目的规模大小及其复杂程度来决定,一般情况下,应包括工程、技术、质检、经营、材料、机械、安全、人事、财务及综合办公等基本职能。操作层中施工劳务及其作业队组的设置,要坚持精兵强将上一线的原则,确定综合性和专业化队伍的施工组织。

施工管理机构通常用框图表示,并辅以必要的文字说明。框图的形式见附录图 1-2。

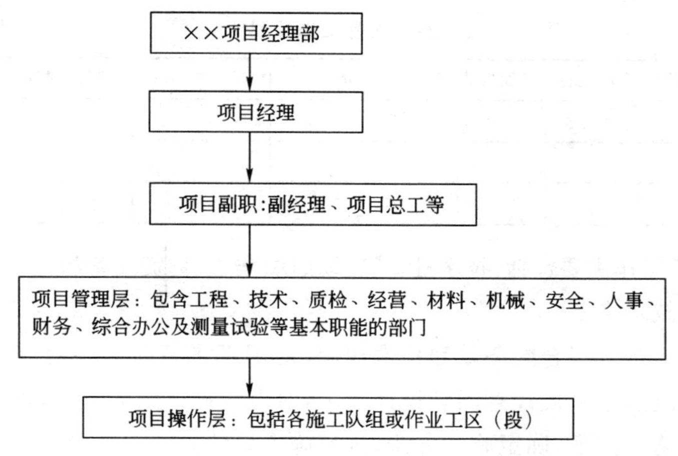

附录图 1-2　施工管理组织机构图

2.4.2　施工任务划分

在确立项目施工管理体制和建立施工管理机构的条件下,划分各参与施工单位的工作任务及施工阶段,明确总包与分包、各施工单位之间分工与协作的关系,确定各单位的主要工程项目和次要工程项目。

2.4.3　施工顺序

根据工程的施工特点,要在总体上确定施工的顺序,分清主次,统筹安排各类工程项目施工,保证重点,兼顾其他,以确保工期,并实现施工的连续性和均衡性。按照各单位工程和分部工程的重要程度不同,应优先安排那些工程量大、结构复杂、施工难度大和工期长的主体工程项目,以及供施工使用的大型临时设施。工程量小、施工难度不大的一些辅助工程，则可考虑与主体工程相配合，作为平衡施工的项目穿插在主体工程的施工过程中进行。

工程一般应按照先地下后地上的顺序进行施工，应能使工期最短，同时必须考虑施工工艺、施工质量和安全生产的要求，以及水文、地质和气候对施工的影响。如桥梁的下部工程最好避开雨季汛期，安排在枯水期进行施工；悬臂浇筑的主梁施工到最大悬臂时应尽量避开台风季节等。施工顺序还应与所采用的施工方法和施工机具相协调。

2.5 施工准备工作计划

根据施工总体部署和确定的施工顺序，应编制施工准备工作计划（见附录表1-1），并将责任落实到人，分工负责，做好施工前的各项准备工作，为工程顺利开工打下良好的基础。

施工准备工作计划 附录表1-1

序　号	施工准备项目	简要内容	负责单位	负 责 人	起讫时间	备　注

施工准备工作主要包括：技术准备、劳动组织准备、物资准备和施工现场准备等。

2.5.1 技术准备

(1)组织人员学习合同条款和技术规范，对图纸进行研究核对，参加设计技术交底和现场交桩，了解设计意图和设计要求，对沿线进行踏勘，了解现场情况。

(2)选择施工方案，确定施工方法，进行施工设计。

(3)编制施工组织设计和施工标后预算。

(4)协调与建设单位、监理的关系，明确监理流程。

2.5.2 劳动组织准备

(1)建立施工组织机构。

(2)合理设置施工作业队组。

(3)施工力量的集结进场和培训。

(4)向施工班组和操作工人进行开工前的技术交底。

(5)建立健全各项管理制度。

2.5.3 物资准备

物资准备工作的程序为：

(1)根据分部、分项工程的施工方法和施工进度安排制订需要量计划。

(2)进行施工材料料源调查,确定施工用材,确认材料质量,与有关单位签订供货合同。

(3)拟订运输计划和运输方案。

(4)按施工平面图要求组织物资按计划时间进场,在指定地点按规定方式进行储存或堆放,随时提供给工程使用。

物资准备工作的内容包括:工程材料如普通钢材、预应力材料、木材、沥青、石灰、粉煤灰、水泥和砂石材料等的准备;构件和制品的加工准备;施工机具设备的准备;各种工具和配件的准备。

2.5.4 施工现场准备

(1)做好施工测量控制网的复测和加密工作,敷设施工导线和水准点。

(2)建立工地试验室,开展原材料检测和施工配合比的确定工作。

(3)施工现场的补充钻探。

(4)三通一平,即通水、通电、通路、场地平整。

(5)建造临时设施:按照施工总平面图的布置,建造三区分离的生产、生活、办公和储存等临时房屋,以及施工便道、便桥、码头、沥青混合料、路面基层(底基层)、结构层混合料、水泥混凝土搅拌站和构件预制场等大型临时设施。

(6)安装调试施工机具。

(7)原材料的储存堆放。

(8)做好冬雨季施工安排。

(9)落实消防和保安措施。

2.6 大型临时工程

2.6.1 大型临时工程一般指混凝土构件预制场、混凝土和沥青搅拌站、拼装式龙门吊和架桥机、悬浇混凝土的挂篮、大型围堰、大型脚手架和模板、大型构件吊具、塔吊、施工便道和便桥等。

2.6.2 大型临时工程均应进行设计计算并出具施工图纸,编制相应的各类计划和制订相应的质量保证和安全劳保技术措施。

2.6.3 需要单独编制施工方案的大型临时设施工程,其设计前后均应由公司或项目经理部组织有关部门和人员对设计提出要求和进行评审。

2.7 主要工程项目的施工方案

工程中工程量大、技术复杂、施工难度大和工期长的主要工程项目,以及对总体工期的完成起关键作用而将影响到全局的特殊分项工程,要在实施性施工组织设计中专门拟订施工方案，其目的是为进行各项技术和资源的准备工作、为保证施工活动能顺利开展以及合理布置施工现场等提供依据。内容主要包括确定施工方法、施工工艺和施工机械设备等。

拟订施工方案时，对施工方法的确定应兼顾技术工艺的先进性和经济上的合理性；方案应切实可行，施工期限满足合同要求，能确保工程质量和施工安全，且工、料、机消耗和施工费用最低。对施工机械的选择，应使主导机械的性能既能满足工程施工的需要，又能发挥主导施工机械的工作效率。

2.7.1 确定施工方法。根据工程特点、工期要求、施工条件、资源供应情况以及施工单位拥有的施工经验和设备等因素综合考虑确定。对重点工程或重点工序应编制详细的施工工艺和作业程序，并提出质量要求和技术措施。如：

(1)工程量大，在单位工程中占重要地位的分部或分项工程项目。

(2)施工技术复杂。

(3)采用新技术、新工艺及对工程质量起关键作用的项目。

(4)不熟悉的特殊结构或工人在操作上不够熟练的工序。

2.7.2 施工机械的选择应注意以下几点：

(1)根据工程特点来选择适宜的主导工程的施工机械。

(2)选择的机械必须满足施工的需要，但要避免大机小用。

(3)选择辅助机械时，要考虑其与主导机械的合理组合，互相配套，充分发挥主导机械的效率。

(4)考虑通用性，尽可能选择标准机械。

(5)考虑充分发挥施工单位现有机械能力，当不能满足时，方考虑租赁或购置所需新型机械或多用途机械。

2.7.3 施工方案的技术经济评价。应结合施工实际经验，对若干施工方案的优缺点分析比较，如技术上是否可行，施工复杂程度和安全可靠性如何，劳动力和机械设备能否满足需要，是否能充分发挥现有机械的作用，保证质量的措施是否完善可靠，对冬雨季施工带来多大困难等。

2.8 施工进度计划

施工进度计划是实施性施工组织设计的重要组成部分，是施工现场各项活动在时间上的体现。其主要作用是：统筹全局，指导工程项目的全部施工生产活动，控制工程的施工进度；为编制季度、月度生产作业计划，确定工、料、机等各种资源需要量计划提供依据。

编制施工进度计划，是在已确定施工方案的基础上，根据合同工期和各种资源的供应条件，并按照工程施工的合理施工顺序及组织施工的原则，对工程项目从施工准备工作开始直到工程竣工为止的全部施工过程，利用横道图、垂直图或网络图等图表形式来确定其在时间和空间上的安排、相互间配合关系以及各工序之间的衔接关系，以达到具体指导施工的目的。

2.8.1 编制施工进度计划的基本要求

(1)保证拟建工程在规定的施工期限内完成，满足合同工期的要求。

(2)施工的顺序必须与所选择的施工方法和施工机具相协调。

(3)工序之间的衔接紧密、合理，并综合考虑季节、气候因素的影响。

(4)优先考虑重点工程和关键工序。

(5)综合考虑施工过程的连续性、协调性、均衡性和经济性，节省施工费用。

(6)满足安全生产和工程质量的要求。

2.8.2 编制施工进度计划的依据

(1)合同规定的开工、竣工日期。

(2)工程的设计文件和施工图纸。

(3)已确定的主要工程及分部、分项工程的施工方案。

(4)工程所处区域的地质、水文、气象及其他技术经济资料。

(5)劳动定额和机械台班使用定额。

(6)劳动力、材料和机具供应情况。

2.8.3 编制施工进度计划的步骤

(1)划分施工项目并列出工程项目一览表　在编制施工进度计划时，首先划分出各施工项目的细目，列出工程项目一览表。划分列表时注意以下事项：

①划分的施工项目应符合工程的实际情况，并与所确定的施工方法相一致。临时设施和附属项目可合并列出。

②结合工程的特点分项填列，不可缺、漏项，以保证计划的准确性。

(2)计算工程量　根据施工图和有关工程数量的计算规则，按工程的施工顺序，分别计算施工项目的实物工程量，逐项填入表中。计算填表时应注意以下问题：

①工程数量的计量单位，应与相应的定额或合同文件中的计量单位一致。

②除计算实物工程量外，还应包括大型临时设施的工程，如场地平整的面积，便道、便桥的长度等。

③结合施工组织要求，按已划分的施工段分层、分段计算。

(3)计算劳动量和机械台班数　劳动量是工程量与相应时间定额的乘积，其计算公式为：

$$P=QH \text{ 或 } P=Q/S$$

式中：P——劳动量(工日或台班)；

Q——工程量；

S——产量定额；

H——时间定额。

劳动量一般可按企业施工定额进行计算，也可按交通行业现行的预算定额和劳动定额计算。劳动量的计量单位当为人工时是“工日”，为机械时是“台班”。

(4)确定施工期限　施工期限根据合同工期确定，同时还要考虑工程特点、施工方法、施工管理水平、施工机械化程度及施工现场条件等因素。

根据工作项目所需要的劳动量或机械台班数，及该工作项目每天安排的工人数或配备的机械台数，计算各工作项目的持续时间。

有时，根据施工组织要求，如组织流水施工时，也可采用倒排方式安排进度，即先确定各工作项目持续时间，依次确定各工作项目所需要的工人数和机械台数。

(5)确定开竣工时间和相互搭接关系　确定开竣工时间和相互搭接关系主要考虑以下几点：

①同一时期施工的项目不宜过多，避免人力、物力过于分散。

②尽量做到均衡施工，使劳动力、施工机械和主要材料的供应在整个工期范围内达到均衡。

③尽量提前建设可供工程施工使用的永久性工程，以节省临时工程费用。

④急需和关键的工程先施工，以保证工程项目如期交工。对于某些技术复杂、施工周期较长、施工困难较多的工程，应安排提前施工，以利于整个工程项目按期交付使用。

⑤施工顺序必须与主要系统投入使用的先后次序吻合，安排好配套工程的施工时间，保证建成的工程迅速投入使用。

⑥注意季节对施工顺序的影响，使施工季节不导致工期拖延，不影响工程质量。

⑦安排一部分附属工程或零星项目做后备项目，调整主要项目的施工进度。

⑧注意主要工序和主要施工机械的连续施工。

(6)编制施工进度计划图　编制施工进度计划图，首先选择施工进度计划表达形式，常用的有横道图和网络图。横道图比较简单直观，多年来广泛地用于表达施工进度计划，作为控制工程进度的主要依据。但由于横道图控制工程进度具有局限性，随着计算机的广泛应用，更多采用网络计划图表示。全工地性的流水作业安排应以工程量大、工期长的工程为主导，组织若干条流水线。

(7)进度计划的检查和优化调整 施工进度计划方案编制好后,需要对其进行检查与优化调整,使进度计划更加合理,需检查调整的内容包括:

①各工作项目的施工顺序、平行搭接和技术间歇是否合理。

②总工期是否满足合同规定。

③主要工序的工人数能否满足连续、均衡施工的要求。

④主要机具、材料等的利用是否均衡和充分。

2.9 施工总平面图设计

施工总平面图是工程施工场地的总布置图。其设计是根据工程的规模、特点和施工现场的条件,按照施工方案和施工进度的要求以及一定的设计原则,对施工过程所需各种临时设施、动力供应、原材料堆放、场内运输、半成品生产场地等做出合理的规划布置,并用平面图的形式加以表达,用于正确处理工程在施工期间各种临建工程与已有建筑物和拟建工程之间合理的平面和空间位置关系。施工总平面图是针对整体工程进行规划设计的,是施工组织设计的重要组成部分。

2.9.1 施工总平面图设计的依据

(1)自然条件和技术经济条件。自然条件包括施工区域的地形、地物(道路、桥梁、河流、池塘等)、气象、水文及工程地质等资料;技术经济条件包括当地的交通运输、水源、电源、物资资源、生产和生活基地情况。

(2)工程结构设计的平面图及有关设计资料。

(3)施工进度计划和主要工程的施工方案。

(4)各种材料、半成品的供应计划和运输方式。

(5)各类临时设施的性质、形式、面积和尺寸。

(6)各类临时加工场地的规模和设备数量。

2.9.2 施工总平面图设计的原则

(1)在保证施工顺利进行的前提下,尽量减少施工用地,少占农田,使平面布置紧凑合理。

(2)所有临时性设施和运输、水、电等线路的布置,不得妨碍地面和地下构筑物的正常施工。

(3)外购材料力求直达工地,避免或减少二次搬运。合理布置施工现场的运输道路及各种材料堆放、工作车间、仓库位置、各种机具的位置,尽量使其运距最短,以缩短场内的搬运距离。

(4)充分利用现场原有的设施为施工服务,力争减少临时设施的数量,降低临时设施费用。

(5)施工区域的划分和场地的确定，符合施工的工艺流程要求，尽量减少专业工种之间和各工程之间的干扰，有利于生产的连续性。

(6)符合环境保护、安全防火和劳动保护的要求，应考虑避免各种自然灾害侵袭的防护措施。

(7)各种设施应便于工人的生产生活。

(8)使场地准备工作的费用最省。

2.9.3 施工总平面图设计的内容

(1)施工用地范围内的绘有等高线的地形地貌图，一般可利用设计文件中的平面布置图，当不能满足要求时应补测绘制。

(2)一切地上、地下已有的房屋、构筑物及其他设施如公路、铁路、车站、码头、运输点及各种电力、供水、通信管线等的位置和尺寸。

(3)控制测量的放线标桩位置。

(4)一切为工地施工服务的临时设施的位置和尺寸，包括：

①临时便道、便桥，从场外引入的铁路、公路和航道码头；

②机械设备的停放场地和维修车间；

③各种施工材料、半成品的堆放场地和仓库；

④水源、电源、变压器位置，临时供水管道和供热、供电线路、动力设施；

⑤施工管理机构、生产和生活设施的位置；

⑥一切安全、消防设施位置。

2.9.4 施工总平面图设计的步骤

(1)收集、分析研究原始资料。

(2)确定搅拌站和加工场地的位置、尺寸。

(3)考虑仓库的位置，材料和半成品的合理堆放。

(4)场外交通的引入及现场运输道路的布置，临时便道、便桥的位置、长度、标准。

(5)各种临时设施的布置。

(6)临时水、电管网及动力设施的布置。

(7)安全、消防设施的布置。

2.9.5 施工总平面图设计的绘图要求

上述布置宜采用标准图例绘制在总平面图上，比例一般为1：1 000～1：2 000。

2.10 各项资源(工、料、机)需要量及进场计划

2.10.1 劳动力需要量计划

(1)施工劳动力组织　劳动力组织包括：确定人员结构及人员数量。确定合理

的人员专业结构即各专业人员要配套，是由与工程目标相适应的各专业人员组成。确定劳动力组织中人员数量的影响因素有：工程规模大小、技术复杂程度、本单位业务水平和熟练程度，组织结构与职能分工等。

(2)劳动力需要量计划　劳动力需要量计划是确定临时设施规模和组织劳动力进场的依据。根据已确定的施工进度计划，可得到各工程项目在某段时间内的平均劳动力数量，逐项累加可绘出人工数随时间变化的劳动力需要量柱状图(附录图 1-3)，据此即可编制劳动力需要量计划，见附录表 1-2。将此计划附于施工进度图之下，为劳动部门提供劳动力进退场时间，保证及时调配，搞好平衡，以满足施工的需要。

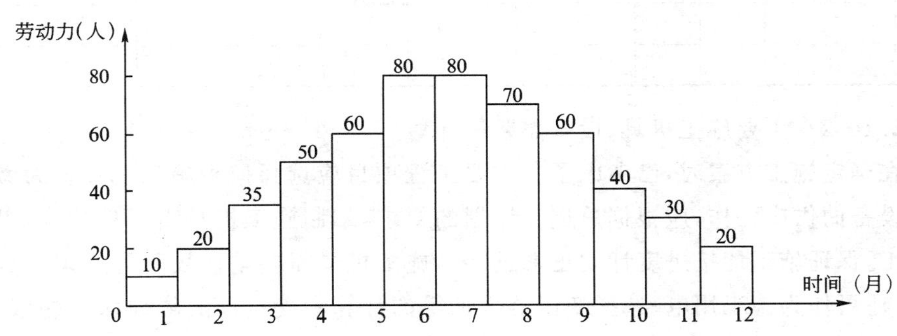

附录图 1-3　劳动力动态柱状图

劳动力需要量计划　　附录表 1-2

序号	工种名称	总人数	需要人数及时间										备注
			××年					××年					
			一季度	二季度	三季度	四季度	合计	一季度	二季度	三季度	四季度	合计	
1	2	3	4	5	6	7	8	9	10	11	12	13	14

2.10.2　主要材料需要量计划

工程的材料费用，一般要占总体工程造价的 50%～70%。做好材料供应计划和材料的采购、保管、使用等工作，是保证工程施工顺利进行，控制或降低工程成本的关键之一。

工程所用的材料主要有钢材、木材、沥青、水泥、砂、石等，以及有关临时设施和拟采取的各种施工技术措施用料。预制构件及其他半成品应列入主要材料需要量计划中。材料需要量计划是为物资部门落实组织货源、签订供应合同、组织运输进场以及确定临时设施规模的依据。

材料的需要量，可按照已确定的工程量，以进度计划为依据，查定额进行计算得出，从而编制出需要量计划。计划表格的形式如附录表1-3所示。

主要材料需用量计划 附录表1-3

序号	材料名称及规格	单位	数量	来源	运输方式	××年					××年					备注
						一季度	二季度	三季度	四季度	合计	一季度	二季度	三季度	四季度	合计	
1	2	3	4	5	6	7	8	9	10	11	12	13	14	15	16	17

2.10.3 主要施工机具、设备需要量计划

在确定施工方案时，已考虑了各主要工程项目应选择何种施工机具。为做好机具设备的供应工作，应根据总进度计划的要求，编制施工机具需要量计划，以配合施工，保证施工能按进度计划正常进行。施工机具需要量计划除为组织机具供应外，还可作为施工用电、选择变压器容量等的计算和确定停放场地面积的依据。主要施工机具、设备需要量计划如附录表1-4所示。

主要施工机具、设备需要量计划 附录表1-4

序号	机具设备名称	规格型号	电动机功率	单位	数量			使用期限		备注
					需用	现有	不足	进场时间	退场时间	
1	2	3	4	5	6	7	8	9	10	11

2.10.4 测量、试验检测仪器设备需要量计划

测量与试验检测是工程施工中非常重要的基础技术工作，所配备仪器设备的数量、质量均应满足施工的需要，以及技术规范的要求，其需要量计划的表格形式分别见附录表1-5和附录表1-6。

测量仪器需要量计划 附录表1-5

序号	名称	规格或型号	单位	数量	备注
1	2	3	4	5	6

试验检测仪器设备需要量计划 附录表 1-6

序 号	名 称	规格或型号	单 位	数 量	备 注
1	2	3	4	5	6

2.11 资金需要量计划

工程施工是投入与产出的过程,为使施工正常进行,各个施工阶段都需要有足够的资金来保证。资金的不足,会导致工程无法按计划进度进行,使进度滞后或停顿,进而影响到总体工期。做好资金供应计划是保证总进度计划得以实现的重要内容之一。

按时间顺序,算出总进度计划中各个施工项目在单位时间内的资金需要量,逐项累加后得到总需要量,据此编制资金需要量计划,如附录表 1-7。

资金需要量计划(金额单位:万元) 附录表 1-7

序号	资金项目	年					年					备注
		一季度	二季度	三季度	四季度	合计	一季度	二季度	三季度	四季度	合计	

2.12 季节性施工的技术组织保证措施

季节性施工主要是指工程在冬季和雨季期间的施工。

工程在冬季施工时由于气温较低,不仅会导致机械效率和工效的降低,影响到正常的工程进度,同时也会影响到工程的质量,甚至会使施工被迫中断;我国大部分地区特别是南方的多雨地区,雨季对施工的影响是不可避免的。雨季期间,不仅道路泥泞,施工的车辆和机械行驶困难,甚至无法作业,对桥梁的下部结构,还会因江河的水位升高而使施工难以进行,或危及水中临时设施的安全。因此,对冬季和雨季期间的施工,就有必要从计划上和施工组织上制订相应的有针对性的保证措施,以保证工程的质量、安全及施工的连续性。

冬季施工的技术保证措施,对于混凝土结构,主要应考虑混凝土的抗冻、防冻,如要对混凝土进行专门的配合比设计和必要的热工计算,搅拌时要对砂石料和水采取加热方式,运输时要进行保温,构件的预制采取蒸汽养护,现浇结构采取升温保温等措施。对道路的冬季施工,主要应考虑防冻的各项技术措施,如覆盖保温、封层以求安全过冬等。

雨季施工的技术保证措施,主要应考虑水中临时设施的安全渡洪,如通过计算增加必要的安全防护设施,加强对混凝土工程中砂石材料含水量的测定,适当调整施工配合比的用水量。雨季对道路的施工影响较大，因此要及时了解天气的变化情况，加强对施工便道的维护，保证施工车辆能顺利通行。路基的填筑要趁晴天对填筑土及时翻晒，压实后的路基要做排水设施、防止冲刷等。

组织保证措施则应根据技术保证措施和总体工期，对人员、材料、机具设备和进度等方面进行统筹安排，通过科学合理的组织，到达技术措施的要求。

对缺水、风沙、高原、严寒、台风、潮汐等特殊地区的施工，也要根据其特殊性有针对性地制订专门的技术组织保证措施。

2.13 施工进度保证措施

根据合同工期，以工程进度计划作为总体控制目标，并将总体控制目标进一步分解为年度、季度、月度（或阶段、子阶段）进度，再对各阶段进度目标的实现进行风险分析，找出可能影响进度的各种因素。以下是制订具体的保证措施的几个方面：

2.13.1 技术、质量保证措施

说明如何从技术、质量等方面来保证进度目标的实现，如采用先进合理的施工技术方案和施工工艺、提高工程的一次合格率、减少返工现象等。

2.13.2 资源配置保证措施

说明在工、料、机等资源的配置上如何保证满足正常施工的要求。

2.13.3 资金保证措施

说明如何保证资金的供应，以满足施工的需要。

2.13.4 组织保证措施

具体说明为实现上述措施，在组织体系上予以保证。

2.13.5 实施进度目标的动态管理

根据工程进展情况，将进度目标与进度的实际值进行比较，当进度不能满足目标值时，及时对各项安排进行调整和加强。

2.14 降低成本措施

2.14.1 改进施工工艺，合理组织施工

施工过程中的劳动力消耗、材料消耗、机械台班消耗以及费用支出，很大程度上是由施工方案和施工组织设计水平控制的。施工工艺方案和施工组织设计的合理性是最大的节约。

2.14.2 提高劳动生产率，节约开支

劳动生产率是指施工全过程中的劳动效率。提高劳动生产率，意味着以一定的劳动消耗完成较多的工程量。

2.14.3 节约材料费用

节约材料费用应从量差和价差两方面着手，即从订货、采购、运输、入库验收、仓库管理、集中加工、合理下料、节约代用、回收利用到综合利用各环节都要严格控制。

2.14.4 节约机械使用率

合理配备机械设备，加强设备维修保养，提高机械设备的利用率和效率，降低机械使用台班费，此外，在设备购置与租赁之间作出科学的决策。

2.14.5 保证工程质量

实行全面质量管理，减少和防止不合格品、废品损失和返工损失。

2.14.6 加强安全管理

杜绝安全事故，减少事故损失。

2.14.7 节约施工现场管理费用

2.15 质量管理与质量控制的保证措施

工程项目的质量管理和质量控制，应根据全面质量管理的基本观点和方法，实施 ISO 9000《质量管理体系》系列标准，建立自身的质量体系，对施工的全过程进行质量管理和质量控制。

2.15.1 质量目标与工程创优计划

(1)工程项目施工应达到的质量目标

①工程项目领导班子应坚持全员、全过程质量管理，保持并实现工程项目达到规定要求。

②应使企业领导和上级主管部门相信工程施工正在实现并能保持所期望的质量，开展内部质量审核和质量保证活动。

③开展一系列有系统、有组织的活动，提供真实文件，使建设单位、政府质量监督部门和工程监理单位确信该工程项目能达到预期的目标。

(2)工程创优计划

工程项目在施工前应进行质量策划，确定预期目标，制订工程创优计划并付诸实施。

2.15.2 质量管理体系的建立和运行

质量管理体系是为实施质量管理的组织机构、职责、程序、过程和资源而建立的。

质量管理体系包含一套专门的组织机构。建立质量管理体系的几项基本的原则性工作为：确定质量环；明确和完善体系结构；质量管理体系文件化；定期进行质量管理体系审核与质量管理体系复审。

(1)建立和完善质量管理体系的程序

①项目领导决策。

②编制工作计划(包括培训教育、体系分析、职能分配、文件编制、配备仪器设备等内容)。

③分层次教育培训,组织学习 ISO 9000 系列标准和全面质量管理知识。

④分析工程项目特点,确定采用哪些质量体系要素和采用程度。

⑤编制质量体系文件。

(2)质量管理体系的运行

质量管理体系运行是执行质量管理体系文件、实现质量目标、保持质量管理体系持续有效和不断优化的过程,其有效地运行是依靠体系的组织机构进行组织协调、实施质量监督、开展信息反馈、进行质量管理体系审核和复审来实现。

2.15.3 质量控制

质量控制是为了确保合同、规范所规定的质量标准,而采取的一系列检测监控的措施、手段和方法。施工项目的质量控制是从工序质量到分项工程质量、分部工程质量、单位工程质量的系统控制过程,也是一个从对投入原材料的质量控制开始,直到完成工程质量检测为止的全过程。

在进行施工项目质量控制过程中,应遵循以下原则:

①坚持"质量第一,用户至上"。

②以人为核心,即以工作质量来保证工序质量和工程质量。

③以预防为主。加强对质量的事前、过程控制,以及对工作质量、工序质量和中间产品质量的检查。

④坚持质量标准,严格检查,一切用数据说话。

⑤贯彻科学、公正、守法的职业道德规范。

(1)建立企业自检体系　施工单位作为工程产品的直接生产者,要依照合同计划完成工程建设的费用、进度和质量要求,在工程建设的质量管理保证体系中占有重要地位。因此,实行工程质量的企业自检是实现工程建设三大目标的必要条件。

自检体系的建立和完善应以全面质量管理的观点和方法为基础,实施 ISO 9000《质量管理体系》标准,建立质量管理体系,加强质量控制,提供有效的质量保证。

(2)质量控制的具体措施　工程质量控制可分为事前控制、过程控制和事后控制三个阶段:

①事前质量控制是指在正式施工前进行的质量控制,其控制重点是做好施工准备工作,且施工准备工作要贯穿于施工全过程中。

②过程质量控制是指在施工过程中进行的质量控制,其策略是全面控制施工

过程，重点控制工序质量。

2.16 安全施工的组织保证措施（技术安全、生产安全）

施工安全的管理要贯彻实施GB/T 28001《职业健康安全管理体系》标准。

施工现场的安全管理，重点是进行人的不安全行为与物的不安全状态的控制，落实安全管理决策与目标，以消除一切事故、避免事故伤害、减少事故损失为管理目的。

安全生产是施工项目重要的控制目标之一，也是衡量施工项目管理水平的重要标志。同时，安全技术措施和安全制度，也是编制实施性施工组织设计的一项必不可少的重要内容。

2.16.1 施工安全管理的范围

预防和杜绝工伤事故，保证施工生产的安全；预防和消灭职业病；保护施工手段和施工对象即施工设施、设备和结构物的安全。

2.16.2 安全管理的原则

(1)预防为主，综合考虑 要搞好安全管理，应坚持预防为主的原则，防患于未然，着眼于事先控制。从施工开始，就要将人、财、物综合加以考虑，要有专门机构和人员负责抓安全工作，要相应地安排安全设备和必要的安全设施。

(2)安全管理应贯穿于施工全过程 施工安全问题要贯穿于整个施工全过程，事先要做充分的调查研究，针对现场实际情况，对施工中可能遇到的安全问题和不安全因素加以认真分析，制订施工方案，采取对策措施。

(3)全员管理，安全第一 在安全管理中，要树立安全第一的思想，“生产必须安全，安全为了生产”。必须全企业、全体人员在全过程各阶段自觉地共同努力，保证安全施工。

(4)管生产者必须同时管安全 安全寓于生产之中，并对生产起促进与保证作用。管生产同时管安全，不仅要对各级领导人员明确安全管理责任，同时也向一切与生产有关的机构和人员明确业务范围内的安全管理责任。

2.16.3 安全管理措施

(1)建立安全保证体系 施工项目应设立安全管理机构，工地设立专职安全员，班组设兼职安全员，从而形成一个健全的安全保证体系。

安全管理机构主要负责贯彻执行国家有关安全施工的方针政策、法令、规章制度和上级有关规定，协助领导在“安全第一、预防为主”的方针指导下组织和推动施工中的安全工作。

工地专职安全员的职责是认真贯彻执行上级有关安全施工的规定，推动和组织施工中的安全工作，在业务上接受上一级安全管理部门的领导。

班组兼职安全员协助班组长组织安全活动，进行现场安全检查，做遵章守纪的模范。对违章作业者进行批评教育，组织学习安全规程、制度及上级颁发的有关文件，指导班组人员正确使用个人防护用品等。

(2)落实安全责任，实施责任管理　根据“全员管理，安全第一”的原则，建立各级人员安全生产责任制，明确规定各级领导、职能部门、工程技术人员和生产工人在施工生产中的安全责任。

(3)强化安全教育与训练　进行安全教育与训练，能增强人的安全生产意识，提高安全生产知识，有效防止人的不安全行为，减少失误。安全教育包括知识、技能、意识三个阶段的教育，教育的主要内容有：进行安全思想教育，学习国家劳动保护法规、安全施工管理条例等；进行安全技术、工业卫生的科学知识教育，进行典型经验和事故教训的教育；进行法制教育等，通过教育和训练，不仅要使操作者掌握安全生产知识，而且能正确认真地在作业过程中表现出安全的行为。

(4)安全检查　安全检查是发现不安全行为和不安全状态的重要途径，是消除事故隐患、落实整改措施、防止事故伤害、改善劳动条件的重要方法和措施。

安全检查的形式有普遍检查、专业检查和季节性检查等。

(5)作业标准化　在操作者的不安全行为中，不知正确的操作方法，为了干得快而省略必要的操作步骤，以及坚持自己的操作习惯等原因所占比重很大。因此，按科学的作业标准规范人的行为，有利于控制人的不安全行为，减少人的失误。

(6)施工设计应考虑安全技术的因素，并对操作者进行交底　各分部、分项工程在施工进行之前，根据工作的具体情况和结构特点所做的施工设计、操作方案等，应充分考虑安全因素，方案应有必要的安全防护措施，以保证施工过程中的人身、设施设备和结构物的安全。为使操作人员充分理解方案的全部内容、减少实际操作中的失误、避免操作时的事故伤害，要将方案的设计思想、内容和要求等，向作业人员进行充分交底。

(7)优化安全技术组织措施　包括以改善施工劳动条件、防止伤亡事故等为目的的一切技术措施。

①开展以机械化、自动化为中心的技术革新，积极改进施工工艺和操作方法，改善劳动环境条件，减轻劳动强度，消除危险因素，保证安全生产。

②机械设备应有安全装置，严格按操作规程使用。

③设置安全设施，如在施工现场设置安全围栏、防火设施，坚持使用高空作业的安全网、安全带、安全帽等。

(8)建立健全各种切实可行的规章制度　施工安全制度主要有:安全生产责任制度、安全生产教育制度、安全检查制度、安全技术措施制度、安全交底制度、事故分析和处理制度。

2.17　文明施工和环境保护的措施

2.17.1　文明施工

文明施工是指在施工现场管理中,要按现代化施工的客观要求,使施工现场保持良好的施工环境和施工秩序。

文明施工的措施主要有:

(1)组织管理措施

①建立健全管理组织机构。施工现场应成立以项目负责人为组长,生产、技术、质量、安全、消防、保卫、材料、行政卫生等管理人员为成员的文明施工管理组织。

②健全管理制度,包括个人岗位责任制、经济责任制、检查制度、奖惩制度、会议制度和各项专业管理制度等。

③健全管理资料。

④开展竞赛。

⑤加强教育培训工作。

⑥积极推广应用新技术、新工艺、新设备和现代化管理方法,提高机械化作业程度。

(2)现场管理措施

①对施工现场各生产要素(主要是物的要素)的所处状态不断地进行整理、整顿、清扫、清洁以及对员工进行培养,是符合现代化大生产特点的一种科学的管理方法,是提高员工素质、实现文明施工的一项有效措施与手段。

②合理定置,是指将全工地施工期间所需物在空间上合理布置,实现人与物、人与场所、物与场所、物与物之间的最佳结合,使施工现场秩序化、标准化、规范化,体现文明施工水平。它是现场管理的一项重要内容,是实现文明施工的一项重要措施,是谋求改善施工现场环境的一种科学的管理办法。

③目视管理。目视管理就是利用眼睛看的管理,亦可称之为“看得见的管理”。它是利用形象直观、色彩适宜的各种视觉感知信息来组织现场施工生产活动,达到提高劳动生产率,保证工程质量,降低工程成本的目的。目视管理是一种简便适用、透明度高、便于员工自主管理、自我控制、科学组织生产的一种有效的管理方式。这种管理方式可以贯穿于施工现场管理的各个领域之中,具有其他方式不可

替代的作用。其主要内容与形式如下：

a. 施工现场各项管理制度、操作规程、工作标准、施工现场管理实施细则布告等应用看板、挂板或写后张贴在墙上公布，展示清楚。

b. 在布置过程中，以清晰的、标准化的视觉显示信息落实布置设计，实现合理定置。

c. 施工现场的管理岗位责任人采用标牌显示，以更好地落实岗位责任制，激发岗位人员的责任心，并有利于群众监督。

c. 在施工现场合理利用各种色彩、安全色、安全标志等，并实行标准化管理，有利于生产和员工的安全。

e. 将施工现场管理的各项检查结果张榜公布。

2.17.2　施工现场环境保护

环境保护是我国的一项基本国策。施工现场的环境保护，是指按照国家、地方法规和行业、企业要求，采取措施控制施工现场的各种粉尘、废水、废气、固体废弃物以及噪声、振动等对环境的污染和危害。在实际工作中要贯彻实施 ISO 14001《环境管理体系》标准。

保护和改善施工环境是保证人们身体健康、消除外部干扰保证施工顺利进行的需要，也是现代化大生产的客观要求。

环境保护的措施一般有以下几条：

(1)实行环保目标责任制。

(2)加强检查和监控工作。

(3)对要保护和改善的施工现场环境，进行综合治理。

(4)要有技术措施，严格执行国家的法律、法规。

(5)制订有效措施减轻或降低大气污染、水源污染和噪声污染。

2.18　技术经济指标评价

技术经济指标是编制工程施工组织设计的最后效果，应在编制相应的技术组织措施计划的基础上进行计算。评价一个施工方案优劣的技术经济指标有很多，结合执行情况而定，不必生搬。主要技术经济指标有：

(1)工期指标。

(2)劳动生产率指标。

(3)质量、安全指标。

(4)降低成本率。

(5)主要工序机械化施工程度。

(6)三大材料节约指标。

主要技术经济指标表达式见附录表1-8。

主要技术经济指标 附录表1-8

序号	指 标 名 称	定义或表达式
1	施工工期	从工程开工到竣工所需要的时间
2	劳动生产率	1)产值指标： $建安工人劳动生产率=\frac{自行完成施工产值}{建安工人平均人数}$(元/人) 2)实物量指标： (1)$工人劳动生产率=\frac{完成某工种工程量}{某工种平均人数}$(工程量单位/人) (2)$单位工程量用工=\frac{全部劳动工日数}{竣工面积}$(工日/单位工作量)
3	劳动力不平衡系数 K	$K=\frac{施工期高峰人数}{施工期平均人数}$
4	降低成本额和 降低成本率	1)降低成本额＝预算成本－计划成本 2)$降低成本率=\frac{降低成本额}{预算成本}\times 100\%$
5	综合机械化程度 及其他指标	1)$机械利用率=\frac{某种机械平均每台班实际产量}{某种机械台班定额产量}\times 100\%$ 2)$临时工程投资比=\frac{全部临时工程投资}{建安工程总值}$ 3)$机械化施工程度=\frac{机械化施工完成工作量(实物量)}{总工作量(实物量)}\times 100\%$

2.19 本工程需研究的关键技术课题及需进行总结的技术专题

在工程施工中，经常会遇到按常规技术和工艺施工难以解决的问题，因此有必要对工程施工中可能出现的重点、难点或关键技术问题列出研究开发课题，以便在施工中有针对性地组织人员进行技术研究和攻关，以解决重大技术难题，更好地为施工生产服务。

在技术研究和攻关取得成果后，需及时总结经验，形成总结资料并存档，以指导今后类似工程的施工。即使工程项目没有特殊技术难题，也应对工程的施工管理和施工技术进行全面总结。所以，在编制实施性施工组织设计时，要将工程需研究的关键技术难题及需进行总结的技术专题分别列出。

2.20 其他应说明的事项

在编制实施性施工组织设计过程中，可能会遗漏某些事项，或有需要附加说明的事项，对这些事项可单独补充说明。

3. 参考资料

3.1　计算临时设施各项资源需要量的参考指标与定额

3.1.1　工地加工场（厂）

（1）工地加工场（厂）的类型和结构　通常工地加工场（厂）类型主要有混凝土构件预制场、钢筋加工场、模板加工场和机械修配厂等。

各种加工场（厂）的结构形式，应根据使用期限和当地施工条件而定，使用期限较短者可采用简易结构，如一般油毡、铁皮或草屋面的竹木结构；使用期限较长者宜采用瓦屋面的砖木结构、砖石结构或装拆式活动房屋等。

（2）工地加工场（厂）面积确定　加工场（厂）的建筑面积，主要取决于设备尺寸、工艺过程、设计和安全防火等要求，通常可参考有关经验指标确定。

常用各种临时加工场（厂）的面积参考指标，见附录表 1-9 和附录表 1-10。

临时加工场（厂）所需面积参考指标　　附录表 1-9

序号	加工厂名称	年产量		单位产量所需建筑面积	占地总面积（m^2）	备注
		单位	数量			
1	混凝土搅拌站	m^3	3 200	0.022（m^2/m^3）	按砂石堆场考虑	400L 搅拌机 2 台
		m^3	4 800	0.021（m^2/m^3）		400L 搅拌机 3 台
		m^3	6 400	0.020（m^2/m^3）		400L 搅拌机 4 台
2	混凝土预制场	m^3	1 000	0.25（m^2/m^3）	2 000	生产中小型预制构件等，配有蒸养设备
		m^3	2 000	0.2（m^2/m^3）	3 000	
		m^3	3 000	0.15（m^2/m^3）	4 000	
		m^3	5 000	0.125（m^2/m^3）	小于 6 000	
3	木材加工场	m^3	15 000	0.024 4（m^2/m^3）	1 800～3 600	需进行原木、方木加工时
		m^3	24 000	0.019 9（m^2/m^3）	2 200～4 800	
		m^3	30 000	0.018 1（m^2/m^3）	3 000～5 500	
4	模板加工场	m^3	5 000	0.12（m^2/m^3）	1 350	
		m^3	10 000	0.10（m^2/m^3）	2 500	
		m^3	15 000	0.09（m^2/m^3）	3 750	
		m^3	20 000	0.08（m^2/m^3）	4 800	

续上表

序号	加工厂名称	年产量		单位产量所需建筑面积	占地总面积(m^2)	备注
		单位	数量			
5	钢筋加工场	t t t t	200 500 1 000 2 000	0.35(m^2/t) 0.25(m^2/t) 0.20(m^2/t) 0.15(m^2/t)	280~560 380~750 400~800 450~900	加工、成型、焊接
6	现场钢筋调直 冷拉拉直场卷扬机棚 冷拉场时效场	所需场地(长×宽) (70~80)m×(3~4)m (15~20)(m^2) (40~60)m×(3~4)m (30~40)m×(6~8)m				包括材料和成品堆放
7	钢筋对焊 对焊场地 对焊棚	所需场地(长×宽) (30~40)m×(4~5)m 15~24(m^2)				包括材料和成品堆放
8	钢筋冷加工 冷拔剪断机冷轧机 弯曲机 ϕ12 以下 弯曲机 ϕ40 以下	所需场地(m^2/台) 40~50 30~40 50~60 60~70				按一批加工数量计算

现场作业棚所需面积参考指标 附录表 1-10

序号	名称	单位	面积(m^2)	备注
1	木工作业棚	m^2/人	2	占地面积 2~3 倍
2	电锯房	m^2	80	86~92cm 圆锯 1 台
3	电锯房	m^2	40	小圆锯 1 台
4	钢筋作业棚	m^2/人	3	占地面积为建筑面积的 3~4 倍
5	搅拌棚	m^3/台	10~18	
6	卷扬机棚	m^3/台	6~12	
7	烘炉房	m^2	30~40	
8	焊工房	m^2	20~40	
9	电工房	m^2	15	
10	机、钳工修理房	m^2	20	
11	立式锅炉房	m^2/台	5~10	
12	发电机房	m^2/kW	0.2~0.3	
13	水泵房	m^2/台	3~8	
14	空压机房(移动式)	m^2/台	18~30	
	空压机房(固定式)	m^2/台	9~15	

对于混凝土构件预制场、模板加工场、钢筋加工场(棚)等。其建筑面积可按下式计算:

$$F = K \cdot Q/T \cdot S \cdot \alpha$$

式中:F——所需建筑面积(m^2);

K——不均衡系数,取1.3~1.5;

Q——加工总量(m^3);

T——加工总时间(月);

S——每平方米场地月平均加工量定额;

α——场地或建筑面积利用系数,取0.6~0.7。

水泥混凝土搅拌站面积用下式计算:

$$F = N \cdot A = K \cdot Q \cdot A/T \cdot R$$

式中:F——搅拌站面积(m^2);

N——搅拌机的台数(台);

A——每台搅拌机所需的面积(m^2/台);

K——不均衡系数,取1.5;

Q——混凝土总需要量(m^3);

T——混凝土工程施工总工作日;

R——混凝土搅拌机台班产量(m^3)。

大型水泥混凝土搅拌设备、沥青混凝土拌和设备以及路面基层(底基层)混合料拌和设备的场地面积,根据设备说明书的要求确定。

3.1.2 工地仓库

3.1.2.1 工地仓库类型和结构

(1)工地仓库类型 工程施工中所用临时仓库有以下几种:

①转运仓库。设在车站、码头等地用来转运货物的仓库。

②中心仓库。是专门用来储存整个工地所需贵重材料及需要整理配套材料的仓库。

③现场仓库。是专为某分项工程服务的仓库,一般均就近建在现场。

④加工场(厂)仓库。专供某加工场(厂)储存原材料、加工半成品和构件的仓库。

(2)工地仓库结构 工地仓库按保管材料的方法不同,可分为以下几种:

①露天仓库。用于堆放不因自然条件而影响性能、质量的材料。如砂石料、装配式混凝土构件等的堆场。

②库棚。用于堆放防止阳光雨雪直接侵蚀的材料。如沥青等的半封闭式仓库。

③封闭仓库。用于储存防止风霜雨雪直接侵蚀变质的物品、贵重材料以及细巧容易散失或损坏的材料。

3.1.2.2　工地仓库规划

(1)确定材料储备量　材料储备既要确保工程施工的顺利进行，又要避免材料的大量积压，以免仓库面积过大，增加投资，积压资金，通常储备量根据现场条件、供应条件和运输条件来确定。

对经常或连续使用的材料，如砂石、水泥和钢材等，可按储备期计算：

$$P = T_c \frac{Q_i \cdot K_i}{T}$$

式中：P——材料储备量(t 或 m^3 等)；

T_c——储存期(d)，

Q_i——材料、半成品的总需量(t 或 m^3 等)；

T——有关项目的施工总工作日(天)；

K_i——材料使用不均衡系数。一般采用1.2～1.5。

对于用量少，不经常使用或储备期较长的材料，可按年度需要量的百分比储备。

(2)确定仓库面积

$$F = \frac{P}{q \cdot K}$$

式中：F——仓库总面积(m^2)；

P——仓库材料储备量；

q——每平方米仓库面积能存放的材料、半成品和制品的数量；见附录表 1-11

K——仓库面积有效利用系数(考虑人行道和车道所占面积)。一般采用0.5～0.8。

每平方米面积所能储存材料的数量　　附录表 1-11

项次	材料名称	单位	每平方米面积所能堆放的数量	堆放高度(m)	包装类别	堆置方式	储存方法	备注
1	砾石、砂	m^3 t	1.50～2.00 2.60～3.40	1.5～2.0	散	堆	露天	人工堆放
2	砾石、砂	m^3 t	3.00～4.00 5.00～700	5.6～6.0	散	堆	露天	机械堆放

续上表

项次	材料名称	单位	每平方米面积所能堆放的数量	堆放高度(m)	包装类别	堆置方式	储存方法	备注
3	片石、块石	$\frac{m^3}{t}$	$\frac{1.00}{1.60}$	1.50	散	堆	露天	
4	水泥	t	1.50	1.80	袋装	码堆	仓库	
5	块石灰	t	2.25	2.50	散装	堆放	露天	
6	工字钢、槽钢	t	0.7～1.0	0.60		码堆	露天	
7	角钢	t	2.00～3.00	1.00		码堆	露天	
8	钢板	t	4.00～4.50	1.00		码堆	料棚	
9	钢筋	t	3.70～4.20	1.20		码堆	料棚	
10	盘条	t	1.50～1.90	1.00	捆	堆放	料棚	
11	石油沥青	t	0.90	1.75	桶	码堆	露天	两层皆立放
12	汽油	t	0.45～0.70	1.20～1.80	桶	码堆	半地下仓库	平放
13	圆木	$\frac{m^3}{t}$	$\frac{1.30～2.00}{0.85～1.30}$	2.00～3.00		码堆	露天	
14	方木、板材	$\frac{m^3}{t}$	$\frac{1.20～1.80}{0.75～1.20}$	2.00～3.00		码堆	料棚	

3.1.3 工地运输

3.1.3.1 工地运输的方式及特点

工地运输方式有：铁路运输、水路运输、汽车运输等。

(1)铁路运输　铁路运输具有运量大、运距长、不受自然条件限制等优点，但其投资大，筑路技术要求高，只有在拟建工程需要铺设永久性铁路专用线或者工地需从国家铁路上运输大量物料(年运输量在20万t以上者)，方采用铁路运输。

(2)水路运输　水路运输是最经济的一种运输方式，在可能条件下，应尽量采用水运。采用水运时应注意与工地内部运输配合，码头上通常要有转运仓库和卸货设备，同时还要考虑洪水、枯水期对运输的影响。

(3)汽车运输　汽车运输是目前应用最广泛的一种运输方式，其优点是机动性大，操作灵活，行使速度快，适合各类道路和物料，可直接运到使用地点，汽车运输特别适合于货运量不大、货源分散或地形复杂不宜于铺设轨道以及城市和工业区内的运输。

3.1.3.2 工地运输组织

工地运输组织规划主要解决确定运输量、选择运输方式和计算运输工具需要量等问题。

(1)确定运输量 运输总量按工程的实际需要量来确定。同时还要考虑每日的最大运输量以及各种运输工具的最大运输密度。每日运货量可用下式计算：

$$q=\frac{\sum Q_i \cdot L_i \cdot K}{T}$$

式中：q——日运货量(t·km)；

Q_i——每种货物需要总量；

L_i——每种货物从发货地点到储存地点的距离；

T——有关施工项目的施工总工日；

K——运输工作不均衡系数，铁路运输可取1.5，汽车运输可取1.2。

(2)确定运输方式 工地运输方式有铁路运输、公路运输、水路运输和特种运输(如索道)等方式。工地运输又分为场外运输和场内运输。场外运输，主要是如何利用当地的交通条件，将外购材料和物资运至工地，但场外运输不可能将工程所需的全部物资直接运至施工现场，因此在施工中工地上需要大量的场内运输。场内运输包括水平运输和垂直运输，水平运输是将材料或构件从仓库、料场或预制加工场地运至施工使用地点；垂直运输主要是修建桥梁墩台及上部构造时，将材料或构件从地面提升至使用部位。

选择运输方式，必须考虑各种因素的影响，如材料的性质、运输量的大小、超重、超高、超大、超宽设备及构件的形状尺寸、运距和期限、现有机械设备、利用永久性道路的可能性、现场及场外道路的地形、地质及水文自然条件。在有几种运输方案可供选择时，应进行全面的技术经济分析比较，确定最合适的运输方式。

(3)确定运输工具数量 运输方式确定后，就可计算运输工具的需要量。每一工作台班内所需的运输工具数量可按下式计算：

$$n=\frac{q}{c \cdot b \cdot K_1}$$

式中：n——运输工具数量；

q——每日运货量；

c——运输工具的台班生产率；

b——每日的工作班次；

K_1——运输工具使用不均衡系数。汽车可取 0.6～0.8。马车可取 0.5，拖拉机可取 0.65。

(4)确定运输道路　工地运输道路应尽可能利用永久性道路，或先修永久性道路路基并铺设简易路面。主要道路应布成环形，次要道路可布置成单行线，但应有回车场。要尽量避免与铁路交叉。

现场内临时道路技术要求和临时路面种类厚度如附录表 1-12、附录表 1-13 所示。

临时道路路面种类和厚度　　附录表 1-12

<table>
<tr><th>路面种类</th><th>特点及其使用条件</th><th>路基土质</th><th>路面厚度(cm)</th><th>材料配合比</th></tr>
<tr><td rowspan="2">级配砾石路面</td><td rowspan="2">雨天照常通车，可通行较多车辆，但材料级配要求严格</td><td>砂质土</td><td>10～15</td><td rowspan="2">体积比：
黏土：砂：石子=1：0.7：3.5
质量比：
(1)面层：黏土 13%～15%，砂石料 85%～87%
(2)底层：黏土 10%，砂石混合料 90%</td></tr>
<tr><td>黏质土或黄土</td><td>14～18</td></tr>
<tr><td rowspan="2">碎(砾)石路面</td><td rowspan="2">雨天照常通车，碎(砾)石本身含土较多，不加砂</td><td>砂质土</td><td>10～18</td><td rowspan="2">碎(砾)石>65%，当地土含量≤35%</td></tr>
<tr><td>砂质土或黄土</td><td>15～20</td></tr>
<tr><td rowspan="2">碎砖路面</td><td rowspan="2">可维持雨天通车，通行车辆较少</td><td>砂质土</td><td>13～15</td><td rowspan="2">垫层：砂或炉渣 4～5cm
底层：7～10cm 碎砖
面层：2～5cm 碎砖</td></tr>
<tr><td>黏质土或黄土</td><td>15～8</td></tr>
<tr><td rowspan="2">炉渣或矿渣路面</td><td rowspan="2">可维持雨天通车，通行车辆较少，当附近有此项材料可利用时</td><td>一般土</td><td>10～15</td><td rowspan="2">炉渣或矿渣 75%，当地土 25%</td></tr>
<tr><td>较松软土</td><td>15～30</td></tr>
<tr><td rowspan="2">砂土路面</td><td rowspan="2">雨天停车，通行车辆较少，附近不产石料而只有砂时</td><td>砂质土</td><td>15～20</td><td rowspan="2">粗砂 50%，细砂、粉砂和黏质土 50%</td></tr>
<tr><td>砂质土</td><td>15～30</td></tr>
<tr><td>风化石屑路面</td><td>雨天不通车，通行车辆较少，附近有石屑可利用</td><td>一般土</td><td>10～15</td><td>石屑 90%，黏土 10%</td></tr>
<tr><td>石灰土路面</td><td>雨天停车，通行车辆少，附近产石灰时</td><td>一般土</td><td>10～13</td><td>石灰 10%，当地土 90%</td></tr>
</table>

简易道路技术要求表　　附录表 1-13

指标名称	单位	技术指标
设计车速	km/h	≤20
路基宽度	m	双车道 6～6.5；单车道 4.4～5；困难地段3.5
路面宽度	m	双车道 5～5.5；单车道 3～3.5
平面曲线最小半径	m	平原、丘陵地区 20；山区 15；回头弯道 12
最大纵坡	%	平原地区 6；丘陵地区 8；山区 11
纵坡最短长度	m	平原地区 100；山区 50
桥面宽度	m	木桥 4～4.5

3.1.4 工地临时房屋

工地临时房屋按用途可分为办公、生活和生产三大类。

(1)办公区临建是指项目经理部为完成各项经营管理工作而建的各部门工作室。包括办公室、会议室、卫生所、试验室等。

(2)生活区临建是指项目经理部为管理层人员及内部专业施工队人员提供的生活设施。包括职工公寓、食堂、浴室、文体活动室、商店、临时招待所、行政库房、厕所等。

(3)生产区临建是指项目经理部为进行建筑安装工程施工所必需的生产性临时建筑。包括料库、料场、拌和站、预制厂、加工厂、变压器、配电室、发电机房、地中衡、制配车间、工具库、小设备存放库、油库、停车场及警卫室等。

3.1.4.1　项目经理部临时建设占地面积标准

(1)对于工程项目自行施工或自行施工工作量在30%以上的项目经理部办公区、生产区、生活区应分离设置，其规模应按工期长短、工程量大小确定其使用面积标准如附录表 1-14。

临时建设占地面积标准(自行施工)　　附录表 1-14

临时建筑	二年以上			一年至二年			一年以内		
	5 000 万元以内	5 000 万元至 1 亿元	1 亿元以上	5 000 万元以内	5 000 万元至 1 亿元	1 亿元以上	5 000 万元以内	5 000 万元至 1 亿元	1 亿元以上
办公区(m^2)	500	600	1 000	500	800	1 300	500	1 000	1 600
生活区(m^2)	1 000	1 500	2 000	1 300	1 650	2 500	1 600	1 800	3 000
生产区(m^2)	2 000	5 000	12 000	2 800	5 500	14 000	3 500	6 000	16 000

(2) 对于智力管理型的项目经理部,应采取办公、生活在一起,并与协作单位分开建设或租赁地方房屋的办法。其建筑或租赁房屋面积如附录表 1-15。

临时建设占地面积标准(智力管理型)　　附录表 1-15

临时建筑	一年以上			一年至二年			二年以内		
	5 000 万元以内	5 000 万元至 1 亿元	1 亿元以上	5 000 万元以内	5 000 万元至 1 亿元	1 亿元以上	5 000 万元以内	5 000 万元至 1 亿元	1 亿元以上
办公生活区(m^2)	500	1 000	1 600	500	1 000	1 000	500	500	700

3.1.4.2　项目经理部临时建设结构类型

临建结构类型分为简易砖房、简易木板房、能周转使用的定型钢板或隔离栅三种。要确保安全标准,要因地制宜、经济整齐。

(1)按工程的工期划分

①工期在一年以上的工程应采用简易砖房。

②工期在一年以内的工程应采用简易木板房(北方地区跨冬季除外)。

(2)按工程所在地理位置、气候条件划分

①长江以南地区应采用简易木板房或地方特殊材料建成的简易房。

②长江以北地区应采用简易砖房或简易木板房。

③工程现场有条件的项目应尽可能租房。

④工程合同金额低于 3 000 万元的项目应采用简易木板房。

3.1.4.3　项目经理部临时建设房屋面积标准

(1)办公区房屋建筑面积标准(附录表 1-16)

办公区房屋建筑面积标准(m^2)　　附录表 1-16

办公区房屋	1 亿元以下	1 亿～2 亿元	2 亿元以上	备　注
经理室	18	18	18	
书记室	18	18	18	
综合办公室	18	36	36	
工程部	36	54	72	含测量房间
合同经营部	18	18	36	
施工部	18	18	18	
材设部	18	36	36	
财会部	36	36	36	一间作公寓
会议室	36	36	36	兼文体室
卫生所	18	18	18	
试验室	60	72	90	
行政库	18	36	36	

①办公区房屋每间建筑面积应采用 18m² 为宜。

②各部门办公室除项目经理、书记外，其他人员采取部门综合办公的办法，其人均建筑面积不大于 6m²。

③项目经理部各部门办公面积的采用应根据组织机构、人员及工程量的大小确定，增加或减少房屋间数。

(2)生活区房屋建筑面积标准

①职工公寓每间房屋面积应采用 18m² 为宜。

②除项目经理、书记采取单人公寓、副职领导两人一室外，其余单身职工均采用三人一室。人均面积为 6m²。

③双职工公寓应与单身职工公寓分开安排，职工公寓应与办公区分开。

④食堂操作间面积：食堂操作间面积采用应与项目职工人数相结合，人均面积采用 0.6m² 为宜。

⑤餐厅(兼作大会议室)面积：项目餐厅面积的采用应与职工人数挂钩，人均面积采用 0.7m² 为宜。

⑥临时招待所面积：项目工作量大于 5 000 万元的工程设置三间；项目工作量小于 5 000 万元的工程设置两间，面积同职工公寓。

⑦浴室面积标准：按职工总数的 10∶1 设置淋浴器，面积按每一淋浴器 3m² 计；厕所面积按职工总数的 15∶1 设置，每一位置按 3m² 计。

(3)生产区临建房屋面积标准

生产区临建规模及标准必然受到工程规模和工期等因素的影响，项目应严格按施工组织设计的规定确定各场区面积和布置。

①试验室应按土工、混凝土、钢材、路面等材料区分布置，内部地面、墙面、台面可使用瓷砖镶面，特殊试验室可安装空调。

②配电室应考虑发电机的设置，总面积不得超过 20m²。

③材料仓库：物资供应方便地区应尽量压缩库房，减少二次倒运。

其他地区根据物资储备拟订方案报公司批准。库房建设应与材料品种相结合，但应选择简易房。费用标准采用 80 元/m² 为宜。

④修理间、钢筋、木材加工间一般只盖棚子，需要加墙的只做简单围墙。费用标准采用 60 元/m² 为宜。

3.1.5 工地供水

工地临时供水主要包括：生产供水、生活用水和消防用水等。

3.1.5.1 确定用水量

生产用水包括工程施工用水、施工机械用水。生活用水包括施工现场生活用水和生活区生活用水。

(1)工程施工用水量

$$q_1 = K_1 \cdot \frac{Q_1 \cdot N_1}{T_1 \cdot b} \times \frac{K_2}{8 \times 3600}$$

式中：q_1——施工工程用水量(L/s)；

K_1——未预见的施工用水系数(1.05～1.15)；

Q_1——年(季)度工程量(以实物计量单位表示)；

N_1——施工用水定额，见附录表1-17；

T_1——年(季)度有效工作日(d)；

b——每天工作班次；

K_2——用水不均衡系数，见附录表1-18。

施工用水参考定额 附录表1-17

序号	用水对象	单位	耗水量(L)	备注
1	浇注混凝土全部用水	m^3	1 700～2 400	
2	搅拌普通混凝土	m^3	250	
3	搅拌轻质混凝土	m^3	300～350	
4	混凝土养生(自然养生)	m^3	200～400	
5	混凝土养生(蒸汽养生)	m^3	500～700	
6	湿润模板	m^3	10～15	
7	冲洗模板	m^3	5	
8	人工洗石子	m^3	1 000	
9	机械洗石子	m^3	600	
10	洗砂	m^3	1000	
11	搅拌砂浆	m^3	300	
12	消化生石灰	t	3 000	
13	素土路面路基	m^3	0.2～0.3	

施工用水不平衡系数 K_2 附录表1-18

用水名称	系数	用水名称	系数
工程施工用水	1.50	动力设备用水	1.05～1.10
生产企业用水	1.25	施工现场生活用水	1.30～1.50
施工机械、运输机具用水	2.00	居住区生活用水	2.00～2.50

(2)施工机械用水量

$$q_2 = K_1 \sum Q_2 \cdot N_2 \cdot \frac{K_2}{8 \times 3600}$$

式中：q_2——施工机械用水量(L/s)；

K_1——未预计施工用水系数(1.05～1.15)；

Q_2——同种机械台数(台)；

N_2——施工机械用水定额，见附录表1-19；

K_2——施工机械用水不均衡系数，见附录表1-18。

施工机械用水量参考定额 附录表1-19

序号	机械名称	单位	耗水量(L)	备注
1	内燃挖土机	L/台班·m^3	200～300	以斗容量立方米(m^3)计
2	内燃起重机	L/台班·t	15～18	以起重吨数计
3	蒸汽打桩机	L/台班·t	1 000～1 200	以锤重吨数计
4	内燃压路机	L/台班·t	12～15	以压路机吨数计
5	拖拉机	L/昼夜·台	200～300	
6	汽车	L/昼夜·台	400～700	
7	空气压缩机	L/台班·(m^3/min)	40～80	以压缩空气排水量m^3/min计
8	内燃动力装置	L/台班·马力	120～300	直流水
9	内燃动力装置	L/台班·马力	25～40	循环水
10	锅炉	L/h·t	1 000	以小时蒸发量计
11	锅炉	L/h·m^2	15～30	以受热面积计
12	点焊机25型	L/h	100	
	点焊机75型	L/h	250～350	
13	对焊机	L/h	300	
14	冷拔机	L/h	300	
15	凿岩机	L/min	8～12	
	凿岩机01—45(TN—4)	L/min	5	

(3)施工现场生活用水量

$$q_3 = \frac{P_1 N_3 K_2}{b \times 8 \times 3600}$$

式中：q_3——施工现场生活用水量(L/s)；

P_1——施工现场高峰期生活人数(人)；

b——每天工作班次(班);

N_3——施工现场生活用水定额,见附录表 1-20;

K_2——施工现场生活用水不均衡系数,见附录表 1-18。

(4)生活区生活用水量

$$q_4 = \frac{P_2 N_4 K_2}{24 \times 3600}$$

式中:q_4——生活区生活用水量(L/s);

P_2——生活区居民人数(人);

N_4——生活用水定额,见附录表 1-20;

K_2——生活用水不均衡系数,见附录表 1-18。

生活用水量 $N_3(N_4)$参考定额 附录表 1-20

序号	用水对象	单位	耗水量 $N_3(N_4)$(L)	备注
1	工地全部生活用水	L/人·日	100～120	
2	生活用水(生活饮用)	L/人·日	25～30	
3	食堂	L/人·日	15～20	
4	浴室(淋浴)	L/人·次	50	
5	洗衣	L/人	30～35	

(5)消防用水量

q_5——消防用水量,见附录表 1-21。

消防用水量 附录表 1-21

序号	用水名称	火灾同时发生次数	单位	用水量
1	居住区消防用水	一次	L/s	10～15
2	施工现场消防用水	一次	L/s	10～15

(6)总用水量 Q

①当$(q_1+q_2+q_3+q_4)\leqslant q_5$ 时,则

$$Q = q_5 + \frac{1}{2}(q_1 + q_2 + q_3 + q_4)$$

②当$(q_1+q_2+q_3+q_4)>q_5$ 时,则

$$Q = q_1 + q_2 + q_3 + q_4$$

最后计算的总用水量,还应增加 10%,以补偿不可避免的水管渗漏损失。

3.1.5.2 选择水源

工地临时供水的水源,有供水管道和天然水源两种。应尽可能利用现场附近已有的供水管道,只有在工地附近没有现成的供水管道或现成给水管道无法使用,

以及给水管道供水量难以满足使用要求时，才使用江河、水库、泉水、井水等天然水源。选择水源时应注意下列因素：

(1)水量充沛可靠。

(2)生活饮用水、生产用水的水质，应符合有关规范的要求。

(3)与农业、水利综合利用。

(4)取水、输水、净水设施要安全、可靠、经济。

(5)施工、运转、管理和维护方便。

3.1.5.3 确定供水系统

临时供水系统可由取水设施、净水设施、储水构筑物（水塔或蓄水池）、输水管和配水管线综合而成。

(1)确定取水设施 取水设施一般由进水装置、进水管和水泵组成。取水口距河底（或井底）一般0.25～0.9m。给水工程所用水泵有离心泵、隔膜泵及活塞泵三种。所选用的水泵应具有足够的抽水能力和扬程。水泵应具有的扬程按下列公式计算：

①将水送至水塔时的扬程为：

$$H_p=(Z_t-Z_p)+H_t+a+\sum h'+h_s$$

式中：H_p——水泵所需扬程(m)；

Z_t——水塔处的地面高程(m)；

Z_p——泵轴中线的高程(m)；

H_t——水塔高度(m)；

a——水塔的水箱高度(m)；

$\sum h'$——从泵站到水塔间的水头损失(m)；

h_s——水泵的吸水高度(m)。

②将水直接送到用水地点时其扬程为：

$$H_p=(Z_y-Z_p)+H_y+\sum h'+h_s$$

式中：Z_y——供水对象的最大高程(m)；

H_y——供水对象最大高程处必须具有的自由水头，一般为8～10m。

(2)确定储水构筑物 一般有水池、水塔或水箱。在临时供水时，如水泵房不能连续抽水，则需设置储水构筑物。其容量以每小时消防用水决定，但不得少于10～20m^3。储水构筑物（水塔）高度与供水范围、供水对象位置及构筑物本身的位置有关，可用下式确定：

$$H_t=(Z_y-Z_t)+H_y+h$$

式中符号意义同上。

(3)确定供水管径　在计算出工地的总需水量后，可计算出输水管道的管径，公式如下：

$$D=\sqrt{\frac{4Q\times 1000}{\pi \cdot v}}$$

式中：D——输水管内径(mm)；

Q——用水量(L/s)；

v——管道中水的流速(m/s)，见附录表1-22。

临时水管经济流速表　　附录表1-22

管　径	流 速 (m/s)	
	正常时间	消防时间
1.支管 $D<0.10$m	2	
2.生产消防管道 $D=0.1\sim0.3$m	1.3	>3.0
3.生产消防管道 $D>0.3$m	1.5～1.7	2.5
4.生产用水管道 $D>0.3$m	1.5～2.5	3.0

(4)选择管材　临时给水管道，根据管道尺寸和压力大小进行选择，一般干管为钢管或铸铁管，支管为钢管。

3.1.6　工地供电

工地临时供电组织包括：计算用电总量，选择电源，确定变压器，确定导线截面面积并布置配电线路等。

3.1.6.1　工地总用电量计算

施工现场用电量大体上可分为动力用电量和照明用电量两类。计算用电量时，应考虑以下几点：

(1)全工地使用的电力机械设备、工具和照明的用电功率。

(2)施工总进度计划中，施工高峰期同时用电数量。

(3)各种电力机械的利用情况。

总用电量可按下式计算：

$$P=(1.05\sim1.10)\left(K_1\frac{\sum P_1}{\cos\phi}+K_2\sum P_2+K_3\sum P_3+K_4\sum P_4\right)$$

式中：　P——工地总用电量(kVA)；

P_1——电动机额定功率(kW)；

P_2——电焊机额定容量(kVA)；

P_3——室内照明容量(kW)；

P_4——室外照明容量(kW);

$\cos\phi$——电动机的平均功率因素(施工现场最高为 0.75～0.78,一般为 0.65～0.75);

K_1、K_2、K_3、K_4——需要系数,见附录表 1-23。

单班施工时,最大用电负荷量以动力用电量为准,不考虑照明用电。

需要系数 *K* 值 附录表 1-23

用电名称	数量	需要系数		备注
		K	数值	
电动机	3～10台 11～30台 30台以上	K_1	0.7 0.6 0.5	如施工中需用电热时,应将其用电量计算进去,为使计算接近实际,式中各项用电根据不同性质分别计算
加工厂动力设备			0.5	
电焊机	3～10台 10台以上	K_2	0.6 0.5	
室内照明		K_3	0.8	
室外照明		K_4	1.0	

施工现场的用电量也可根据附录表 1-24 所列的“施工用电参考定额”来确定。

施工用电参考定额表 附录表 1-24

序号	用电目的	用电量(W/m^2)	序号	用电目的	用电量(W/m^2)
	(一)露天场地照明			(二)室内照明	
1	人工土方施工	0.6～0.75	10	宿舍及住宅	5
2	机械化施工土方、砌石、打桩	0.8	11	厨房、食堂、普通办公室	10
3	浇筑混凝土、拌制砂浆、轧碎石及过筛	2～2.5	12	厕所	3
4	制造及装配金属结构	2.4～2.5	13	浴室、盥洗室	5
5	露天堆场	0.5	14	钢筋加工间、机修间	13
6	机械停放场	1.5～2.5		木工车间	6
7	主要人行道及车行道	5kw/km	15	锯木场	3～5
8	次要人行道及车行道	3kw/km	16	车库	6
9	警卫、照明	2	17		

3.1.6.2　选择电源

工地临时供电的电源，可利用现场附近的高压电网，申请临时加设配电变压器，这是最经济的供电方式。如果当地没有电源，或电力供应不能满足施工用电需要，则要在工地设置临时发电站。若当地电源距离工地较远，需架设较长的临时输电线路时，则应与在工地设置临时发电站的供电方式进行综合分析比较后确定。但不论采用何种供电方案，一般都要考虑在工地配置1～2台发电机作为应急时的备用，特别是对于不能停工的工作，如基础工程的施工和必须连续浇混凝土的工程，必须要有备用发电机来保证供电的可靠性。

3.1.6.3　确定变压器

变压器功率可由下式计算：

$$P=K\left(\frac{\sum P_{max}}{\cos\phi}\right)$$

式中：P——变压器输出功率(kVA)；

K——功率损失系数，取1.05；

$\sum P_{max}$——各施工区最大计算负荷(kW)；

$\cos\phi$——功率因数。

根据计算所得容量，从变压器产品目录中选用略大于该功率的变压器。

3.1.6.4　确定配电导线截面积

配电导线要正常工作，必须具有足够的力学强度、耐受电流通过所产生的温升并且使得电压损失在允许范围内，因此，选择配电导线有以下三种方法：

(1)按机械强度确定　导线必须具有足够的机械强度以防止受拉或机械损伤而折断。

(2)按允许电流强度选择　导线必须能够承受负荷电流长时间通过所引起的温升。

①三相四线制线路上的电流强度可按下式计算：

$$I=\frac{P}{\sqrt{3}\cdot V\cdot\cos\phi}$$

②二线制线路的电流强度可按下式计算：

$$I=\frac{P}{V\cdot\cos\phi}$$

式中：I——电流强度(A)；

P——功率(W)；

V——电压(V)；

$\cos\phi$——功率因数，临时管网取0.7～0.75。

制造厂家根据导线的容许温升，制定了各类导线在不同的敷设条件下的持续容许电流值，选择导线时，导线中的电流不能超过此值。

(3)按容许电压降确定　导线上引起的电压降必须限制在一定限度内。配电导线的截面可用下式确定：

$$S=\frac{\sum P\cdot L}{C\cdot\varepsilon}$$

式中：S——导线断面积(mm^2)；

P——负荷电功率或线路输送的电功率(kW)；

L——送电线路的距离(m)；

C——电压利用系数，视导线材料，送电电压及配电方式而定，见附录表1-25；

ε——容许的相对电压降(即线路的电压损失百分比)。动力负荷为10%、照明负荷为6%、动力照明混用为8%。

按允许电压降计算时的C值　附录表1-25

线路额定电压(V)	线路系统及电流种类	系数C值	
		铜线	铝线
380/220	三相四线	77	46.3
380/220	二相三线	34	20.5
220		12.8	7.75
110		3.2	1.9
36		0.34	0.21
24	单线或直流	0.153	0.092
12		0.038	0.023

所选用的导线截面应同时满足以上三项要求，即以求得的三个截面积中最大者为准，从导线的产品目录中选用线芯。通常先根据负荷电流的大小选择导线截面，然后再以机械强度和允许电压降进行复核。

3.1.7 工地临时供热

工地临时供热主要是为了冬季施工的需要，如预制混凝土构件或现浇混凝土结构的蒸汽养生，施工用水和砂石材料的加热，以及北方寒冷地区工地办公室、宿舍和食堂等内部的冬季取暖。

临时供热的热源，一般是设立临时性的锅炉房或火炉等分散设备。临时供热的蒸汽用量按下式计算：

$$W=\frac{Q}{IH}$$

式中：W——蒸汽用量(kg/h)；

Q——所需总热量(J/h)；

I——在一定压力下蒸汽的含热量(J/ kg)，可查有关热工手册；

H——有效利用系数，一般取 0.4～0.5。

建筑物内部采暖耗热量用下式计算：

$$Q=\sum FK\ (T_n-T_v)a$$

式中：Q——建筑物内部采暖所需热量(J/h)；

F——围护结构的表面积(m^2)；

K——围护结构的导热系数($J/M^2\cdot ℃\cdot h$)，可查有关热工手册；

T_n——室内计算温度(℃)，根据房屋用途确定，$T_n=16～25℃$；

T_v——室外计算温度(℃)，按各地规定；

a——考虑门窗缝隙透风的系数，一般情况下 $a=1.3～2.6$，急风吹袭下 $a=1.5～3.0$，保温性能好及不易透风的建筑取低值。

蒸汽压力根据供热距离来确定，供热距离在 300m 以内时，蒸汽压力为 30～50kPa；供热距离在 1 000m 以内时，则需 200kPa。

蒸汽压力确定后，可计算出所需蒸汽用量，然后查阅有关锅炉手册来选定锅炉型号。

3.2 建设地区原始资料调查提纲

施工组织设计的目的，是根据施工现场的具体情况，科学地安排人力和物力，并合理地组织施工。因此在设计前要尽可能地对工地情况调查了解清楚。

调查了解的内容，依工程规模和要求而定，事先拟订一个调查提纲，提纲内容可参考附录表 1-26～附录表 1-30。

气象、地质调查表 附录表 1-26

项目	调查内容	调查目的
气温	1. 年平均、最高、最低、最冷、最热月份的逐日平均温度； 2. 冬、夏季室外计算温度； 3. ＝－3℃、0℃、5℃的天数、起止时间	1. 确定防暑降温的措施； 2. 确定冬期施工措施； 3. 估计混凝土、砂浆强度
雨(雪)	1. 雨季起止时间； 2. 月平均降雨(雪)量、最大降雨(雪)量、一昼夜最大降雨(雪)量； 3. 全年雷暴天气	1. 确定雨期施工措施； 2. 确定工地排水、防洪方案； 3. 确定防雷设施
风	1. 主导风向及频率(风玫瑰图)； 2. ≥8 级风的全年天数、时间	1. 确定临时设施的布置方案； 2. 确定高空作业及吊装的技术安全措施
地形	1. 区域地形图：1/10 000～1/25 000； 2. 工程位置地形图：1/1 000～1/2 000； 3. 该地区城市规划图； 4. 经纬坐标桩、水准基桩位置	1. 选择施工用地； 2. 布置施工总平面图； 3. 场地平整及土方量计算； 4. 了解障碍物及其数量
地质	1. 钻孔布置图； 2. 地质剖面图：土层类别、厚度； 3. 物理力学指标：天然含水量、孔隙比、塑性指数、渗透系数、压缩试验及地基土强度； 4. 地层的稳定性：断层滑块、流沙； 5. 最大冻结深度； 6. 地基土破坏情况：枯井、古墓、防空洞及地下构筑物	1. 土方施工方法的选择； 2. 地基土的处理方法； 3. 基础施工方法； 4. 复核地基基础设计； 5. 拟订障碍物拆除方案
地震	地震等级	确定对基础影响、注意事项
地下水	1. 最高、最低水位及时间； 2. 水的流速、流向、流量； 3. 水质分析：水的化学成分； 4. 抽水试验	1. 基础施工方案选择； 2. 降低地下水的方法； 3. 拟订防止侵蚀性介质的措施
地面水	1. 临近江河湖泊距工地的距离； 2. 洪水、平水、枯水期的水位、流量及航道深度； 3. 水质分析； 4. 最大最小冻结深度及结冻时间	1. 确定临时给水方案； 2. 确定运输方式； 3. 确定水上工程施工方案； 4. 确定防洪方案

注：资料来源由当地气象台、主体设计单位、勘察单位提供。

交通运输条件调查表 附录表 1-27

序号	项目	调 查 内 容	调 查 目 的
1	铁路	1. 临近铁路专用线、车站至工地的距离及沿途运输条件； 2. 站场卸货线长度，起重能力和储存能力； 3. 装载单个货物的最大尺寸、重量的限制； 4. 运费、装卸费和装卸力量	1. 选择运输方式； 2. 拟订运输计划
2	公路	1. 主要材料产地至工地的公路等级，路面构造宽度及完好情况，允许最大载重量，途经桥涵等级，允许最大载重量； 2. 当地专业运输机构及附近村镇能提供的装卸，运输能力，汽车、畜力、人力车的数量及运输效率，运费、装卸费； 3. 当地有无汽车修配厂，修配能力和至工地距离	1. 选择运输方式； 2. 拟订运输计划
3	航运	1. 货源、工地至临近河流、码头渡口的距离，道路情况； 2. 洪水、平水、枯水期时，通航的最大船只及吨位，取得船只的可能性； 3. 码头装卸能力，最大起重量，增设码头的可能性； 4. 渡口的渡船能力；同时可载汽车、马车数，每日次数，能为施工提供的能力； 5. 运费、渡口费、装卸费	1. 选择运输方式； 2. 拟订运输计划

注：资料来源于当地铁路、公路运输、航运管理局的业务部门。

水、电、蒸汽等条件调查表 附录表 1-28

序号	项目	调 查 内 容	调 查 目 的
1	供排水	1. 工地用水与当地现有水源连接的可能性、可供水量、接管地点、管径、材料、埋深、水压、水质及水费；至工地距离、沿途地形、地物状况； 2. 自选临时江河水源的水质、水量、取水方式，至工地距离，沿途地形、地物状况；自选临时水井的位置、深度、管径、出水量和水质； 3. 利用永久性排水设施的可能性，施工排水的去向、距离和坡度；有无洪水影响，防洪设施状况	1. 确定生活、生产供水方案； 2. 确定工地排水方案和防洪设施； 3. 拟订供排水设施的施工进度计划
2	供电与电信	1. 当地电源位置，引入的可能性，可供电的容量、电源、导线截面和电费；引入方向，接线地点及其至工地距离，沿途地形、地物的状况； 2. 建设单位和施工单位自有的发、变电设备的型号、台数和容量； 3. 利用临近电信设施的可能性，电话局等至工地的距离，可能增设电信设备、线路的情况	1. 确定供电方案； 2. 确定通信方案； 3. 拟订供电、通信设施的施工进度计划

注：资料来源于当地自来水、电业、电信、建设等单位。

参加施工各单位情况调查表 附录表1-29

序号	项目	调查内容	调查目的
1	工人	1. 工人的总数、各专业工种的人数,能投入本工程的人数; 2. 专业分工及一专多能情况; 3. 定额完成情况	1. 了解分包单位的技术、管理水平; 2. 选择分包单位; 3. 为编制施工组织设计提供依据
2	管理人员	1. 管理人员总数,各种人员比例及其人数; 2. 工程技术人员的人数,专业构成情况	
3	施工机械	1. 名称、型号、规格、台数及其新旧程度(列表); 2. 总装配程度,技术装备率和动力装备率; 3. 拟增购的施工机械明细表	
4	施工经验	1. 历史上曾经施工过的主要工程项目; 2. 习惯采用的施工方法,曾采用过的先进施工方法; 3. 科研成果和技术更新情况	
5	主要指标	1. 劳动生产率指标:产值,产量,全员,建安劳动生产率; 2. 质量指标:产品优良率及合格率; 3. 安全指标:安全事故频率; 4. 利润成本指标:产值、资金利润率、成本计划实际降低率; 5. 机械化、工厂化施工程度; 6. 机械设备完好率、利用率和效率	

注:资料来源于施工企业及其主管单位。

社会劳动力和生活设施调查表 附录表1-30

序号	项目	调查内容	调查目的
1	社会劳动力	1.少数民族地区的风俗习惯; 2.当地能提供的劳动力人数,技术水平和来源; 3.上述人员的生活安排	1.拟订劳动力计划; 2.安排临时设施
2	房屋设施	1. 必须在工地居住的单身人数和户数; 2. 能作为施工用的现有的房屋栋数,每栋面积,结构特征,总面积、位置、水、暖、电、卫设备状况; 3. 上述建筑物的适宜用途;用作宿舍、食堂、办公室的可能性	1.确定原有房屋为施工服务的可能性; 2.安排临时设施
3	周围环境	1. 主、副食品供应,日用品供应;消防治安等机构能为施工提供的支援能力; 2. 临近医疗单位至工地的距离,可能就医情况; 3. 当地公共汽车、邮电服务情况; 4. 周围是否存在有害气体,污染情况,有无地方病	安排职工生活基地,解除后顾之忧

注:资料来源于当地劳动、商业、卫生、邮电、交通主管部门等。

3.3 编制实施性施工组织设计的参考目录

1. 编制说明(或前言)
2. 编制依据
3. 工程概况
   3.1 工程项目的主要情况
   3.2 施工条件
   3.3 工程施工的特点分析
   3.4 工程项目划分(单位工程、分部工程、分项工程)
4. 施工准备工作计划
   4.1 技术准备
   4.2 劳动组织准备
   4.3 物资准备
   4.4 施工现场准备
   4.5 施工准备工作计划表
5. 工程施工的总体部署
   5.1 施工管理机构
   5.2 施工任务划分
   5.3 施工顺序
6. 大型临时设施
   6.1 说明
   6.2 大型临时设施工程表
7. 主要工程项目的施工方案(包括施工工艺)
8. 施工进度计划
   8.1 说明
   8.2 施工进度计划表
9. 施工总平面图
   9.1 说明
   9.2 施工总平面图
10. 各项资源需要量及进场计划
    10.1 劳动力需要量及进退场计划
    10.2 主要材料需要量及进场计划
    10.3 主要施工机具、设备需要量及进退场计划

11. 资金需要量计划

11.1 说明

11.2 资金需要量计划表

12. 季节性施工的技术组织保证措施

12.1 冬季施工的技术组织保证措施

12.2 雨季施工的技术组织保证措施

12.3 特殊地区施工的技术组织保证措施

13. 施工进度保证措施

13.1 技术、质量保证措施

13.2 资源配置保证措施

13.3 资金保证措施

13.4 组织保证措施

13.5 进度目标的动态管理

14. 降低成本措施

15. 质量管理与质量控制的组织保证措施

15.1 质量目标

15.2 工程创优计划

15.3 质量体系的建立与运行

15.4 质量保证体系

15.5 质量控制的程序与具体措施

16. 安全施工的组织保证措施

16.1 安全施工管理的原则

16.2 安全施工保证体系

16.3 安全管理的具体措施

16.3.1 落实安全责任,实施责任管理

16.3.2 安全教育与培训

16.3.3 安全检查

16.3.4 安全技术交底

16.3.5 建立健全规章制度

17. 文明施工和环境保护的措施

17.1 文明施工的措施

17.1.1 组织管理措施

17.1.2 现场管理措施

17.2 环境保护措施

17.2.1 组织管理措施

17.2.2 现场管理措施

18. 主要技术经济指标评价

19. 本工程需研究的关键技术课题及需进行总结的技术专题

20. 其他应说明的事项

附录二　公路工程相关法律法规，标准、规范、规程及参考书目

为使项目总工程师了解、熟悉与其工作有关的法律法规，设计、施工标准、规范、规程，规章制度，较重要的参考资料，本书特将其书目名称与编号(或发文号)分门别类摘录如下，以方便大家查询。

1. 公路工程相关的法律法规

(1)中华人民共和国公路法(2004 年 8 月 28 日第 19 号主席令)

(2)公路建设市场管理办法(交通部令 2004 年第 14 号)

(3)公路建设市场准入规定(交通部令 2000 年第 6 号)

(4)公路工程施工招标投标管理办法(交通部令 2006 年第 7 号)

(5)公路工程施工监理招标投标管理办法(交通部令 2006 年第 5 号)

(6)公路建设监督管理办法(中华人民共和国交通部令 2000 年第 8 号)

(7)公路建设四项制度实施办法(交通部令 2000 年第 7 号)(四项制度是公路建设项目法人责任制度、招标投标制度、工程监理制度和合同管理制度)

(8)公路建设项目法人资格标准(试行)(交通部交公路发[2001]583 号)

(9)建设工程勘察设计管理条例(2000 年 9 月 25 日第 293 号国务院令)

(10)公路工程设计变更管理办法(交通部令 2005 年第 5 号)

(11)公路养护工程管理办法(交公路发[2001]327 号)

(12)公路建设项目水土保持工作规定(水保[2001]12 号)

(13)农村公路建设管理办法(交通部令 2006 年第 3 号)

(14)农村公路改造工程管理办法(发改交运[2005]1829 号)

(15)建设工程质量管理条例(2000 年 1 月 30 日第 279 号国务院令)

(16)公路工程质量管理办法(交公路发[1999]90 号)

(17)公路工程质量监督规定(交通部令 2005 年第 4 号)

(18)公路工程试验检测机构资质管理暂行办法(公监字[1997]162 号)

(19)公路水运工程试验检测管理办法(交通部令 2005 年第 12 号)

(20)公路工程竣(交)工验收办法(交通部 2004 年第 3 号令)

(21)公路工程竣工文件材料立卷归档管理办法(交办发[2001]390 号)

(22)中华人民共和国档案法(1996 年 7 月 5 日第 71 号主席令)

(23)科学技术评价办法(试行)(国科发基字[2003]308 号)

(24)交通部科技项目管理办法(交科教发[2004]548 号)

(25)公路交通优秀勘察奖、优秀设计奖评选管理办法(交公路发[2006]178 号)

(26)公路交通优质工程奖评选办法(交公路发[2006]178 号)

2. 现行公路工程相关标准、规范、规程(附录表 2-1)

现行公路工程标准、规范、指南一览表 附录表 2-1

序号	类别	编号	名称
1	基础	JTJ 002—87	公路工程名词术语
2		JTJ 003—86	公路自然区划标准
3		JTJ/T 0901—98	1∶1 000 000 数字交通图分类与图示规范
4		JTG B01—2003	公路工程技术标准
5		ZTJ 004—89	公路工程抗震设计规范
6		JTG B03—2006	公路建设项目环境影响评价规范
7		JTJ/T 006—98	公路环境保护设计规范
8		JTG/T B05—2004	公路项目安全性评价指南
9		JTG/T B07-1—2006	公路工程混凝土结构防腐蚀技术规范
10	勘测	JTGC10—2007	公路勘测规范
11		JTG/T C10—2007	公路勘测细则
12		JTJ 064—98	公路工程地质勘察规范
13		JTG/T C21-01—2005	公路工程地质遥感勘察规范
14		JTG/T C30—2003	公路工程水文勘测设计规范
15		CJJ8—99	城市测量规范

续上表

序号	类别		编　号	名　称
16	设计	公路	JTG D20—2006	公路路线设计规范
17			JTG D30—2004	公路路基设计规范
18			JTG D40—2003	公路水泥混凝土路面设计规范
19			JTG D50—2006	公路沥青路面设计规范
20			JTJ 018—96	公路排水设计规范
21			JTJ/T 019—98	公路土工合成材料应用技术规范
22		桥涵	JTG D60—2004	公路桥涵设计通用规范
23			JTG/T D60-01—2004	公路桥梁抗风设计规范
24			JTG/T D65-04—2004	公路涵洞设计细则
25			JTG D61—2005	公路圬工桥涵设计规范
26			JTG D62—2004	公路钢筋混凝土及预应力混凝土桥涵设计规范
27			JTJ 024—85	公路桥涵地基与基础设计规范
28			JTJ 025—86	公路桥涵钢结构及木结构设计规范
29			JTJ 027—96	公路斜拉桥设计规范(试行)
30		隧道	JTG D70—2004	公路隧道设计规范
31			JTJ 026.1—1999	公路隧道通风照明设计规范
32			JTG/T D71—2004	公路隧道交通工程设计规范
33		交通工程	JTG D80—2006	高速公路交通工程及沿线设施设计通用规范
34			JTG D81—2006	公路交通安全设施设计规范
35			JTG/T D81—2006	公路交通安全设施设计细则
36	检测		JTJ 051—93	公路土工试验规程
37			JTJ 052—2000	公路工程沥青及沥青混合料试验规程
38			JTG E30—2005	公路工程水泥及水泥混凝土试验规程
39			JTG E41—2005	公路工程岩石试验规程
40			JTJ 056—84	公路工程水质分析操作规程
41			JTJ 057—94	公路工程无机结合料稳定材料试验规程
42			JTG E42—2005	公路工程集料试验规程
43			JTJ 059—95	公路路基路面现场测试规程
44			JTG E50—2006	公路土工合成材料试验规程

续上表

序号	类别		编号	名称
45	施工	公路	JTG F10—2006	公路路基施工技术规范
			JTJ 034—2000	公路路面基层施工技术规范
			JTG F30—2003	公路水泥混凝土路面施工技术规范
46			JTG 037.1—2000	公路水泥混凝土路面滑模施工技术规程
			JTG F40—2004	公路沥青路面施工技术规范
			CJJ69—95	城市人行天桥与人行地道技术规范
47			CJJ44—91	城市道路路基工程施工及验收规范
			CJJ43—91	热拌再生沥青混合料路面施工及验收规程
			CJJ42—91	乳化沥青路面施工及验收规程
48			CJJ35—90	钢渣石灰类道路基层施工及验收规范
			CJJ4—97	粉煤灰石灰类道路基层施工及验收规程
			CJJ74—99	城镇地道桥顶进施工及验收规程
49			CJJ2—90	市政桥梁工程质量检验评定标准
			CJJ1—90	市政道路工程质量检验评定标准
50		桥隧	JTJ 041—2000	公路桥涵施工技术规范
51			JTG/T F81-01—2004	公路工程基桩动测技术规程
52			JTJ 042—94	公路隧道施工技术规范
53		交通	JTG F71—2006	公路交通安全设施施工技术规范
54			JTG/T F83-01—2004	高速公路护栏安全性能评价标准
55	质检安全		JTJ 076—95	公路工程施工安全技术规程
56			JTG F80/1—2004	公路工程质量检验评定标准(土建工程)
57			JTG F80/2—2004	公路工程质量检验评定标准(机电工程)
58			JTG G10—2006	公路工程施工监理规范
59	养护管理		JTJ 073—96	公路养护技术规范
60			JTJ 073.1—2001	公路水泥路面养护技术规范
61			JTJ 073.2—2001	公路沥青混凝土路面养护技术规范
62			JTG H11—2004	公路桥涵养护规范
63			JTG H12—2003	公路隧道养护技术规范
64			JTJ 075—94	公路养护质量检查评定标准
65			JTG H30—2004	公路养护安全作业规程

续上表

序号	类别	编　号	名　称
66	技术指南	中建标公路[2002]1 号	公路沥青玛蹄脂碎石路面技术指南
67		交公便字[2005]330 号	公路机电系统维护技术指南
68		交公便字[2006]02 号	公路工程水泥混凝土外加剂与掺合料应用技术指南
69		交公便字[2005]329 号	微表处和稀浆封层技术指南
70		交公便字[2005]329 号	公路冲击碾压应用技术指南
71		交公便字[2006]02 号	公路工程抗冻设计与施工技术指南
72			横张预应力混凝土桥梁设计施工指南
73		交公便字[2006]02 号	公路土钉支护技术指南
74		交公便字[2006]274 号	公路钢箱梁桥面铺装设计与施工技术指南
75		交公便字[2006]243 号	盐渍土地区公路设计与施工指南
76		厅公路字[2006]418 号	公路安全保障工程实施技术指南
77	定额	交通部定额站	公路基本建设工程概算、预算编制办法
78			公路工程概算定额
79			公路工程预算定额
80			公路工程机械台班费用定额
81			公路建设项目用地指标

3. 参考书目

(1)道路建筑工程材料手册(人民交通出版社)
(2)公路施工手册　桥涵(人民交通出版社)
(3)公路工程施工项目试验员实用手册(人民交通出版社)
(4)公路施工手册　路基(人民交通出版社)
(5)公路压实与压实标准(人民交通出版社)
(6)软土地基沉降计算(人民交通出版社)
(7)水泥混凝土路面滑模施工技术(人民交通出版社)
(8)路桥施工计算手册(人民交通出版社)
(9)桥梁施工工程师手册(人民交通出版社)
(10)工程师通用手册(江苏科学技术出版社)
(11)中国土木工程手册(上海科学技术出版社)
(12)斜拉桥(人民交通出版社)
(13)斜拉桥建造技术(人民交通出版社)

(14)悬索桥上部结构施工(人民交通出版社)
(15)公路桥涵施工技术规范实施手册(人民交通出版社)
(16)路桥施工常用数据手册(人民交通出版社)
(17)风荷载计算(中国铁道出版社)
(18)现代混凝土配合比设计手册(人民交通出版社)
(19)混凝土外加剂工程应用手册(中国建筑工业出版社)
(20)预应力混凝土有黏结及无黏结预应力技术问答(中国环境科学出版社)
(21)混凝土试验员手册(中国建筑科学研究院)
(22)公路工程试验与检测(人民交通出版社)
(23)钢结构设计与计算(机械工业出版社)
(24)钢结构事故分析与处理(中国建材工业出版社)
(25)沥青路面施工机械与机械化施工(人民交通出版社)
(26)工程机械施工手册(中国铁道出版社)
(27)简明工程机械施工手册(人民交通出版社)
(28)公路工程质量通病防治指南(人民交通出版社)
(29)土木工程测试技术手册(同济大学出版社)
(30)改性沥青与 SMA 路面(人民交通出版社)
(31)乳化沥青及稀浆封层技术(人民交通出版社)
(32)沥青及沥青混合料路用性能(人民交通出版社)
(33)高速公路沥青路面早期破坏现象及预防(人民交通出版社)
(34)沥青路面施工与维修技术(人民交通出版社)
(35)高等级公路半刚性基层沥青路面(人民交通出版社)
(36)沥青加热技术(人民交通出版社)
(37)现代隧道技术(中铁西南科学研究院)
(38)隧道工程现场施工技术(人民交通出版社)
(39)公路隧道设计与施工新法(人民交通出版社)
(40)隧道防排水工程指南(人民交通出版社)
(41)锚杆支护配套技术设计与施工(中国计划出版社)
(42)隧道工程设计要点集(人民交通出版社)
(43)隧道工程施工要点集(人民交通出版社)
(44)隧道工程维修管理要点集(人民交通出版社)
(45)特殊地质公路隧道动态设计施工技术(人民交通出版社)

(46)隧道工程地质与声波探测技术(西南交通大学出版社)

(47)隧道工程试验检测技术(人民交通出版社)

(48)土木工程测量(同济大学出版社)

(49)公路施工测量技术(人民交通出版社)

(50)土木工程施工合同条件应用指南(FIDIC 合同第四版)(航空工业出版社)

(51)英汉道路工程词汇(第四版)(人民交通出版社)

附录三　中交第一公路工程局有限公司工程获奖情况

1. 获省部级以上优质工程奖项目一览表

序号	获奖工程项目	奖项名称	获奖时间	授奖单位
1	天津塘沽新港四号公路路基工程	1983年度部级优质工程	1984.4	交通部
2	天津塘沽新港三港池后方杂货堆场工程	1983年度部级优质工程	1984.4	交通部
3	小清河大桥	1984年度部级优质工程	1985.4	交通部
4	京秦铁路北京十字疏解朝阳区段立交工程	1984年度部级优质工程	1985.4	交通部
5	津塘疏港公路	1985年度部级优质工程	1986.9	交通部
6	京石公路一、二期工程	全国公路工程优质工程一等奖	1990.2	交通部
7	京石公路永定河大桥	全国公路工程优质工程一等奖	1990.2	交通部
8	内蒙乌海黄河公路大桥	全国公路工程优质工程一等奖	1990.2	交通部
9	呼喇公路	部级优质工程	1990.2	交通部
10	京石公路永定河大桥	国家优质工程银质奖章	1990.10	国家技术监督局、国家质量奖审定委员会
11	国道107线新庄至山彪工程六标段	107国道优质工程金马奖	1991.4	新乡市人民政府
12	天津塘沽新港东突堤南侧堆场道路工程	部级优质工程	1992.2	交通部
13	京石公路三期工程	1992年度全国公路工程优质工程一等奖	1993.3	交通部

续上表

序号	获奖工程项目	奖项名称	获奖时间	授奖单位
14	京榆公路	1992年度部级优质工程二等奖	1993.3	交通部
15	京榆公路潮白河大桥	1992年度部级优质工程二等奖	1993.3	交通部
16	国道107线新庄至山彪工程六标段	1992年度部级优质工程三等奖	1993.3	交通部
17	厦门大桥	1992年度福建省工程建设省级优质工程	1993.1	福建省建设委员会
18	厦门大桥	1993年度建设部优质样板工程	1994.1	建设部
19	厦门大桥	1993年度建筑工程鲁班奖	1994.12	中国建筑业协会
20	首都机场高速公路道桥工程	1993年度市级优质工程（样板）	1994.7	北京市创优质工程活动领导小组
21	首都机场高速公路道桥工程	1994年度建设部优质样板工程	1994.12	建设部
22	首都机场高速公路道桥工程	1994年度全国公路工程优质工程一等奖	1996.3	交通部
23	京津塘高速公路	1994年度全国公路工程优质工程一等奖	1996.3	交通部
24	京津塘高速公路	中国建筑工程鲁班奖（国家优质工程）	1996.10	建设部办公厅、中国建筑业协会
25	京石公路北京段四期工程	1994年度全国公路工程优质工程二等奖	1996.3	交通部
26	沪宁公路二期安亭至新庄段工程	1994年度全国公路工程优质工程二等奖	1996.3	交通部
27	太旧高速公路武宿立交桥	中国建筑工程鲁班奖（国家优质工程）	1996.10	建设部办公厅、中国建筑业协会

续上表

序号	获奖工程项目	奖项名称	获奖时间	授奖单位
28	青岛女姑山跨海大桥	1997年度山东省建筑工程质量泰山杯奖(省优质工程)	1997.9	山东省建筑工程管理局、山东省建筑业联合会
29	太原至旧关高速公路	中国建筑工程鲁班奖(国家优质工程)	1997.12	建设部办公厅、中国建筑业协会
30	石安高速公路B合同路面工程	优质路面工程	1998.1	河北省交通厅
31	济青高速公路	1996年和1997年度全国公路工程优质工程一等奖	1998.3	交通部
32	北京八达岭高速公路一期主路主桥工程	长城杯奖	1998.10	北京市城乡建设委员会
33	沪宁高速公路江苏段	中国建筑工程鲁班奖(国家优质工程)	1998.12	建设部办公厅、中国建筑业协会
34	秦皇岛煤码头四期工程	水运工程质量奖	1999.9	交通部
35	厦门大桥	福建省双十佳建筑	1999.12	福建省第二届双十佳建筑组评委员会
36	山西太旧高速公路13标段	1999年度全国公路施工企业劳动竞赛优质工程	2000.2	中国公路运输工会全国委员会
37	沪宁高速公路江苏段A标段	1999年度全国公路施工企业优质工程劳动竞赛优质工程	2000.2	中国公路运输工会全国委员会
38	交通部公路交通试验场	1999年度交通部公路工程优质工程一等奖	2000.2	交通部
39	青岛女姑山跨海大桥	1999年度交通部公路工程优质工程二等奖	2000.2	交通部
40	京津塘高速公路	首届中国土木工程(詹天佑)大奖	2000.5	中国土木工程学会、中国科学技术发展基金会、詹天佑土木工程科技发展基金

续上表

序号	获奖工程项目	奖项名称	获奖时间	授奖单位
41	沪宁高速公路(江苏段)	首届中国土木工程(詹天佑)大奖	2000.5	中国土木工程学会、中国科学技术发展基金会、詹天佑土木工程科技发展基金
42	山西大运高速公路原平至太原段	山西省建筑工程汾水杯质量奖	2001.2	山西省建筑业协会
43	连徐高速公路A—8标段	2000年度全国公路施工企业优质工程劳动竞赛优质工程	2001.3	中国公路运输工会全国委员会
44	交通部公路汽车试验场工程	国家工程建设银质奖章	2001.7	国家工程建设质量奖审定委员会
45	北京市四环快速路南四环工程	2000年度“长城杯”工程	2001.8	北京市优质工程评审委员会
46	京珠高速公路第二合同段	2001年度全国公路施工企业优质工程劳动竞赛优质工程	2002.1	中国公路运输工会全国委员会
47	106国道京开高速公路北京段	2001年度“长城杯”工程	2002.9	北京市优质工程评审委员会
48	106国道京开高速公路黄村高架桥	2001年度北京市优质结构工程	2002.9	北京市优质工程评审委员会
49	交通部公路交通试验场	第二届詹天佑土木工程大奖	2002.11	中国土木工程学会、中国科学技术发展基金会、詹天佑土木工程科技发展基金
50	八达岭高速公路(二期)工程	第二届詹天佑土木工程大奖	2002.11	中国土木工程学会、中国科学技术发展基金会、詹天佑土木工程科技发展基金

续上表

序号	获奖工程项目	奖项名称	获奖时间	授奖单位
51	京沪高速公路淮阴至江都段	2002年度交通部公路工程优质工程一等奖	2003.2	交通部
52	京沪高速公路新沂至淮阴段	2002年度交通部公路工程优质工程一等奖	2003.2	交通部
53	京沈高速公路绥中(山海关)至沈阳段	2002年度交通部公路工程优质工程一等奖	2003.2	交通部
54	潍坊至莱阳高速公路	2002年度交通部公路工程优质工程一等奖	2003.2	交通部
55	许昌至漯河高速公路	2002年度交通部公路工程优质工程三等奖	2003.2	交通部
56	津蓟高速公路	天津市"海河杯"奖	2003.12	天津市建筑业协会
57	济泰高速公路崮山立交桥	2003年度国家优质工程银质奖	2004.1	国家工程建设质量奖审定委员会
58	原平至太原高速公路	2003年度国家优质工程银质奖	2004.1	国家工程建设质量奖审定委员会
59	北京五环路三期6标工程	2002年度市政基础设施长城杯金质奖	2004.2	北京市建设委员会、北京市人事局
60	京承高速一期4标桥梁工程	2002年度市政基础设施长城杯金质奖	2004.2	北京市建设委员会、北京市人事局
61	津蓟高速公路	国家优质工程银质奖	2005.1	国家工程建设质量奖审定委员会
62	杭宁高速公路(浙江段)二期工程	2004年度国家优质工程银质奖	2005.1	国家工程建设质量奖审定委员会

续上表

序号	获奖工程项目	奖项名称	获奖时间	授奖单位
63	汾灌高速公路	江苏省2004年度“扬子杯”	2005.1	江苏省建设厅
64	北京五环路四期13标工程	2003年度市政基础设施长城杯金质奖	2005.2	北京市建设委员会、北京市人事局
65	北京五环路工程	2005年度国家优质工程银质奖	2005.12	国家工程建设质量奖审定委员会

2. 获省部级以上科技进步成果奖项目一览表

序号	获奖项目名称	获奖等级	获奖时间	授奖单位
1	LT—6型沥青混凝土摊铺机	全国科学技术成果奖	1978	全国科技大会
2	F型自卸车的研制	交通科技进步三等奖	1980	交通部
3	短密砂井加固塘沽新港软土路基科研项目	交通部重大科技成果三等奖	1981	交通部
4	京津塘地区软土路基处理的研究	交通科技进步三等奖	1988	交通部
5	公路工程质量检验评定标准	交通科技进步三等奖	1990	交通部
6	厦门大桥	交通科技进步三等奖	1994	交通部
7	厦门大桥	1991年度厦门市科技进步成果一等奖	1991.11	厦门市人民政府
8	京津塘高速公路工程建设成套技术	交通科技进步特等奖	1996	交通部
9	京津塘高速公路工程建设成套技术	国家科技进步一等奖	1997	国家科学技术委员会

3. 获省部级以上优秀质量管理小组统计表

序号	获奖QC小组名称	奖励称号	获奖时间	授奖单位
1	二公司如何保证二灰土(渣)路面基层施工质量QC小组	交通部优秀质量管理小组	1986	交通部
2	机械厂洒水车QC小组	交通部优秀质量管理小组	1989	交通部
3	厦门大桥一工区箱梁质量创优QC小组	全国工程建设优秀质量管理小组	1990	国家工程建设质量奖审定委员会

续上表

序号	获奖 QC 小组名称	奖 励 称 号	获奖时间	授 奖 单 位
4	一公司京津塘高速公路路面 QC 小组	全国工程建设优秀质量管理小组	1991	国家工程建设质量奖审定委员会
5	一公司京津塘高速公路路面 QC 小组	交通部优秀质量管理小组	1991	交通部
6	天津高架桥回型墩 QC 小组	全国工程建设优秀质量管理小组	1991	国家工程建设质量奖审定委员会
7	天津高架桥护栏施工 QC 小组	全国工程建设优秀质量管理小组	1992	国家工程建设质量奖审定委员会
8	一公司应用 QC 管理手段保证钢筋混凝土外观质量 QC 小组	交通部优秀质量管理小组	1992	交通部
9	青岛女姑山桥运用 TQC 方法提高墩身混凝土外观质量 QC 小组	交通部优秀质量管理小组	1993	交通部
10	一公司运用 TQC 方法保证工字梁优质高效生产 QC 小组	交通部优秀质量管理小组	1993	交通部
11	青岛女姑山桥模板制作 QC 小组	全国工程建设优秀质量管理小组	1994	国家工程建设质量奖审定委员会
12	青岛女姑山桥箱梁混凝土养生 QC 小组	全国施工企业优秀质量管理小组	1994	中国施工企业协会
13	黄石长江大桥运用 TQC 方法确保 5 号墩 0 号块模板质量 QC 小组	交通部优秀质量管理小组	1994	交通部
14	五公司交通工程综合试验场抗滑面层施工质量控制 QC 小组	交通部优秀质量管理小组	1995	交通部
15	五公司如何有效地控制 T 梁张拉起拱 QC 小组	交通部优秀质量管理小组	1996	交通部
16	机械厂锚具的研制与开发 QC 小组	交通部优秀质量管理小组	1996	交通部
17	一公司四队路面 QC 小组	交通部优秀质量管理小组	1997	交通部
18	一公司泰化项目路面 QC 小组	交通部优秀质量管理小组	1997	交通部

续上表

序号	获奖QC小组名称	奖励称号	获奖时间	授奖单位
19	三公司江津大桥(长江)QC小组	交通部优秀质量管理小组	1997	交通部
20	三公司嘉陵江大桥QC小组	交通部优秀质量管理小组	1997	交通部
21	一公司运用TQC方法控制唯亭大桥质量QC小组	交通部优秀质量管理小组	1997	交通部
22	六公司运用QC方法加强计划管理保证物资供应QC小组	全国工程建设优秀质量管理小组	1997	国家工程建设质量奖审定委员会
23	厦门工程处西溪特大桥QC小组	交通部优秀质量管理小组	1998	交通部
24	五公司海湾滩涂钻孔桩质量控制QC小组	交通部优秀质量管理小组	1998.11	交通部
25	六公司运用QC方法保证软基处理挤密碎石桩施工质量QC小组	交通部优秀质量管理小组	1999	交通部
26	六公司运用QC方法保证软基处理挤密碎石桩施工质量QC小组	全国优秀质量管理小组	1999	中国科技协会、中华全国总工会、中国质量管理学会
27	五公司宝射河大桥挂篮悬浇施工高程控制QC小组	全国工程建设优秀质量管理小组	1999.6	国家工程建设质量奖审定委员会
28	五公司运用QC方法有效控制T梁张拉起拱QC小组	交通部优秀质量管理小组	1999.9	交通部
29	五公司运用QC方法进行二灰土施工质量控制QC小组	2000年全国工程建设优秀质量管理小组	2000.6	国家工程建设质量奖审定委员会
30	北京公司运用QC方法对沥青混凝土路面的质量控制QC小组	2000年交通部优秀质量管理小组	2000.9	交通部
31	四公司运用QC方法提高塔柱施工质量QC小组	2000年交通部优秀质量管理小组	2000.9	交通部
32	四公司青岛丹山斜拉桥索塔锚箱施工控制QC小组	2001年国家工程建设优秀QC成果二等奖	2001.5	国家工程建设质量奖审定委员会
33	五公司运用QC方法进行粉质土的施工质量控制QC小组	2001年度国家工程建设优秀质量管理小组	2001.6	中国建筑业协会工程质量管理分会

续上表

序号	获奖 QC 小组名称	奖 励 称 号	获奖时间	授奖单位
34	五公司运用 QC 方法进行粉质土的施工质量控制 QC 小组	2001 年度交通行业优秀质量管理小组	2001.9	中国交通企业管理协会
35	天津工程处石黄三合同控制沥青混凝土拌和质量 QC 小组	2001 年交通行业优秀质量管理小组	2001.9	交通行业优秀企业管理成果评审委员会
36	北京公司京开高速公路黄村高架桥桥墩混凝土质量控制 QC 小组	2001 年度交通行业优秀质量管理小组	2001.9	中国交通企业管理协会
37	五公司一经理部工程部 QC 小组	2001 年度交通行业质量信得过班组	2001.9	中国交通企业管理协会
38	北京公司京开高速公路黄村高架桥桥墩混凝土质量控制 QC 小组	2001 年度交通行业质量信得过班组	2001.9	中国交通企业管理协会
39	五公司叶罗线运用 QC 方法进行沥青混凝土压实质量控制 QC 小组	2002 年全国工程建设优秀质量管理小组	2002.5	国家工程建设质量奖审定委员会
40	五公司叶罗线运用 QC 方法进行沥青混凝土压实质量控制 QC 小组	2002 年度交通行业优秀质量管理小组	2002.8	中国交通企业管理协会
41	江浙处苏嘉杭公路运用 QC 方法提高二灰土施工质量 QC 小组	2002 年度交通行业优秀质量管理小组	2002.8	中国交通企业管理协会
42	路桥机械厂运用 QC 方法分析评定标准器测量不确定度 QC 小组	2002 年度交通行业优秀质量管理小组	2002.8	中国交通企业管理协会
43	天津工程处石黄三合同控制沥青混凝土拌和质量 QC 小组	2002 年度交通行业质量信得过班组	2002.8	中国交通企业管理协会
44	江浙处苏州绕城路加强管理、优化设计、降低桩基混凝土成本 QC 小组	2003 年度交通行业优秀质量管理小组	2003.8	中国交通企业管理协会
45	北京公司京承路来广营高架桥预制 T 梁蒸养质量控制 QC 小组	2003 年度交通行业优秀质量管理小组	2003.8	中国交通企业管理协会
46	天津工程处软土地区土方施工质量控制 QC 小组	2003 年度交通行业质量管理信得过班组	2003.8	中国交通企业管理协会
47	天津工程处水泥稳定碎石基层裂缝防治 QC 小组	2004 年度交通行业优秀质量管理小组	2004.7	中国交通企业管理协会

续上表

序号	获奖QC小组名称	奖 励 称 号	获奖时间	授 奖 单 位
48	天津工程处水泥稳定碎石基层裂缝防治QC小组	2004年度国家工程建设优秀质量管理小组	2004.7	中国建筑业协会工程质量管理分会
49	华祥公司浆喷桩施工质量控制QC小组	2004年度交通行业优秀质量管理小组	2004.7	中国交通企业管理协会
50	五公司苏州工业园区箱梁混凝土浇筑施工质量控制QC小组	2004年度交通行业优秀质量管理小组	2004.7	中国交通企业管理协会
51	五公司苏州工业园区箱梁混凝土浇筑施工质量控制QC小组	2004年度国家工程建设优秀质量管理小组	2004.7	中国建筑业协会工程质量管理分会
52	厦门处过垄尾隧道二次衬砌质量控制QC小组	2004年度交通行业优秀质量管理小组	2004.7	中国交通企业管理协会
53	天津工程处沥青混凝土路面QC小组	2004年度交通行业质量管理信得过班组	2004.7	中国交通企业管理协会
54	天津工程处降低沥青路面早期辙槽破坏率QC小组	2005年全国工程建设优秀质量管理小组	2005.7	国家工程建设质量奖审定委员会
55	三公司盐连高速公路灌河斜拉桥索塔桩基施工质量控制QC小组	2005年全国工程建设优秀质量管理小组	2005.7	国家工程建设质量奖审定委员会
56	天津工程处降低沥青路面早期辙槽破坏率QC小组	2005年度交通行业优秀质量管理小组	2005.8	中国交通企业管理协会
57	三公司盐连高速公路灌河斜拉桥索塔桩基施工质量控制QC小组	2005年度交通行业优秀质量管理小组	2005.8	中国交通企业管理协会
58	厦门处膨胀土填筑路基施工质量控制QC小组	2005年度交通行业优秀质量管理小组	2005.8	中国交通企业管理协会
59	北京公司安庆电厂铁路立交桥桥面混凝土铺装外观质量控制QC小组	2005年度交通行业优秀质量管理小组	2005.8	中国交通企业管理协会
60	五公司平临路煤矸石路基施工质量控制QC小组	2005年度交通行业质量管理信得过班组	2005.8	中国交通企业管理协会